汽车芯片标准化工作路线图

中国汽车芯片产业创新战略联盟
汽车芯片标准体系建设研究工作组 **编著**

机械工业出版社

我国汽车芯片产业飞速发展，然而尚无完整的汽车芯片标准体系，致使国产汽车芯片存在大量标准空白，阻碍了国产芯片的发展。制定汽车芯片标准化工作路线可以引导相关行业制定符合产业需要、协调一致的汽车芯片标准，避免标准间交叉、重复或冲突，形成产业链各方共同依据和遵守的、统一的技术规范。

汽车芯片标准化工作路线既要考虑汽车芯片发展现状和行业需求，又要考虑行业未来发展趋势和技术迭代速度，更要结合汽车和芯片两大行业已有标准体系。本书基于中国汽车芯片产业创新战略联盟汽车芯片标准体系建设研究工作组在汽车芯片标准体系建设方面的研究成果，通过汽车芯片产业概况、汽车芯片标准现状梳理、汽车芯片技术结构分析、汽车芯片标准化需求调研，统筹考虑搭建了系统、完整的汽车芯片标准体系架构，进而还详细分析阐述了各类汽车芯片的标准化路线，最终形成了汽车芯片技术标准化路线图。

本书适合汽车和芯片行业从事标准制定、技术研发、生产制造、战略研究和政策制定的专业人士阅读，也适合希望了解汽车芯片产业发展和技术标准化的读者阅读。

图书在版编目（CIP）数据

汽车芯片标准化工作路线图／中国汽车芯片产业创新战略联盟，汽车芯片标准体系建设研究工作组编著. —北京：机械工业出版社，2023.5（2024.1 重印）
ISBN 978-7-111-73177-1

Ⅰ.①汽… Ⅱ.①中…②汽… Ⅲ.①汽车工业-芯片-标准化-工作-中国 Ⅳ.①F426.471-65

中国国家版本馆 CIP 数据核字（2023）第 087114 号

机械工业出版社（北京市百万庄大街 22 号　邮政编码 100037）
策划编辑：孙　鹏　　　　责任编辑：孙　鹏
责任校对：梁　园　徐　霆　责任印制：张　博
北京建宏印刷有限公司印刷
2024 年 1 月第 1 版第 2 次印刷
169mm×239mm·14 印张·1 插页·249 千字
标准书号：ISBN 978-7-111-73177-1
定价：119.00 元

电话服务　　　　　　　　　网络服务
客服电话：010-88361066　　机 工 官 网：www.cmpbook.com
　　　　　010-88379833　　机 工 官 博：weibo.com/cmp1952
　　　　　010-68326294　　金 书 网：www.golden-book.com
封底无防伪标均为盗版　机工教育服务网：www.cmpedu.com

指导委员会

主　　任：董　扬　中国汽车芯片产业创新战略联盟
　　　　　叶甜春　中国汽车芯片产业创新战略联盟
执行副主任：原诚寅　中国汽车芯片产业创新战略联盟
副　主　任：邹广才　国家新能源汽车技术创新中心
　　　　　王　兆　中国汽车技术研究中心有限公司
　　　　　恩云飞　工业和信息化部电子第五研究所
委　　员：郑广州　国家新能源汽车技术创新中心
　　　　　董长青　中汽研软件测评（天津）有限公司
　　　　　雷剑梅　中国汽车工程研究院股份有限公司
　　　　　刘法旺　工业和信息化部装备工业发展中心
　　　　　高宏玲　中国软件评测中心（工业和信息化部软件与集成电路促进中心）
　　　　　吴胜武　紫光集团有限公司
　　　　　王江东　中国质量认证中心
　　　　　郑四发　清华大学车辆与运载学院
　　　　　温旭辉　中国科学院电工研究所
　　　　　李　季　中国电子科技集团有限公司

编撰委员会

主　任：吴　倩

副主任：周　昕　　方文啸　　苏琳琳　　朱　彤　　菅端端　　雷黎丽

委　员：何　明　　刘　勇　　关鹏辉　　王　辉　　张　瑾　　师　明　　夏显召

姜　克　　庞振江　　佟子谦　　熊建　　何　卫　　陈　雷　　郭庆波

姜海滔　　王龙翔　　潘　文　　王云易　　吴　茜　　陈　艳　　王　钧

张　松　　张俊超　　陈　媛　　黄　易　　高　翔　　梁少峰　　宋　陈

金　憑　　谢良东　　李　铮　　潘之昊　　谢先立　　王会苹　　田　羽

高崧林　　文清浩　　刘舒宁　　黄　群　　邹瑞杰　　史有强　　刘艳玲

李晓智　　王力纬　　邵国玉　　吴春蕾　　范剑峰　　孙　晶　　温小伟

王　睿　　吴旭楠　　单元富　　席秋霞　　董　浩　　罗　亮　　周　亮

杨麟祥　　冯翰捷　　李国俊　　高宏玲　　仲崇慧　　刘　玉

编撰单位

中国汽车芯片产业创新战略联盟
国家新能源汽车技术创新中心
中国汽车工程研究院股份有限公司
工业和信息化部电子第五研究所
紫光集团有限公司
中国汽车技术研究中心有限公司
中国电子技术标准化研究院
中汽研软件测评（天津）有限公司
中国质量认证中心
中国科学院电工研究所
清华大学车辆与运载学院
紫光国芯微电子股份有限公司
重庆长安汽车股份有限公司
上海汽车集团股份有限公司商用车技术中心
北京经纬恒润科技股份有限公司
安世半导体科技（上海）有限公司
北京智芯微电子科技有限公司
南京芯驰半导体科技有限公司
北汽福田汽车股份有限公司
上海电驱动股份有限公司
兆易创新科技集团股份有限公司
联合汽车电子有限公司
北京中电华大电子设计有限责任公司
北京东土科技股份有限公司
中国重型汽车集团有限公司

北京华为数字技术有限公司

中国科学院微电子研究所

小华半导体有限公司

信通院车联网创新中心（成都）有限公司

中关村标准化协会

莱茵技术监督服务（广东）有限公司

中认百链（南京）科技有限公司

中国电子科技集团有限公司

广东省大湾区集成电路与系统应用研究院

参与单位

（按单位名称笔画排序）

上海芯钛信息科技有限公司

上海汽车集团股份有限公司

上海复旦微电子集团股份有限公司

上海瞻芯电子科技有限公司

天津瑞发科半导体技术有限公司

中汽研汽车检验中心（天津）有限公司

中国电子科技集团公司第五十五研究所

中国科学院计算技术研究所

中科芯时代科技有限公司

中科意创（广州）科技有限公司

长江存储科技有限责任公司

东软睿驰汽车技术（沈阳）有限公司

北京久好电子科技有限公司

北京君正集成电路股份有限公司

北京国创先进技术认证有限公司

北京航空航天大学

北京超星未来科技有限公司

北京豪威科技有限公司

圣邦微电子（北京）股份有限公司

华大半导体有限公司

合肥杰发科技有限公司

苏州国芯科技股份有限公司

杭州士兰微电子股份有限公司

郑州信大捷安信息技术股份有限公司

思瑞浦微电子科技（苏州）股份有限公司

闻泰科技股份有限公司

莱茵检测认证服务（中国）有限公司

珠海全志科技股份有限公司

恩智浦（中国）管理有限公司

爱德万测试（中国）管理有限公司

深迪半导体（绍兴）有限公司

紫光展锐科技有限公司

黑芝麻智能科技有限公司

奥比中光科技集团股份有限公司

意法半导体（中国）投资有限公司

序

伴随着科技发展和经济增长，我国已经成为世界上最重要的汽车市场之一，汽车产销量连续多年位居全球第一。尤其是新能源汽车和智能网联汽车，已跨越"机械定义—硬件定义"的鸿沟，技术迭代下的"新四化"浪潮正推进其进入"软硬件共同定义"的智能化时代。值得一提的是，中国汽车市场电动化和智能化进程逐年加快，2022年第二季度，中国新车L2级别辅助驾驶系统搭载率达到了30%，再创历史新高。但我国汽车核心零部件技术基础薄弱，尤其在汽车芯片领域，基本上被国外先进汽车芯片企业垄断，使得我国汽车企业的自主发展受到很大限制。在汽车芯片的需求日益增长的国际背景下，我国面临的"汽车芯片短缺"危机愈发严重。据统计，每辆新能源汽车需要的芯片数量接近传统汽车的2倍，而智能网联汽车会更高。即使是传统汽车，随着辅助驾驶和智能座舱的发展，芯片需求数量也在迅速增加。与此同时，芯片应用市场正在向中国转移，我国车规级芯片市场份额已超过世界的1/3，几年内将达到世界的1/2。然而，目前汽车芯片国产化率却不足5%，提高汽车芯片的自主能力，推动自主芯片上车应用已成为行业的共识和迫切需求。

在高需求和低国产化率的背景之下，提高我国芯片技术水平，满足不断增长的汽车芯片需求，已成为汽车及芯片产业亟待解决的问题。科学、统一、规范的汽车芯片标准作为衡量芯片能否上车的重要依据之一，可为供需双方搭建技术互信的桥梁，因此汽车和芯片两大产业对建立汽车芯片标准体系呼声很高。然而，我国尚无完整的汽车芯片标准体系，致使我国汽车芯片供需双方缺少统一的技术标准支撑，这不利于汽车"缺芯"问题的尽快解决。

在中国汽车芯片产业创新战略联盟统筹组织下，国家新能源汽车技术创新中心、中国汽车技术研究中心有限公司、中国电子技术标准化研究院、中国汽车工程研究院股份有限公司、工业和信息化部电子第五研究所、紫光集团有限公司等单位，共同组建了汽车芯片标准体系建设研究工作组，开展汽车芯片标准体系建设研究。通过工作组全体单位的共同研究、反复讨论、广泛调研、公开征集、多次评审，完成了汽车芯片标准现状梳理、技术结构分析、标准化需求调研、标准体系架构搭建、标准项目明细制定等研究工作，形成了《汽车芯片标准现状梳理研究报告》《汽车芯片技术结构分析研究报告》《汽车芯片标准化需求调研报告》《汽车芯片标准体系架构搭建研究报告》《汽车芯片标准体系明细》等一系列汽车芯片标准体系研究成果。

在此基础上，汽车芯片标准体系建设研究工作组开展了《汽车芯片标准化工作路线图》书籍编撰工作，系统详细地阐明了汽车芯片标准体系的建设思路、方法和计划建议，引导和推动汽车芯片标准体系建设工作的持续开展、有效落实和不断完善。本书内容引用了国内外大量标准法规、参考文献和行业专家的研究成果，并多次征集汽车企业、零部件企业、芯片企业、第三方检测机构、科研院所、大专院校和标准化机构的意见和建议，最终形成本书呈现于读者面前。

本书逻辑缜密，论点论据充分完善，相信本书将对汽车芯片标准化工作乃至汽车芯片行业产生积极的推动作用，在此感谢本书编撰委员会和编撰单位的辛勤贡献。

董扬

2022 年 9 月 28 日

前言

在中国汽车芯片产业创新战略联盟的统筹组织下，汽车芯片标准体系建设研究工作组于 2021 年组建，开展了汽车芯片标准体系现状梳理、技术结构分析、标准化需求调研、标准体系架构搭建、标准项目明细制定等研究。在此基础上，《汽车芯片标准化工作路线图》（以下简称《路线图》）编撰委员会和编撰单位结合汽车芯片产业发展现状、行业需求、技术迭代速度、未来发展趋势及汽车芯片相关现行标准，经多轮研讨、意见征集、专家评审，编制完成了本书。

《路线图》正文由研究背景、汽车芯片产业概况、汽车芯片标准现状梳理、汽车芯片技术结构分析、汽车芯片标准化需求调研、汽车芯片标准体系架构、汽车芯片标准化路线分析和汽车芯片技术标准化路线八个部分组成。研究背景部分介绍了《路线图》研究的目的、原则、方法和过程。汽车芯片产业概况部分介绍了产业发展的原动力和产业发展趋势。汽车芯片标准现状梳理部分阐述了汽车芯片及其相关领域标准化组织、汽车芯片标准现状、半导体器件标准现状和汽车芯片应用层标准现状。汽车芯片技术结构分析部分阐述了汽车芯片分类及其特性和汽车芯片应用情况。汽车芯片标准化需求调研部分阐述了调研基本情况、标准化需求调研结果和技术指标需求调研结果。汽车芯片标准体系架构部分阐述了研究基础、标准体系架构研究和标准体系架构搭建。汽车芯片标准化路线分析部分阐述了标准体系架构下现行标准、建议研究的标准项目及其建议研究开展时间。汽车芯片技术标准化路线部分给出了汽车芯片标准研究方向整体建议、完整的汽车芯片技术标准化路线及路线实现与完善的原则和方法。

由于编者水平所限，《路线图》内容从整个产业链的完整性和内容质量方面尚存不足，主要包括：可能存在标准化组织和标准发布情况疏漏、汽车芯片产业背景表达不够完善、技术结构尚需优化、标准化需求调研不完整、标准体系架构需不断完善、标准路线分析需持续改进等。因此，请读者阅览后多多批评指正，以便后续版本改进。同时，在后续版本《路线图》中，我们将加强与政府部委、科研机构、院校、各专业行业协会、汽车主机厂、零部件厂和汽车芯片厂等单位的紧密合作，力争更加系统、全面、科学和严谨。在本《路线图》付梓之际，业内知名专家不惜笔墨寄语《路线图》，给予莫大的鼓励，这让我们有信心也有责任把《路线图》做好。《路线图》编撰过程中，汽车及芯片行业领导和专家给出了很多富有建设性的意见和建议，同时北京市科学技术委员会、中关村科技园区管理委员会、北京经济技术开发区管理委员会等单位，对本书的编撰给予了大力支持，在此一并表示感谢！

　　《路线图》可引导相关行业制定符合产业需要的、协调一致的汽车芯片标准，避免标准间交叉、重复或冲突，形成产业链各方共同依据和遵守的统一的技术规范。《路线图》主要受众为汽车主机厂、芯片企业、汽车零部件企业、第三方检测机构、科研院所、大专院校、标准化机构、行业组织、政府部门的领导、专家、技术人员、标准化人员、市场人员等。希望通过《路线图》的出版，推动汽车芯片标准体系建设，促进产业链上下游交流合作。

叶甜春

2022 年 9 月 28 日

目 录

Contents

Contents

第1章
研究背景

1.1 研究目的

汽车芯片标准化工作路线图研究和规范对象包括，汽车用集成电路、分立器件、传感器、光电子等元器件及模块。为保证可读性和便于贯彻推广，本书采用行业惯常使用的名称"汽车芯片"作为该书的名称，同时将"汽车芯片"作为标准体系相关研究及标准化技术路线的名字。本书旨在通过对汽车芯片技术标准化路线进行深入分析和详尽阐述，让汽车芯片标准化工作的参与者和相关方能更好地理解和参与汽车芯片标准化工作，形成科学、系统、明确、可执行的汽车芯片技术标准化工作规划。

新能源和智能网联已成为我国汽车发展的两大发展方向。随着"电动化、网联化、智能化、共享化"趋势的不断演进，汽车电子系统中的芯片占比不断提高，未来智能网联汽车七成以上的技术功能需要依靠汽车芯片来实现。因此，汽车芯片成为我国汽车发展的核心技术方向之一。2020年国家发改委发布的《智能汽车创新发展战略》中提出"构建系统完善的智能汽车法规标准体系，推进车规级芯片等产品研发与产业化"。2021年全国两会期间，来自上汽、长安、广汽、奇瑞等车企的人大代表，均建议研究汽车芯片标准问题，呼吁通过建立汽车芯片技术标准体系，对汽车芯片应用场景、环境工况、产品性能、试验方法、评价方法、功能安全等进行规范，作为汽车芯片上车应用的技术依据。2022年工信部发布的《新能源汽车产业发展规划（2021—2035）》中要求"提高技术创新能力，实施新能源汽车基础技术提升工程，突破车规级芯片等关键技术和产品"。同年，工信部发布的《2022年汽车标准化工作要点》中提出"开展汽车企业芯片需求及汽车芯片产业技术能力调研，联合集成电路、半导体器件等关联行业研究发布汽车芯片标准体系。"

为响应国家政策，满足汽车芯片产业需要，本书通过分析国内外行业及技术发展现状及趋势、梳理国内外标准现状、分析汽车芯片技术结构，调研标准化需求，建立汽车芯片标准体系架构，并对标准化路线进行分析，提出标准项目研究及标准化工作建议，进而推动汽车芯片产业的规范、科学、合理、可持续发展。汽车芯片技术标准化路线阐述了汽车芯片标准研究制定的方向和思路，可推动中国汽车芯片标准化工作在汽车芯片产业发展和技术进步中发挥最大效益，填补中国乃至世界标准领域空白，更好地支撑和引导中国汽车芯片产业的快速发展。

1.2 研究原则

统筹规划、技术成熟、产业急需、循序渐进、适度超前、对接国际、技术探索、团标先试、协调一致、有益补充是《汽车芯片标准化工作路线图》（以下简称《路线图》）编制的总原则，从而引导中国汽车芯片形成核心竞争力，发挥标准适度超前、引领技术发展和促进市场化的技术支撑作用，具体原则如下。

1. 统筹规划，技术成熟

统筹汽车芯片相关产业在技术创新、产业化、市场推广等方面的优势，充分利用现有基础和成果，兼顾现实需求和前瞻布局，整合汽车、电子等行业现有资源，加强汽车、电子等行业的协同合作，共同构建汽车芯片标准体系。

2. 产业急需，循序渐进

科学确定汽车芯片标准体系建设的重点领域，充分考虑标准的适用性，加快基础、共性和关键技术标准的研究制定；考虑行业发展现状和未来应用需求，合理安排技术标准的制修订工作进度，加快推进急需标准项目的研究制定。实现标准与汽车芯片产业发展相结合，国家和行业标准相结合，国内外标准相结合。

3. 适度超前，对接国际

以满足汽车芯片市场需求为目的，充分发挥科研机构、检测机构、汽车主机厂和芯片企业的主观能动性，形成分工明确、互相配合补充、合力推进的工作机制。以汽车芯片产业发展需求为导向，充分发挥标准在技术创新路径选择、创新成果转化、产业整体技术水平提升等方面的规范和引领作用，实现汽车芯片产业健康有序发展。注重参考对标国外先进标准，实现国内外标准的协调一致。如汽车芯片领域加强与美国汽车电子委员会（AEC）系列标准的协调一致，作为我国汽车芯片领域的有效补充。同时，在我国汽车芯片行业飞速发展的现状下，重点制定符合中国国情的汽车芯片标准，积极参与国际重要汽车芯片标准化组织的活动，通过牵头或者联合制定国际标准，提高我国在汽车芯片领域标准的影响力和竞争力，为我国和国际汽车芯片产业的深度融合打造标准基础。

4. 技术探索，团标先试

先进技术及产品团标先试先行，技术及产品成熟后推荐转化为行业或国家标准。

5. 协调一致，有益补充

由中国汽车芯片产业创新战略联盟牵头，统筹规划汽车芯片标准体系的建设和发展，协调各部门的分工和任务，统筹安排汽车芯片标准体系建设进度，协调标准体系建设中的重大问题，充分发挥各专业标准化技术委员会在汽车芯片各自领域中标准制修订的主体作用，体系内标准张弛有度、对标国际，国家标准、行业标准、团体标准协调统一，团标作为国行标的有益补充。

1.3 研究方法

1. 组建专项标准化组织

组建汽车芯片标准体系建设研究工作组（简称"工作组"），并依托工作组开展汽车芯片标准体系建设研究及汽车芯片标准研究制定工作。

2. 制定体系建设策划方案

制定汽车芯片标准体系建设策划方案，包括标准体系框架初步思路、主要研究课题、整体工作计划、工作目标、原则、方式、成果应用等。

3. 跨行业深入研讨调研

联合汽车整车企业、零部件企业、芯片企业、科研院所、检测机构、大专院校，组织召开行业研讨会，深入分析汽车芯片技术标准现状，反复研究建立整车 - 零部件 - 芯片结构和功能关系，广泛开展汽车芯片技术标准化需求调研，讨论形成汽车芯片标准体系架构及明细。

4. 广泛征集行业意见

在跨行业深入研讨调研的基础上，各项研究课题成果形成报告，并面向行业广泛征求意见，根据行业意见对研究成果进行完善，并就意见处理结果与行业单位充分沟通。

5. 行业专家评审论证

各项研究课题成果均组织开展行业评审论证，邀请汽车整车企业、零部件企业、芯片企业、科研院所、检测机构、大专院校的技术或标准化专家，每项课题评审专家不少于 5 位，其中核心成果汽车芯片标准体系架构邀请跨行业跨领域专家共计 18 位。根据评审意见与行业专家充分沟通，对研究成果进行完善，形成呈报成果，交付有关部门。

6. 推动研究成果落地

基于汽车芯片标准体系建设研究成果，组织国家汽车及电子行业标准化委员会共同开展《国家汽车芯片标准体系建设指南》的研究制定工作，推动国家行业标准化组织开展汽车芯片标准体系建设，促使标准体系建设研究成果落地实施。

7. 引导行业持续完善

基于前期研究成果，研究编撰汽车芯片标准化工作路线，对汽车芯片标准体系进行详细阐述，并提出技术标准化研究工作规划，引导行业开展汽车芯片标准化研究。同时，根据产业发展和技术进步，适时更新完善汽车芯片标准化工作路线，保证标准化工作与产业发展同步推进，促进汽车芯片产业技术提升。

1.4 研究过程

汽车芯片标准体系建设工作组 60 多家单位对汽车芯片标准体系建设 5 个课题共同开展研究。其中，标准现状梳理分析、标准体系架构搭建和标准体系明细建立 3 个课题由国家新能源汽车技术创新中心（简称"国创中心"）牵头，技术结构分析课题由中国汽车工程研究院股份有限公司牵头，标准化需求调研课题由工业和信息化部电子第五研究所牵头，各课题核心参与单位 40 余家。

1. 成立汽车芯片标准体系建设工作组

2021 年 2 月 24 日，国创中心发起，在中国汽车芯片产业创新战略联盟（简称"芯片联盟"）下，成立汽车芯片标准体系建设研究工作组（图 1 - 1）。董扬、叶甜春任组长，国创中心、中汽中心、电子四院任副组长单位，国创中心标准业务单元承担工作组办事处工作。工作组由来自整车、零部件、芯片企业、检测机构、科研院所的 60 余家成员单位组成，专家 160 余人。

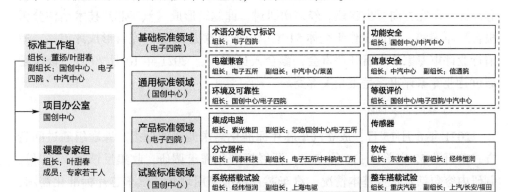

图 1-1　汽车芯片标准体系建设研究工作组架构

2. 标准体系建设启动

2021 年 6 月 11 日，国创中心召开"汽车芯片标准体系建设研究"课题启动会，参会单位 48 家，工作组所有组长、副组长单位均参加会议。国创中心标准化部制定并发布《汽车芯片标准体系建设实施方案》，实施方案包括：课题背景意义、主要工作、工作组组织架构和成员、成果及应用预期、各子课题组成员、工作计划等。

3. 标准现状梳理

2021 年 6 月 11 日，成立汽车芯片标准现状梳理课题组，对国内汽车芯片标准化组织和标准现状进行了梳理分析，并与国际/国外标准化组织和标准进行对比研究，系统梳理了 ISO、IEC、AEC、JEDEC、SAE 等权威国际/国外标准的涵盖领域和明细，对汽车芯片标准体系建设提出了建议。经多次研讨，课题组形成《汽车芯片标准现状梳理分析报告》草案稿，面向工作组所有组长、副组长单位征集意见 27 条，完善形成评审稿，邀请行业评审专家 5 人，召开评审会，参会人员 45 人。2021 年 7 月 15 日，该课题通过行业专家评审，呈报相关部委。

4. 技术结构分析

2021 年 6 月 15 日，成立汽车芯片技术结构分析课题组。课题组专家讨论确定了六级技术结构分解，确定汽车芯片技术结构分析框架，从整车 - 系统 - 零部件 - 芯片逐级分解，明确汽车各系统涉及的芯片类型及各类芯片应用在哪些系统部件，然后对各类汽车芯片国产化程度进行阐述，通过对各类汽车芯片的特性进行分析，提取汽车芯片的主要技术特征、国产化程度和安全相关度，最终对汽车芯片标准研究方向提出建议。经多次研讨，课题组形成《汽车芯片技术结构分析报告》草案稿，面向工作组全体 54 家单位征集意见 34 条，完善形成评审稿，邀请行业评审专家 5 人召开评审会，参会人员 51 人。2021 年 10 月 20 日，该课题通过行业专家评审，呈报相关部委。

5. 标准化需求调研

2021 年 6 月 15 日，成立汽车芯片标准化需求调研课题组。课题组通过问卷方式向行业 52 家单位 116 位专家，开展标准化需求调研，收集反馈建议 76 份。调研内容包括：企业基本情况、汽车芯片标准使用现状、汽车芯片标准化需求，获得汽车及芯片行业对汽车芯片技术标准化工作的大量需求和建议。经多次研讨，课题组形成《汽车芯片标准化需求调研报告》草案稿，面向工作组全体 54 家单位征集意见 12 条，完善形成评审稿，邀请行业评审专家 5 人，召开评审会，参会人员 51 人。2021 年 10 月 20 日，该课题通过行业专家评审，呈报相关部委。

6. 标准体系架构搭建

2021 年 10 月 9 日，成立汽车芯片标准体系架构搭建课题组。课题组基于前期研究成果，开展汽车芯片标准体系架构搭建研究，为后续汽车芯片标准体系明细的制定明确方向和框架。经多次研讨，课题组形成《汽车芯片标准体系架构搭建研究报告》草案稿，面向工作组全体 54 家单位征集意见 21 条，经修改完善形成评审稿，邀请行业评审专家 18 人，召开评审会，参会人员 51 人。2021 年 11 月 26 日，该课题通过行业专家评审，呈报相关部委。

7. 标准体系明细制定

2021 年 10 月 9 日，成立汽车芯片标准体系明细研究课题组。课题组针对汽车芯片标准体系各领域及技术方向，结合技术发展现状、产品应用情况及产业需求，研究制定各技术方向相关标准项目明细。经多次研讨，课题组形成《汽车芯片标准体系明细》草案稿，面向工作组全体 56 家单位征集意见 47 条，经修改完善形成评审稿，邀请行业评审专家 9 人进行评审。2022 年 4 月 25 日，该课题通过行业专家评审，呈报相关部委。

8. 标准化工作路线图编撰

标准化工作路线图是标准体系建设研究工作的深入细化、统筹完善和系统阐述，标准化工作路线图将以书籍的形式出版发行。2022 年 5 月，《汽车芯片标准化工作路线图》编撰组成立，由工作组内 30 余家单位、60 余位专家组成。编撰组在前期工作的基础上进行了科学严谨的梳理、分析和完善，对书籍核心章节进行研究编撰。产业概况部分对汽车芯片产业甚至半导体产业的现状、产业发展的动力、产业发展的趋势进行了分析阐述；标准现状梳理部分对近一年来的国内外汽车芯片标准动态进行了更新，加入了国际/国外标准转化为国标的情况分析，并对国内外相关标准化组织及其架构进行了详细的介绍；技术结构分析部分对 6 级技术结构下的所有汽车芯片进行了重要特征识别与权重占比评价，并分析了这些特征与整车性能的关联程度；标准化需求调研部分对汽车芯片头部企业进行了有针对性的调研；标准体系架构部分形成了涵盖汽车芯片四大领域 18 个技术方向的系统标准体系架构。技术标准化路线分析部分根据产品应用、国内外标准对标、技术成熟度分析，形成了 100 余项标准项目研究方向。

9. 标准体系建设指南起草

2022 年 8 月，国创中心结合前期研究成果，联合国家行业标准化组织，开展《国家汽车芯片标准体系建设指南》的研究制定工作，最终完成指南起草并呈报相关单位。

第2章
汽车芯片产业概况

2.1 产业发展的原动力

汽车产业历经百年沉淀，已跨越"机械定义－硬件定义"的鸿沟，而在技术迭代下的"新四化"浪潮正推进其进入"软硬件共同定义"的智能化时代。作为继智能手机后，移动互联网浪潮下又一跨时代的产物，智能汽车是汽车、人工智能、软件、半导体、新能源、通信等诸多行业集聚半个多世纪成果的"结晶"，是下一个十年最大的科技浪潮，而在此过程中，无论是产业格局还是其价值链都将迎来史诗级的变革。

2.1.1 电子电气架构的变革

作为互联网浪潮下的产物，智能汽车的架构变革遵循着"机械定义－硬件定义－软硬件共同定义－软件生态定义"这一路径。而在此变革下，"智能座舱＋自动驾驶"作为智能化"硬核"，驱动着汽车的产品定位从出行工具向"移动第三空间"延展；汽车产业链的价值也将呈现"总量上升、重心后移"趋势；而传统供应链格局也将被打破，并驱动其从原来的垂直结构向扁平化网状模式发展，主机厂的角色从制造商向服务商转型。纵观汽车架构的发展，僵化的分布式构造使得产业链逐步固化，并形成以 Tier1（一级供应商）为核心的链式结构，而其对主机厂的自主变革形成掣肘，局限性逐渐凸显。当前传统主机厂面临着较多困境，唯有乘"新四化"东风"软化"自身，打破传统产业链，并将其重塑为以主机厂为中心的多维网状结构，才有机会占据产业链变革中的价值制高点。

2.1.1.1 传统汽车分布式电子电气（E/E）架构面临的困境

传统汽车分布式电子电气（E/E）架构并未因总线技术或 AutoSar（汽车开放系统架构）规范等技术性的更新而发生革命性变化，Tier1 供应商仍旧作为定义功能的角色掌握产业链制高点，传统主机厂面临诸多困境。

（1）成本困境

在渐进式而非变革式的技术升级及需求升级下，传统主机厂采用分布式架构是历史的演进。但随着消费者对汽车功能需求的升级，分布式架构使主机厂陷入多方面的成本困境中：为丰富汽车的功能，主机厂只能不断堆砌供应商提供的ECU 以满足迭代需求，但 ECU 的叠加使得主机厂也面临着高昂的硬件成本与供应链管理压力。根据 Strategy Analytics 的数据，各级别汽车装配的 ECU 数量均保持着高增长趋势。目前平均每辆汽车约采用 25 个 ECU，部分高端型号已有超过100 个具备不同功能的 ECU。此外，ECU 数量的增加使数据传输所需的线束长度与成本也随之增加，为主机厂带来成本与重量的双重压力。

（2）迭代困境

"硬件定义时代"下的 Tier1 作为定义功能的角色掌控着产业链的制高点，而主机厂仅关注功能模块的性能指标和参数，却忽略了产品的系统逻辑及软件架构，从而导致自研能力缺失，被 Tier1 供应商所"捆绑"。传统的线性供应链中，主机厂仅需从不同的 Tier1 供应商中采购完整的功能模块并进行整合适配即可，而"偏硬"的生产特点使其对软件的关注度不断降低，自研能力逐步丧失。同时，功能模块软硬件的高度耦合及封闭性也促使主机厂丧失迭代控制权。分布式架构下车载软件的更新基本与汽车的生命周期同步，主机厂仅能在维护/召回阶段，实现其功能软件的更新/升级，无法完全地、自主地排列组合底层代码以实现功能的快速迭代。

（3）盈利困境

传统主机厂盈利模式单一，仅靠降本增效难以熨平营收的周期性波动。传统汽车制造业属于周期性行业，行业景气度与宏观经济的波动周期存在明显的正相关性，传统车企价值的实现方式为一锤子式的整车硬件销售，其收入 = 汽车销量 × 单车收入，产品售出后主机厂难以再通过其他方式获利。当前汽车产业正在经历"硬件商品化"过程，一些传统机械零件正加速商品白盒化，即硬件所能实现的差异化越来越小，硬件销售的利润越来越薄。

2.1.1.2　智能汽车的架构进阶

智能网联化引领行业变革，电子电气（E/E）架构将向集中式推进，"软硬件共同定义时代"全面来临，在"新四化"背景下，以 Tesla 为首的新势力率先启动变革，并倒逼传统主机厂进行架构革新。根据博世公司提出的分布式—域集中式—中央计算式架构的演进思想，汽车架构将由传统的分布式架构向模块化、集成化的域集中式架构开始演变，即将大量相同功能的 ECU 进行整合，并交由控制器进行统一的管理调度，使开发人员能完成独立于底层硬件的上层软件的开发，以实现软硬件解耦范围的进一步扩大，以及内在数据的集中交互和决策处理。AutoSar 也随之升级为 Adaptive AutoSar，以适应新的智能化集中式 E/E 架构。具体来看，E/E 架构将分别从硬件、软件、通信三方面进行架构升级，并向"集中、精简、可拓展"三个维度实现转变。随之，汽车芯片也将向"新架构、高算力、低能耗"三个方向发生变革。

2.1.2　软件架构 SoA 的升级

SoA 架构的本质是将原本相互分散的 ECU 及其对应的基础软件功能模块化、标准化，将各个应用区域相互解耦，重新部署为分层式的软件架构，汽车可在不增加或更换硬件条件下通过不同的软件配置为驾乘人员提供不同的服务。

2.1.2.1　汽车软硬件解耦，各种服务相互独立

汽车软件与硬件解耦，"软件定义汽车"时代已经到来。在汽车硬件高度集中化、标准化的基础上，汽车电子软件架构升级，软件与硬件分层解耦，软件实现模块化设计开发，通用性大幅增强，同时软件还通过空中下载技术（OTA）实现在线升级，汽车智能网联化属性将得到提升。汽车软硬件解耦后，汽车软件可实现各功能间的交互，汽车软件从依赖于硬件提供单一功能架构转变为面向服务架构（SoA），SoA 软件架构下底层软件具备接口标准化、相互独立、松耦合三大特征，各个"服务"相互独立且唯一，具有界定清晰的功能范围，预留标准化的访问接口，升级或新增某项功能只需调用接口即可，且软件架构独立于车型、硬件平台、操作系统及编程语言，将传统中间件编程从业务逻辑分离，如图 2-1 所示。

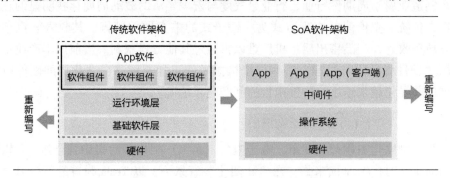

图 2-1　汽车软件 SoA 软件架构发展

2.1.2.2　汽车软硬件解耦，软件架构升级计算平台

汽车软硬件分离解耦，将推动软件架构向适应计算平台升级。在分布式架构下，基础硬件与嵌入式软件呈现强耦合关系，同时底层软件和上层应用之间也"高度绑定"。因此，如需新增或升级应用，则需要从底层更新其相关基础软件及驱动程序，但主机厂传统的研发体系难以应对日益复杂的软件堆栈，导致车载应用软件的频繁更新/升级难以实现。但随着汽车电子电气（E/E）架构向集中式演化，域控制器方案的出现，将弱化底层 ECU 的运算能力，将功能的实现统一交付域控制器进行控制（图 2-2）。这一方式的实施，将有利于实现底层资源的标准化、通用化，并进一步降低软硬件间的耦合度，将解耦范围从应用软件层分立拓展至整个软件架构，使其独立于硬件之上，发展为由"芯片+操作系统+中间件+算法"构成的计算平台。软件的变革给硬件的变革带来了"联动效应"，尤其是芯片的发展。

应用 算法 软件	应用软件		算法软件	
	中间件组件（AutoSAR RTE/ROS/分布式通信/管理平面/数据平面）			
系统 软件	操作系统内核（Linux/QNX/Vxworks/OSEK OS等RTOS）			
	Hypervisor	BSP		驱动软件
硬件	SoC/MCU芯片、处理器芯片（CPU/GPU/FPGA/ASIC等）			
	摄像头、雷达等传感器	V2X		ECU/DCU等控制器
	车辆平台			

图 2-2　智能汽车软件架构

2.1.2.3　汽车软硬件解耦，零部件产业链面临解构与重塑

汽车"新四化"发展趋势下，软硬件架构的调整成为满足电动化和智能网联汽车未来功能及性能需求的重要支撑。功能集成化是电子电气架构变革的核心，随着 ECU 整合到域控制器中的功能不断增强，将催生主机厂建立更多标准来实现软硬件的逐步解耦，软件价值也将不断提升。同时，零部件价值链也将随电子系统的日益复杂和硬件功能集成化发生重塑。在供给端方面，车企有进一步降低供应商转换成本的内在驱动力，软件独立于硬件供应商的议价权。在传统模式下，软硬件高度捆绑，供应商以"黑盒"的方式实现主机厂预先设定的功能

后交货，主机厂对供应商的议价权十分有限，主机厂在不同供应商之间的转换成本较高。软硬件解耦后，主机厂自主掌握软件开发，对统一接口下的硬件供应商议价权大幅提升，转换成本大幅降低。

2.1.3 通信架构的衍变

随着汽车智能化功能的增加，对数据传输的效率、通信协议的开放性及兼容性提出了更高的要求。根据 Intel 的测算，自动驾驶车辆每天产生的数据量为4TB，而车载总线技术作为上一轮通信技术革命的产物，并不具备高扩容性，导致其无法满足在智能化变革下数据传输所需，势必导致线束的成倍延长与重量增加。

2.1.3.1 车载以太网具备的优势

车载以太网是以太网连接车内电子单元的新型局域网技术，同时满足汽车行业对高可靠、低电磁辐射、低功耗、带宽分配、低延迟及同步实时性等方面的要求。与车载总线相比，车载以太网具备以下优势：

（1）高兼容性

基于其简单、成熟的开放标准，能实现不同通信协议标准下总线链路的共存，如支持 AVB、TCP/IP、DoIP、SOME/IP 等多种协议或应用形式。

（2）低成本、高带宽

在基于单对非屏蔽双绞线基础上，可实现100Mbit/s，甚至1Gbit/s 的数据传输速度。

（3）高安全性

以太网经历了十几年的应用与发展，已经有成熟的信息安全解决方案。除了在以太网各层级添加防火墙，进行认证、签名、加密机制外，还可通过深度包检测（DPI）等技术进行安全过滤。

车载以太网的引入，使得汽车芯片基础软件需要集成大量的以太网通信协议驱动程序，留有不同的以太网通信接口，以供车载软件程序通过车载以太网调用底层芯片功能。

2.1.3.2 车载以太网的未来价值点

未来，在混合动力汽车、纯电动汽车及豪华型燃油汽车上，将有近80%的比例使用车载以太网技术。在原有各内部子系统的数据互联中，由于90%的控制器节点仍只需10Mbit/s以下的通信速率，车载以太网或将无法在域内通信网络中实现替换，其更大的价值是作为域与域之间的传输纽带，成为整车车载网络中的骨干网（图2-3）。这给汽车域控制器芯片发展带来了巨大的上升空间，域与域之间的通信将变得频繁，部分功能需要其他域控制器协助完成，以减轻域内负责通信、计算设备的运行压力。

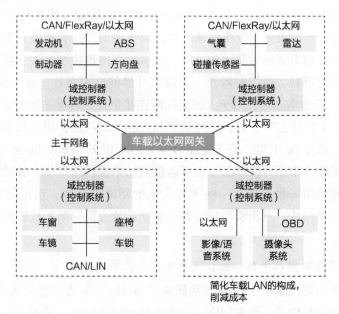

图2-3 车载以太网架构图

2.2 产业发展的趋势

2.2.1 产业现状

智能化驱动下汽车行业有望实现产业变革升级，加速步入万物互联+万物智联的新时代。目前消费电子已经先一步迈入智能化时代，汽车正经历智能化产业升级，整体过程可以类比手机的功能机到智能机。政策端受益碳中和推动，汽车芯片行业迎来价值向成长的重估机会，汽车芯片将在智能化+电动化赋能下重估，有望成为半导体行业的新推动力。

目前，汽车芯片已经广泛应用于动力、车身、座舱、底盘和安全等诸多领域。据中国汽车工业协会预计，2022年新能源汽车单车芯片数量将超过1400颗。

由于车载芯片在安全性方面有着严苛的要求，相比消费电子进入门槛更高，竞争格局相对稳定，英飞凌、恩智浦、瑞萨、意法半导体、德州仪器等公司长期位居前列。

2.2.1.1　国外现状

（1）英飞凌半导体产品覆盖汽车全系列

英飞凌的汽车半导体产品涵盖动力总成和能源管理、连接性和信息娱乐系统、车身和舒适电子设备、安全性系统等。英飞凌的产品和解决方案有助于助力从内燃机到混合动力或电力驱动的过渡，提供更高的连接性、数字化和车辆数据安全水平。除传感器、微控制器外，还提供可靠的电源芯片、高性能存储芯片、基于 Si 和 SiC 的功率芯片、用于人机交互的连接组件。传感芯片方面，英飞凌和谷歌联手开发的传感芯片，具备手势识别和人脸识别功能，用于汽车安全领域及物联网领域。截至 2021 年，英飞凌成为最大的车用 77GHz 雷达芯片供应商。英飞凌既可以提供功率器件级产品，也可以提供功率模块级产品，并且针对不同的电气化程度和使用场景提供了一些比较主流的功率半导体，包括低压 MOSFET、分立器件、三相模块、双面水冷封装等。驱动芯片方面，第三代驱动芯片可兼容 IGBT 和 SiC。

（2）恩智浦提供汽车自动化、电气化全系统解决方案

恩智浦的主要汽车电子产品类别涵盖了 ADAS、车载信息娱乐、汽车连接、车身舒适、动力与传动、汽车网络、功能安全和信息安全。最近几年，伴随着市场的新转变，恩智浦将目标瞄向了汽车、工业物联网、移动通信基础设施等市场。尤其在汽车相关市场，智能汽车、自动驾驶和电动汽车市场的火热，让在处理器、网络和传感器等领域拥有领先优势的恩智浦抢得先机。在细分产品项目上，恩智浦车载半导体产品包括 MCU、专用处理器、通信处理器、无线连接方案、模拟和接口产品、射频信号设备、安全控制器 IC 及传感器。2021 年第三季度恩智浦实现收入 14.55 亿美元，同比增长 51%。汽车业务方面占总收入比重达 44%。

（3）瑞萨电子布局 SoC 和 MCU 产品

瑞萨电子立足于日立、三菱和 NEC 的强大技术创新历史基础。在整合了 Intersil 和 IDT 之后，瑞萨电子现正准备扩大在快速增长的数据经济市场（如基础设施和数据中心）中的份额，并增强其在工业和汽车领域的领先地位。瑞萨电子

为汽车行业提供车辆微控制器和 SoC 产品，以技术引领发动机效率、驾驶辅助系统、车身控制等方面的新趋势。针对性开发的专业产品组合（模拟＋电源＋嵌入式处理）可提供综合、全面的解决方案，帮助客户加速设计、加快上市进程。产品系统包括汽车电池管理系统，功率器件、动力系统、传感器 BLDC 电机控制、ADAS 与自动驾驶解决方案、互联汽车平台、底盘和安全系统等。2020 年，瑞萨电子汽车板块收入为 7157 亿日元。

（4）德州仪器汽车电子布局多点开花，推动汽车创新进程

德州仪器在先进辅助驾驶系统、被动安全系统、信息娱乐系统与集群系统等方面进行了布局。在 ADAS 领域，德州仪器的 Jacinto 系列处理器可以支持几乎所有主流的视觉 ADAS 应用，包括基于单目或者立体视觉的前视系统、环视及后视系统以及夜视系统。同时，德州仪器的毫米波雷达技术，可提供独立的射频 AFE 前端和中频处理器，还可提供射频及中频集成的单芯片解决方案，帮助客户减少设计困难，降低系统成本，提升产品性能。产品布局涉及混合动力、电动和动力总成、高级驾驶辅助系统、车身电子装置和照明、信息娱乐系统与仪表组、被动安全等。2020 年，德州仪器总收入 144.61 亿美元，同比上升 0.5%。德州仪器主要下游应用为工业、个人电子产品，汽车业务位列第三，占比 20%。

（5）意法半导体加码布局车规半导体

意法半导体的汽车半导体产品含 ADAS、车身舒适系统、底盘和安全系统、新能源汽车、娱乐系统、移动服务、动力系统、通信及网络等。意法半导体产品组合涵盖客户的整个系统解决方案，包括 32 位汽车微控制器，标准低边/高边和桥式智能功率器件，用于驱动电磁阀、直流电机和步进电机。此外，意法半导体拥有最广泛的产品组合，专用于汽车应用领域的电机控制，有符合 ISO 26262 功能安全标准（可达 ASIL－D 等级）的 SPC5 32 位 MCU，以及采用最先进封装的各种功率 MOSFET。2021 年前三季度，公司实现 32.3 亿美元收入，同比上升 19.9%，汽车业务在公司 ADG 业务部门中，共计占比 31%。

（6）英伟达构筑软件定义端到端车载平台

英伟达利用自身在高性能计算、影像以及 AI 领域的数十年经验，构建出软件定义的端到端平台，可通过无线更新实现持续改进和持续部署。该平台可满足大规模开发自动驾驶汽车的需求，解决方案包括自动驾驶出租车、货车运输业、ADAS、仿真、训练和开发、智能座舱的体验及高精度地图与定位。英伟达汽车产品主要包括含 DGX 系统、DRIVE 开发者、高精地图绘制、高级驾驶员辅助系

统、交通安全护航。2022 年前三季度，公司实现总收入71.03 亿美元，同比增长 50%；汽车业务方面实现收入 1.35 亿美元，同比增长 8%。人工智能相关需求正在稳步增长，英伟达还发布了下一代人工高智能处理器。车载领域的业务合作已经排期至 2027 年，总计 80 亿美元。

（7）高通智能汽车解决方案保持高速增长

全球超过 20 家汽车制造商采用第 3 代骁龙汽车数字座舱平台，2021 年已加速商用量产。目前，高通第四代骁龙汽车数字座舱平台已经出样，平台采用 5nm 制程工艺，性能更强、功耗更低，可以全面支持仪表板与座舱、增强现实抬头显示、信息影音、后座显示屏、电子后视镜、行车记录仪和车内监控服务。高通 2020 年发布了 Snapdragon Ride 自动驾驶计算平台的硬件分为三个档次，算力覆盖从 30TOPs 到 720TOPs 的超大范围，分别支持 L1/L2 级主动安全功能、具备 HWA 高速公路驾驶辅助和 TJA 拥堵辅助功能。高通汽车业务收入虽仅占高通总收入个位数，但保持高速增长。2021 年高通汽车业务的营收达到 9.75 亿美元，同比增长 51%。

2.2.1.2 国内现状

汽车电子芯片目前国产化率不足 5%，头部厂商居垄断地位，同时与 Tier1 关系较为牢固，我国主要机遇在汽车智能＋电动化浪潮下的产业链重构。车联网、新能源、智能化、自动驾驶四个领域发展带来新的半导体需求。新需求为国内新晋芯片企业进入汽车行业带来全新的产品机遇。

车规级芯片对应的大都为不依赖摩尔定律的成熟制程的产品，同时，这类芯片与下游的依存度高，产品需求上下游共同定义和迭代，是典型的系统共同合作创新突破的领域。摩尔定律的速度减慢及中国新能源车的兴起给了中国产业更多换道追赶的机会，芯片按应用分为两类，一类是受到摩尔定律主导的市场，主要包括智能手机、计算机和服务器的 CPU 和存储芯片；一类是不受摩尔定律主导的应用领域，主要包括模拟芯片、传感芯片、功率芯片等领域。汽车半导体核心部分占比中最大的功率器件、传感器等都属于超越摩尔领域。摩尔定律的推进降低了 CPU、存储、逻辑芯片的成本，但是不能给模拟芯片、传感芯片、射频芯片等带来理想的成本效益。摩尔定律主导的领域追求的是制程的发展，而不受摩尔定律主导的应用领域朝着多样化发展，我国有望加速追赶超越。

汽车芯片制程大部分都在成熟环节，在"芯片荒"的产业背景下，我国相较于海外扩产显著，加上我国汽车芯片配套的设计和封测、市场规模扩大、产业链重构、政策导向等利好因素，带动了全球汽车半导体晶圆产能向我国转移。从我国各类汽车芯片细分领域的自主率来看，计算芯片和控制芯片不到 1%，传感芯片为 4%，功率芯片为 8%，通信芯片为 3%，存储芯片为 8%，具有巨大的市场潜力。

（1）汽车芯片技术领域整体情况

计算芯片和控制芯片领域，MCU/GPU/FPGA 等通用芯片高度垄断，市占率约七成，面向 ADAS 的 ASIC 技术路线尚不明确。

传感芯片领域，车身感知领域国外企业高度垄断，市占率七成以上，国内基础不足。视觉、毫米波雷达等新型环境传感器具备基础。

功率芯片领域，IGBT/MOSFET 等与国外相差不大，国内在硅基功率分立器件和模块领域更为擅长，化合物半导体领域国内正在布局。

通信芯片领域，V2X 属于增量市场，国内依靠 5G 布局有发展基础。

存储芯片领域属于增量市场，主要被镁光、三星等垄断，国内车用 SRAM、立基型 DRAM 等方向有基础。

（2）国内汽车芯片面临的主要问题

1）基础环节差距。芯片设计没有核心架构，制造技术差距明显，例如处理器、存储器、功率半导体、传感器、FPGA、高速接口等芯片的基础差距很大，核心高端半导体严重依赖进口。

2）标准及验证体系缺乏。国内目前还没有适用的车规标准，国外虽有AEC - Q 和 AQG324 等标准，但不能完全支持中国新能源智能汽车技术发展对芯片性能和可靠性要求。在车规级测试平台方面，国内虽有部分测试机构和资源，但是大多不具备完整的车规级测试能力，且车规测试的经历较少。

3）缺乏车规产品验证机会。国内的半导体企业大多是做消费电子和工业类电子，对汽车行业的技术要求和质量控制要求不清楚，对于汽车行业的通用要求和规范性比较陌生。在质量控制特别是一致性保证能力方面较为薄弱。

4）产业配套环节能力薄弱。目前国内代工制造和封装企业布局车规线的推进较为缓慢，此外在汽车芯片的质量管理体系、可靠性验证测试、专业车规级芯片人才培训等汽车芯片产业链配套环节建设方面都相对滞后。

2.2.2 供应链情况

2020 年下半年以来，汽车"缺芯、断供"问题开始显现，2021 年这种情况进一步加剧。根据 AFS 统计，2021 年由于芯片短缺，全球汽车市场累计减产约为 1020 万辆。其中，产能紧张和供应链缺乏弹性等"先天性"问题是主因。长期以来，汽车芯片产线投资不足，部分产能在新冠疫情中还被线上应用挤占，缺乏弹性的供应链未能在芯片需求向好时保持稳定供给。此外，得克萨斯州暴雪、瑞萨火灾以及马来西亚疫情都让芯片供应"雪上加霜"。

2.2.2.1 行业缺芯、断供情况

2020 年下半年以来市场上出现的"芯片荒"，汽车芯片受到的影响最大，车企不得不大规模削减产量。大众、通用、福特、本田、丰田等一线厂商也因缺芯，出现了不同程度的减产甚至停产，不少车企未完成年度销量目标。

根据 AFS 2021 年的统计数据，由于芯片短缺，全球汽车市场累计减产量约为 1020 万辆，其中，亚洲车厂受到的影响最大，除了中国减产接近两百万辆之外，亚洲其他地区减产也达到了 174 万辆，北美和欧洲同样也大规模削减产量。2022 年一季度，相关影响还在继续。

（1）产能估计出现问题

汽车行业供应链固有的缺陷在放大，车厂对汽车市场需求判断存在偏差。2020 年以前，汽车市场低迷，车厂和 Tier1 对芯片需求预测非常低，但是随着新能源汽车市场的恢复，供需矛盾开始凸显。按照 IC Insights 的预计，2021 年全球汽车芯片的出货量达到 524 亿颗，同比增长近 30%，相比前几年的低迷，可谓是大超预期。

（2）产能受到其他类芯片赛道挤压

汽车芯片生产的产能本来紧张，加上消费电子等方面的挤压，留给汽车芯片的产能更加有限，而且短期新增产能的可能性不大。远程办公、线上教育等线上化应用开始普及，消费者对个人计算机、服务器等 IT 产品和基础设施的需求明显扩大，消费电子等芯片市场的增长抢占了部分汽车芯片产能。5G 等应用由于需要大量与汽车芯片制程类似的射频芯片（40～90nm 工艺），挤占了汽车芯片的排产，使得本来捉襟见肘的汽车芯片产能更加紧张。汽车芯片占全球半导体市场总销售额比例在 10% 上下，占比不高。以全球最大晶圆代工台积电为例，车载芯片业务占其业务总比例基本不超过 5%。而且，汽车芯片毛利率相较于消费电子而言较低，且技术要求严苛，代工厂商在该领域的意愿不足。尤其是在 AI 芯片、汽车 MCU，绝大多数都开始选择代工模式，结果是这些芯片对台积电等工

厂的产线依赖严重。其中，台积电生产的汽车 MCU 已经占据 70% 的市场份额。2020 年以来，台积电排产的重点是计算芯片。汽车芯片需求大幅上升之后，台积电等厂商也很难实现转产，其他工厂由于车规芯片认证问题很难短时间切入这一赛道。

（3）汽车芯片供应链条分层明显，灵活性不足、沟通不畅

半导体供应商将芯片出售给 Tier 1，Tier 1 再将功能集成到模块中并将系统集成方案给主机厂组装。这种模式使得 Tier 1 无法准确把握主机厂的需求，Tier 2 也不能做好产能规划。2020 年年底和 2021 年年初，主机厂已经开始感觉到汽车市场的回暖，但是由于供应链层级关系，主机厂和半导体供应商并没有有效的沟通和协调，一定程度上加剧了芯片供应缺口。

（4）自然灾害、生产事故、突发疫情

2021 年 2 月初，冬季风暴席卷了"半导体之乡"——得克萨斯州，导致了供水和电网瘫痪。恩智浦、三星、英飞凌及德州仪器，作为用水用电大户，被迫停产。2021 年 3 月 19 日，瑞萨日本工厂因电镀设备起火引发火灾，导致 11 台设备损坏，损坏的设备占公司所有半导体生产设备的 2%。此次火灾中影响最大的就是公司的汽车芯片，占到 66%。2021 年年中，意法半导体在马来西亚的工厂由于疫情加剧，停产数周。这直接导致了汽车芯片供应的恶化，停产的影响从普通的 MCU 扩展到其他类芯片，进而导致了全球最大汽车芯片供应商 ESP/IPB、VCU、TCU 等产品供货困难，严重打击了全球整车企业。

根据中国汽车工业协会 2021 年 6 月数据，我国各类芯片中 MCU 控制芯片最为紧缺，国内 MCU 控制芯片企业最为薄弱。2022 年 2 月，MCU 平均交货期为 35.7 周（250 天），超过了 8 个月，是市场最为短缺的芯片；其次是电源芯片，平均交付期也较上月上升了 1.5 周。

截至目前，中国半导体自给率为 15%，其中汽车芯片自给率不足 5%。缺芯为中国汽车车载芯片崛起打开了机会窗口。2022 年以来，受制于芯片短缺，车企被迫减产；在传统芯片供应链"卡脖子"的情况下，国内车企也增强了选择国内企业研发设计芯片的意愿。

2.2.2.2 汽车芯片供应链、上下游（整车 OEM、零部件厂商）

随着汽车 E/E 架构的演化，汽车产业正在经历从一个企业做车（机械定义）到一个产业做车（硬件定义）再到多个产业做车（软硬件共同定义、生态定义）

的演变。

在"机械定义汽车的时代",往往由一个企业进行汽车制造,但随着功能的增加,"硬件定义汽车时代"到来,汽车系统逐渐变得复杂。配套供应商等角色的参与,组成了完整的汽车产业链,形成了"主机厂 – Tier 1 – Tier 2/Tier 3"的垂直合作模式。但由于分布式架构的开发高成本与技术短板,主机厂主要依赖于Tier 1 实现汽车产品复杂功能的落地,自身只需解决好传输网络、车身管理等整车适配问题,即"整车功能的实现 = $N \times$ Tier 1(软硬件解决方案)",这种开发模式却也在一定程度上限制了主机厂自主定制开发的权利。

传统供应链格局被颠覆,软件实力成为制胜关键。在"软硬件共同定义时代"下,E/E 架构逐步升级为集中式架构,软硬件的解耦从软件应用层的分离到整个软件架构的打通,软件成为主机厂实现创新的突破口。因此具备自主研发能力的主机厂可跨过 Tier 1 直接与具有软件实力的 Tier 2 合作,带动 Tier 2 地位向Tier 1 转移,打破了原有传统的垂直供应链格局,发展为扁平化网状模式,即"整车功能的实现 = 主机厂(软件)+ Tier 1(软件/硬件)/Tier 2"。同时,原本处于 Tier 2 位置的软件企业可能跃升至 Tier 1,甚至 Tier 0.5,或将成为智能汽车产业链中强有力的竞争者。汽车产业边界不断向外扩展,主机厂向移动出行服务商角色转化,驱动产业链从垂直链条结构趋向交叉网状出行生态圈。

传统汽车产业中,产业链较短,产业结构较为简单。产业链上游为软件产品供应商,中游为零部件集成商,下游为整车集成商。在智能化、网联化变革趋势下,软件和硬件在零部件层面解耦,软件独立成为核心零部件商品。汽车产业链被重塑,具有软件研发优势的互联网和 ICT 企业入局,与传统汽车软件 Tier 2 厂商一起成为环节 Tier 1 厂商;整车企业成为中游环节,同时部分车企向上游软件环节布局;下游向应用服务延伸,互联网类企业凭借与消费者的深度关联扩展汽车软件后续应用服务价值(图 2 – 4)。

在传统的供应链中,汽车芯片厂商一般作为 Tier 2 参与整个汽车供应链,传统芯片(功能芯片)厂商竞争格局相对稳定,英飞凌、恩智浦、瑞萨、意法半导体、德州仪器等公司位居市场前列,在 MCU、功率半导体、传感器等细分赛道上,都有着自己的专长,与 Tier 1 形成了牢固的供应关系。近年来,随着自动驾驶算力要求的提升,高算力尤其是 AI 芯片需求上升,智能计算、消费级赛道的企业开始进入该领域,我国一些初创业企在该领域也有了一席之地。

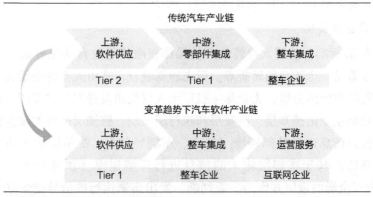

资料来源：赛迪顾问、天风证券研究所

图 2-4　智能汽车软件产业链及格局

2.2.2.3　汽车价值链的转移

汽车的单体价值远超手机，其所带来的产业性机会更为明显。根据 IDC、国际汽车制造商组织的资料显示，传统汽车的市场规模已是智能手机的 3 倍以上。我们结合以上数据，以及对于智能汽车趋势的理解进行综合判断，认为在"新四化"的背景下，随着智能网联化的驱动，智能汽车市场规模不仅仅只是延续，更有望实现大幅的超越，而软件的价值将是其中最大的增量。在智能网联化驱动下，E/E 架构的革新驱动汽车价值的重心从硬件向软件转变，软件成为智能汽车产业的关键，驱动软件市场规模的增长。

2.2.2.4　汽车产业链的爆发

（1）智能座舱

智能座舱作为人车交互的入口已成为先行者。它主要涵盖了座舱内饰与座舱电子领域的创新与联动，包括车载信息娱乐系统、流媒体中央后视镜系统、抬头显示系统（HUD）、全液晶仪表板及车联网模块等。目前，智能座舱正处多屏集成阶段，未来将迈向智能驾驶集成。智能座舱的集成化可分为三个阶段：①单一座舱：主要由中控平台构成，仅提供多媒体娱乐功能；②中控平台、仪表板等系统集成：主要由全液晶仪表板、中控大屏、HUD、后座娱乐等构成，可实现智能交互、车辆管理等功能，值得注意的是，随着屏幕数量的增多，为了实现多屏之间信息交流的互联互通，"一芯多屏、多屏融合"的趋势开始显现；③与智能驾驶集成：伴随着驾驶自动化程度的提高，用户将从驾驶任务中释放出来，与智能座舱融合，使其具备了"移动第三空间"的条件。

（2）驾驶自动化

根据 SAE 标准，按照人类驾驶者的操作权限将驾驶自动化分成了 0～5 级。其中，第 3 级是一个重要的转折点，标志着驾驶权正式由人类移交给无人驾驶系统。无人驾驶系统的分级，为全球主机厂无人驾驶研发进程提供了统一标准。驾驶自动化功能主要由感知层、决策层和执行层实现。感知层的各类硬件传感器捕捉车辆的位置信息以及外部环境（行人、车辆）信息；决策层的大脑（计算平台＋决策算法）基于感知层输入的信息进行环境建模（预判行人、车辆的行为），形成对全局的理解并作为决策判断，发出车辆执行的信号指令（加速、超车、减速、制动等）；最后执行层将决策层的信号转换为汽车的动作行为（转向、制动、加速）。自动驾驶计算平台演进方向将是芯片与算法协同设计。在未来计算平台的演化中，未来芯片有望迎来全新的设计模式：应用场景决定算法，算法定义芯片。如果说过去是算法根据芯片进行优化设计的时代（通用 CPU ＋ 算法），现在则是算法和芯片协同设计的时代（专用芯片 ASIC ＋ 算法），这一定程度上称得上"AI 时代的新摩尔定律"。换言之，自动驾驶核心计算平台的研发路径是根据应用场景需求，设计算法模型，在大数据情况下做充分验证，待模型成熟后，再开发一个芯片架构去实现，该芯片并不是通用的处理器，而是针对应用场景跟算法结合在一起的人工智能算法芯片。根据业内预估，相比于通用的设计思路，算法定义的芯片将能至少有三个数量级的效率提升。

（3）V2X 智能网联

作为 5G、云计算、大数据等新技术和智能网联汽车的结合点，车联网是未来智慧交通发展的主攻方向。车联网（V2X）是指搭载先进的车载传感器、控制器、执行器等装置的智能网联汽车，通过现代通信与网络技术，实现车与车、车与人、车与路以及车与云端间的通信。按照交互对象，可将 V2X 分为车与车（V2V）、车与人（V2P）、车与路（V2I）以及车与网络（V2N）四类。V2X 产业需要"车""路""网"三管齐下，形成车路协同进化的产业格局。V2X 技术要想发挥出设想的完美效果，需要三管齐下，车端、路侧、通信链路都需要进行相应布局。其中，路端即道路的智能化改造（RSU 路侧单元），包括：道路信号灯、电子指示牌、摄像头的基本元素的升级，预计将以政府投入为主导，智能交通信息化厂商有望切入道路智能化改造的大市场；对于网端，V2X 技术支持的通信、车路协同均依赖低延时、高可靠的网络连接，因此其升级将以通信运营商的投入为主导，以华为为代表的相关通信设备厂商有望受益；对于车端，即车端的网联化改造（OBU 车载单元），车载终端可以集成 V2X 通信、算法决策、App 终端显示等功能，预计主机厂将主导车端的升级。国内的 V2X 通信标准是 C－V2X。其中，C－V2X 中的 C 代表蜂窝网（Cellular），它是基于 3G/4G/5G 等蜂窝网通信技术演进形成的车用无线通信技术，包含了两种通信接口：一种是车、人、路之间的短距离直接通信接口（PC5），另一种是终端和基站之间的通信接口（Uu），可实现长距离和更大范围的可靠性通信。C－V2X 是基于 3GPP 全球统一标准的通信技术，包含 LTE－V2X 和 5G－V2X，从技术演进角度讲，LTE－V2X 支持向 5G－V2X 平滑演进。C－V2X 是目前唯一一项遵循全球 3GPP 标准的 V2X 技术，并支持持续演进以实现对 5G 向前兼容，获得了包括快速增长的 5G 汽车联盟在内的全球汽车生态系统广泛支持。

2.2.3　国产化情况

中国汽车芯片自主产业规模小，自研率较低。根据 ICVTank 数据，2019 年汽车芯片产业欧洲、美国和日本公司分别占 37%、30% 和 25% 的市场份额，中国公司仅为 3%，根据汽车芯片产业创新战略联盟数据显示，国内汽车芯片自研率仅占 10%，而中国汽车芯片进口率超过 90%，国内汽车芯片市场基本被国外企业垄断。中国汽车芯片自主产业规模小，自研率较低。

多年来，汽车芯片国产化得不到大发展，一直在夹缝中生存，直接原因是国产汽车芯片的性能与国外产品差距较大，下游厂商更愿意选择国外产品。内在原因是没有自己的生态系统，没有生态系统反哺，核心芯片难有大突破，进而进一步限制了生态的建立。然而，在国际贸易制约背景下，无论是主动还是被动，汽车芯片国产化是大势所趋。如今国家集成电路产业重新布局，有望迎来快速发展时期（表 2－1）。

表 2－1　汽车芯片相关国家政策与措施

时间	相关部委及机构	政策与措施内容
2022 年 3 月	国家发展改革委	发布《关于做好 2022 年享受税收优惠政策的集成电路企业或项目，软件企业清单制定工作有关要求的通知》，为做好 2022 年享受税收优惠政策的企业条件和项目标准进行规范。重点集成电路设计领域包括（一）高性能处理器和 FPGA 芯片；（二）存储芯片；（三）智能传感器；（四）工业、通信、汽车和安全芯片；（五）EDA、IP 和设计服务等

（续）

时间	相关部委及机构	政策与措施内容
2022 年 3 月	工信部	发布的《2022 年汽车标准化工作要点》中提出，开展汽车企业芯片需求及汽车芯片产业技术能力调研，联合集成电路、半导体器件等关联行业研究发布汽车芯片标准体系
2022 年 1 月	教育部、财政部、国家发展改革委	发布《关于深入推进世界一流大学和一流学科建设的若干意见》，面向集成电路、人工智能、新能源汽车、数字经济关键领域加强交叉学科人才培养。强化科教融合，完善人才培育引进等机制
2022 年 1 月	国家发展改革委、商务部	发布《关于深圳建设中国特色社会主义先行示范区放宽市场准入若干特别措施的意见》，支持深圳优化同类交易场所布局，组件市场化运作的电子元器件和集成电路国际交易中心，打造电子元器件，集成电路企业和产品市场准入新平台
2021 年 12 月	国务院	发布《"十四五"数字经济发展规划》，瞄准传感器、量子信息、网络通信、集成电路等战略性前瞻领域，提高数字技术基础研发能力。完善 5G、集成电路、新能源汽车、人工高智能、工业互联网等重点产业供应链体系
2021 年 9 月	中国汽车芯片产业创新战略联盟	由中国汽车芯片产业联盟承办的首届"中国汽车芯片应用创新拉力赛"开幕。旨在跨界融合半导体和汽车两大产业，加快国产汽车芯片推广应用和破局汽车产业"缺芯"难题
2021 年 6 月	工信部	世界半导体大会，工信部电子信息司司长乔跃山在会上表示接下来要营造良好的产业环境、坚持市场导向构建生态和推进产业链各环节的开放合作三方面推动集成电路产业发展
2021 年 4 月	清华大学	清华大学成立集成电路学院，瞄准集成电路"卡脖子"难题，聚焦集成电路学科前沿
2021 年 3 月	全国两会	上汽集团董事长陈虹在两会提出"关于提高车规级芯片国产化率，增强国内汽车供应链自主可控能力的建议"
2021 年 3 月	财政部、海关总署、税务总局	发布《关于支持集成电路产业和软件产业发展进口税收政策的通知》，明确了支持集成电路产业和软件产业发展有关进口税收政策
2021 年 2 月	科技部	科技部部长王志刚于 2 月 26 日在国新办发布会上表示，将主要聚焦集成电路、软件、高端芯片、新一代半导体技术等领域的一些关键核心技术和前沿基础研究，利用国家重点研发技术等给予支持
2020 年 9 月	科技部、工信部	科技部、工信部共同支持，国家新能源汽车技术创新中心牵头发起，中国汽车芯片产业创新战略联盟在北京成立
2020 年 8 月	国务院	印发《新时期促进集成电路产业和软件产业高质量发展的若干政策》，从财税政策、投融资政策、研究开发政策、进出口政策等八大方面为 EDA 行业助力

　　整体看来，在汽车芯片领域，虽然我国对国外依赖度高，但是国内并非完全零基础，虽然性能相较于国外差距大、生态没有完全建立起来，但国家政策一直在扶持，研发也未停止过。国际贸易趋紧的大背景下，国产化替代已成为大势所趋，国产化汽车芯片厂商正迎来战略发展机遇期。

　　我国汽车芯片产业主要机遇：

　　1）汽车智能 + 电动化浪潮下的产业链重构。我国是汽车消费大国，2020年，中国汽车销量达到 2527 万辆，占全球市场份额 32%。而中国半导体自给率为 15%，汽车芯片市占率不足 5%。缺芯为国产汽车芯片崛起打开机会窗口。2020 年 11 月，受制于芯片短缺，车企被迫减产；在传统芯片供应链"卡脖子"的情况下，国内车企也增强了选择国产芯片的意愿。

　　2）汽车芯片对应的大都为不依赖摩尔定律的成熟制程产品，同时这类芯片对下游的依存度高，产品需要下游共同定义。汽车的设计与制造不再依赖于传统主机厂，更多的是按照用户需求进行定义和设计。汽车芯片产能更多地依据消费者对汽车应用场景的黏合度来布局。例如，消费者对汽车的智能网联、HUD、多屏交互等应用体验感好，智能座舱类的计算芯片、存储芯片等产线、产能就会受到国家的重视，加大布局力度。

　　3）摩尔定律的速度减慢与中国造车新势力的兴起给中国产业更多追赶的机会；而近年来我国的晶圆制造扩产大都是成熟制程环节上，叠加配套的设计和封测。尤其针对车规级芯片，世界普遍采用的制程为 40nm 工艺，而我国的 40nm工艺较为成熟和稳定，国内的一些集成电路设计、封装、测试企业已经开始对车规级产线进行布局，产能得到合理分配。

　　汽车芯片国产替代挑战：

　　1）未完全解决供应链安全问题。目前国产车规级芯片制造大部分选择台积电中国台湾工厂生产，未完全解决供应链安全问题。产业链出现短板、缺失，是我国车规级芯片面对最大的挑战之一。中国汽车芯片产业创新战略联盟一直在密切关注芯片产业链、供应链安全问题，始终与主要会员企业和供应链中代表企业保持密切的沟通。

　　2）质量风险。车规级芯片认证标准较高，要求仅次于军工级芯片，开发单位存在对于国产芯片质量风险担忧的情况。车规级芯片是一种要求严格的产品。车规级芯片的工作温度是在 $-40 \sim 150℃$，而消费电子芯片只需要 $0 \sim 40℃$；车规级芯片应能满足 $0 \sim 100\%$ 的相对湿度范围工作，并且能抵抗高冲击和高电磁干扰。

3）成本压力。同类型的芯片，国产方案成本较高，整车企业导入国产芯片时存在成本压力。随着竞争和产业链的成熟，对标的国外芯片价格开始调低，迫使国内车规级芯片厂商将自研芯片价格下调，国产芯片成本必将出现前所未有的挑战。

4）开发验证周期长。芯片开发过程中需要做很多试验保证芯片质量，导致芯片的整体开发周期长。国外公司对车规级芯片的质量管控非常苛刻，前期对芯片进行必要的设计优化，后期又在功能、性能等方面进行测试评估，之后又与主机厂联合路测。一款车规级芯片设计、制造、封装、测试是一个复杂而漫长的过程。另外，消费电子芯片的设计寿命通常最多只需要 3 年，但汽车芯片的设计寿命则要求与汽车设计寿命相当，在 15～20 年。

5）系统芯片开发生态尚未建立。国产系统车规级芯片尚处于起步阶段，开发生态未完全建立，下游开发资源较少。主机厂在选用车规级芯片同时，很大程度上依赖于该款芯片是否适配相应的工具链、汽车底层操作系统软件等。我国车规级芯片还处于刚起步阶段，系统芯片开发所需的配套软件及工具链还不完善，顶层芯片开发的生态尚未建立。

参考文献

［1］天风证券. 半导体 汽车芯片七问七答：传统向智能变革，价值向成长重估［R/OL］.（2022－01－28）［2022－06－30］. http：//www. 1608. cn/pptx/57205. html.

［2］中国平安证券. 半导体行业报告（七）：汽车芯片篇，供需紧张格局将持续，国内厂商将凸显［R/OL］.（2022－03－16）［2022－06－30］. http：//www. 1608. cn/pptx/57223. html? fs＝1.

［3］华西证券研究所. 智能电动车投研大全［R/OL］.（2022－03）［2022－06－30］. https：//www. 163. com/dy/article/HHQFG687051998SC. html.

［4］华鑫证券. 汽车电子行业深度：智能化与电动化方兴未艾，汽车电子全面成长［R/OL］.（2022－03－28）［2022－06－30］. https：//www. waitang. com/report/47661. html.

［5］中信证券. 汽车芯片：从"汽车电子"到"无人驾驶"［R/OL］.（2018－12－11）［2022－06－30］. https：//www. waitang. com/report/19538. html.

［6］工业和信息化部装备工业发展中心，北京国能赢创能源信息技术有限公司. 节能与新能源汽车年鉴［M］. 北京：中国铁道出版社，2021.

［7］中国汽车工程研究院股份有限公司，等. 中国智能网联汽车产业发展年鉴［M］. 北京：电子工业出版社，2022.

［8］邹广才，等.2021 年国产汽车芯片半导体产品手册［M］. 北京：机械工业出版社，2022.

第3章
汽车芯片标准现状梳理

3.1 概述

随着汽车芯片需求量越来越大，芯片在整车内的重要程度也越来越高，世界主要汽车强国均设有汽车芯片相关的标准化组织。本章将对汽车芯片及其相关的三个主要技术领域的国内外标准化组织及标准现状进行梳理，为后续建立汽车芯片标准体系提供建议和基础。汽车芯片相关的三个主要技术领域分别为：半导体器件、环境试验、应用芯片的汽车零部件。

3.2 汽车芯片及其相关领域标准化组织

国内汽车芯片及其相关领域标准化组织主要有：全国汽车标准化技术委员会（SAC/TC114）、全国半导体器件标准化技术委员会（SAC/TC78）、全国电工电子产品环境条件与环境试验标准化技术委员会（SAC/TC8）、中关村标准化协会（ZSA）汽车芯片分技术委员会、中国电子工业标准化技术协会（CESA）、北京第三代半导体产业技术创新战略联盟（CASAS）、中关村天合宽禁带半导体技术创新联盟（IAWBS）、中国汽车工程学会（CSAE）等。国外汽车芯片及其相关领域标准化组织主要有国际标准化组织（ISO）、国际电工委员会（IEC），美国汽车工程师学会（SAE）、美国汽车电子协会（AEC）、固态技术协会（JEDEC）、德国电子电气行业协会（ZVEI）等。

3.2.1 国内标准化组织

鉴于汽车芯片标准体系正在启动搭建过程中，目前汽车芯片领域我国仅有1项行业标准发布，归口标准化组织为全国汽车标准化技术委员会（SAC/TC114），尚无国家标准发布。国内唯一的汽车芯片分技术委员会为中关村标准化协会

（ZSA）汽车芯片分技术委员会，已发布汽车芯片标准 7 项（其中联合发布 3 项，报批阶段 2 项）。此外，中国汽车工程学会（CSAE）发布汽车芯片标准 10 项，北京第三代半导体产业技术创新战略联盟（CASAS）发布 4 项（其中联合发布 3 项），中国电子工业标准化技术协会（CESA）发布汽车芯片标准 1 项，中关村天合宽禁带半导体技术创新联盟（IAWBS）发布汽车芯片标准 1 项。下文将对上述标准化组织情况进行简要介绍。

半导体器件领域已发布国家标准 205 项、行业标准 13 项，归口标准化组织为全国半导体器件标准化技术委员会（SAC/TC78）。其中，1 项国家标准被汽车芯片标准引用。下文将对全国半导体器件标准化技术委员会进行简要介绍。该领域尚无团体标准被汽车芯片标准引用，故本书不对该领域团体标准化组织展开介绍。

环境试验领域已发布国家标准 326 项、行业标准 16 项，归口标准化组织为全国电工电子产品环境条件与环境试验标准化技术委员会（SAC/TC8）。其中，7 项国家标准被汽车芯片标准引用。下文将对全国电工电子产品环境条件与环境试验标准化技术委员会进行简要介绍。该领域尚无团体标准被汽车芯片标准引用，故本书不对该领域团体标准化组织展开介绍。

应用芯片的汽车零部件领域已发布国家标准 42 项，归口标准化组织为全国汽车标准化技术委员会。其中，1 项国家标准被汽车芯片标准引用。下文将对全国汽车标准化技术委员会进行简要介绍。该领域尚无团体标准被汽车芯片标准引用，故本书不对该领域团体标准化组织展开介绍。

上述标准化组织已发布的汽车芯片及其相关领域标准分布详见表 3-1。

表 3-1　中国汽车芯片及其相关标准化组织一览表

领域	制定组织	标准数量
汽车芯片	全国汽车标准化技术委员会（SAC/TC114）	1
	中关村标准化协会（ZSA）	7（3）
	中国汽车工程学会（CSAE）	10
	北京第三代半导体产业技术创新战略联盟（CASAS）	4（3）
	中国电子工业标准化技术协会（CESA）	1
	中关村天合宽禁带半导体技术创新联盟（IAWBS）	1
半导体器件	全国半导体器件标准化技术委员会（SAC/TC78）	205
	全国半导体器件标准化技术委员会（SAC/TC78）	13
环境试验	全国电工电子产品环境条件与环境试验标准化技术委员会（SAC/TC8）	342
应用芯片的汽车零部件	全国汽车标准化技术委员会（SAC/TC114）	42

注：表中（）内数字表示联合制定标准数量。

（1）中关村标准化协会（ZSA）汽车芯片分技术委员会

中关村标准化协会（ZSA，简称标协）成立于 2016 年年底。标协目前有会员单位 106 家，其主要会员为各科技领域领先的产业联盟和科技企业。标协按照战略新兴和高精尖产业搭建了 15 个分技术委员会，专家组人数近 300 位。其中，汽车芯片标准化分技术委员会成立于 2021 年，是我国唯一一个汽车芯片分标委，包括成员 60 家、委员 28 人，秘书处设在国家新能源汽车技术创新中心。ZSA 汽车芯片分技术委员会目前已发布汽车芯片标准 7 项（其中联合发布 3 项）。中关村标准化协会组织架构见图 3-1。

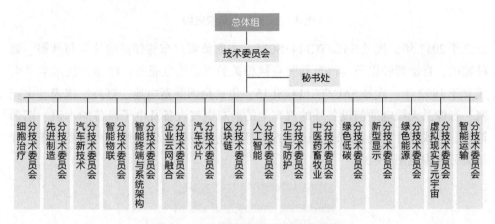

图3-1　中关村标准化协会组织架构

（2）全国汽车标准化技术委员会（SAC/TC114）

全国汽车标准化技术委员会成立于 1988 年，简称汽标委，代号 SAC/TC114。汽标委目前下设 30 个分技术委员会，是中国道路车辆标准化归口组织，秘书处设在中国汽车技术研究中心有限公司。目前，已发布汽车相关国家标准 500 余项，汽车行业标准 1000 余项。其中，已发布汽车芯片标准 1 项。SAC/TC114 汽标委组织架构见图 3-2。

汽标委汽车芯片领域标准目前主要由电动车辆分技术委员会、电子与电磁兼容分技术委员会、智能网联分技术委员会和电器分技术委员会协同负责。其中电动车辆分技术委员会成立于 1998 年，代号 SAC/TC114/SC27，负责全国电动车辆等专业领域标准化工作；电子与电磁兼容分技术委员会成立于 2008 年，代号 SAC/TC114/SC29，主要负责使用计算机技术的现代汽车电子控制系统、传感器及汽车通信协议，汽车零部件及整车的电磁兼容性技术；智能网联分技术委员会

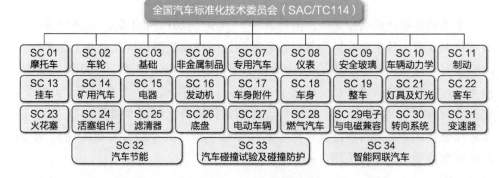

图3-2 汽标委组织架构

成立于2017年,代号SAC/TC114/SC34,主要负责汽车驾驶环境感知与预警、驾驶辅助、自动驾驶以及与汽车驾驶直接相关的车载信息服务;电器分技术委员会成立于1992年,代号SAC/TC114/SC15,负责全国除蓄电池、灯具、仪表、火花塞、音像及无线电通信设备外的汽车上的所有电气设备及电子设备的术语、图形符号、形式尺寸、技术要求、试验方法等专业领域标准化工作。汽标委汽车芯片相关分标委见图3-3。

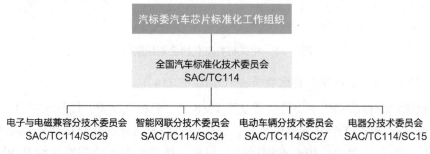

图3-3 汽标委汽车芯片相关分标委

(3) 全国半导体器件标准化技术委员会(SAC/TC78)

全国半导体器件标准化技术委员会成立于1986年,代号SAC/TC78。全国半导体器件标准化技术委员会下设两个分技术委员会,其中,半导体分立器件分技术委员会成立于1986年,代号SAC/TC78/SC1,主要负责全国半导体分立器件等专业领域标准化工作,秘书处设在中国电子科技集团公司第十三研究所;半导体集成电路分技术委员会成立于1986年,代号SAC/TC78/SC2,主要负责全国半导体集成电路、混合集成电路等专业领域标准化工作,秘书处设在中国电子技术标准化研究院。目前，已发布半导体器件国家标准205项、行业标准15项，未发布汽车芯片标准。全国半导体器件标准化技术委员会组织架构见图3-4。

图3-4 全国半导体器件标准化技术委员会组织架构

（4）全国电工电子产品环境条件与环境试验标准化技术委员会（SAC/TC8）

全国电工电子产品环境条件与环境试验标准化技术委员会成立于1980年，代号SAC/TC8，对应国际电工委员会环境条件、分类及试验方法技术委员会（IEC/TC104），秘书处设在中国电器科学研究院股份有限公司。全国电工电子产品环境条件与环境试验标准化技术委员会下设两个分技术委员会，其中，机械环境试验分技术委员会成立于1982年，代号SAC/TC8/SC1，负责专业范围为机械环境试验，秘书处设在中国电器科学研究院股份有限公司；气候环境试验分技术委员会成立于1984年，代号SAC/TC8/SC2，负责专业范围为气候环境试验，秘书处设在中国电子技术标准化研究院。目前，已发布环境试验国家标准326项、行业标准16项，未发布汽车芯片标准。全国电工电子产品环境条件与环境试验标准化技术委员会组织架构见图3-5。

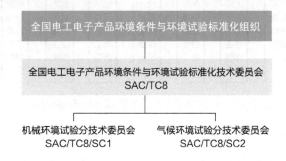

图3-5 全国电工电子产品环境条件与环境试验标准化组织架构

（5）中国汽车工程学会（CSAE）

中国汽车工程学会（SAE-China）成立于 1963 年，是由中国汽车科技工作者自愿组成的全国性、学术性法人团体；是中国科学技术协会的组成部分，非营利性社会组织；是国际汽车工程学会联合会（FISITA）常务理事；是亚太汽车工程年会（APAC）发起国之一。中国汽车工程学会目前下设 39 个分支/代表机构，并与各个省级汽车工程学会建立了业务指导关系。目前拥有个人会员数万人，团体会员数千家。CSAE 于 2021 年发布了汽车芯片系列标准共 10 项，由国家新能源汽车技术创新中心等企业牵头。

（6）中国电子工业标准化技术协会（CESA）

中国电子工业标准化技术协会（简称：中电标协），英文名称为 China Electronics Standardization Association（缩写：CESA）。协会成立于 1993 年，是国家民政部批准的一级协会，业务主管部门是工业和信息化部，是电子信息标准化领域非营利的专业社会团体。会员主要来自于企事业单位、地方主管部门代表、高校研究机构、咨询与检测机构等。协会后成立了高性能计算机、移动存储、数字家庭、平板电视结构、海量存储、企业信息化、汽车电子、薄膜太阳能、医疗电子等十多个标准工作委员会，组织会员参与标准化研究与制定，开展标准化相关活动。中电标协于 2022 年发布了 1 项汽车芯片标准。中电标协标准化技术协会的组织架构见图 3 – 6。

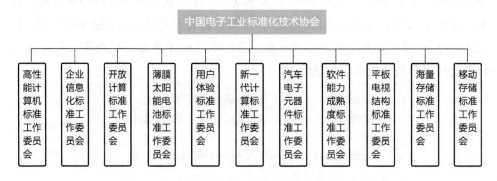

图3-6 中国电子工业标准化技术协会组织架构

（7）北京第三代半导体产业技术创新战略联盟（CASAS）

北京第三代半导体产业技术创新战略联盟是在科技部、工信部、北京市政府等的支持下，由第三代半导体相关科研机构、院校、优势企业等自愿发起，于

2015 年 9 月 9 日在北京正式成立。目前联盟有 120 家会员，涵盖第三代半导体的上中下游及应用领域的核心单位。联盟标准化委员会（简称 CASAS）于 2017 年 2 月正式成立。CASAS 于 2021 年发布了 3 项汽车芯片标准，由国家新能源汽车技术创新中心牵头制定。

（8）中关村天合宽禁带半导体技术创新联盟（IAWBS）

中关村天合宽禁带半导体技术创新联盟（以下简称天合联盟）成立于 2016 年 4 月 27 日，由从事宽禁带半导体研发、生产及应用等领域的企（事）业单位、大专院校、科研院所等自愿联合组成。天合联盟宗旨是重点攻克全产业链共性关键技术和各产业间衔接关键技术，推动科技成果转化为企业效益，促进政产学研用协同合作，提升宽禁带半导体产业国际影响力，打造中国"芯"。截至 2020 年 11 月天合联盟成员单位共 80 家，涉及设备（耗材）–衬底–外延–器件–模块–应用全产业链企事业单位、科研院所及大专院校。IAWBS 于 2017 年发布了 1 项汽车芯片标准，并在 2021 年更新。

3.2.2　国际标准化组织

国外汽车芯片及其相关标准涉及汽车芯片、半导体器件、环境试验、汽车芯片应用部件 4 个领域。国际上汽车芯片相关的标准化组织主要有 2 个，分别为国际标准化组织（ISO）和国际电工委员会（IEC）。ISO 主要负责汽车芯片领域的功能安全要求标准和汽车芯片应用部件标准，IEC 主要负责半导体器件标准和电工电子环境标准。国际汽车芯片及其相关标准化组织一览详见表 3-2。

表 3-2　国际汽车芯片及其相关标准化组织一览表

领域	制定组织
汽车芯片	国际标准化组织（ISO）道路车辆标准化技术委员会（Road Vehicle）车辆电子电气部件及通用系统分技术委员会（Electrical and Electronic Components and General System Aspects），代号 ISO/TC22/SC32
半导体器件	国际电工委员会（IEC）半导体器件标准化委员会（Semiconductor Device），代号 IEC/TC47
环境试验	国际电工委员会（IEC）环境条件、分类和试验方法技术委员会（Environmental Conditions，Classification and Methods of Test），代号 IEC/TC104
汽车芯片应用部件	国际标准化组织（ISO）道路车辆标准化技术委员会（Road Vehicle）车辆电子电气部件及通用系统分技术委员会（Electrical and Electronic Components and General System Aspects），代号 ISO/TC22/SC32

各大标准制定组织简介如下：

（1）国际标准化组织（ISO）

ISO 在汽车芯片和应用芯片的汽车零部件领域标准由道路车辆标准化技术委员会（Road Vehicle）下的车辆电子电气部件及通用系统分技术委员会（Electrical and Electronic Components and General System Aspects）制定，代号 ISO/TC22/SC32，该分技术委员会主要承担编制电气和电子（E/E）组件以及 E/E 系统和组件的标准，包括：线束（例如电缆、连接器、互连）、专用连接器（例如拖车连接器、OBD 连接器）、专用 E/E 组件和零件（例如交流发电机、保险丝、点火设备）、电磁兼容、环境条件、功能安全、网络安全、专用光学元件、软件更新。SC32 分技术委员会下属 13 个标准工作组，其中应用芯片的汽车零部件相关标准由 WG2（环境及可靠性）、WG3（电磁兼容）、WG8（功能安全）、WG11（网络安全）、WG12（软件更新）5 个工作组所制定。ISO/TC22/SC32 的工作组分工见图 3 –7。

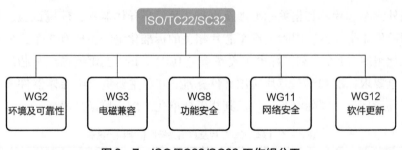

图 3 - 7　ISO/TC22/SC32 工作组分工

（2）国际电工委员会（IEC）

国际电工委员会（IEC）在半导体器件领域标准由半导体器件标准化委员会（Semiconductor Device）制定，代号 IEC/TC47，该分技术委员会主要承担编制分立半导体设备、集成电路、显示设备、传感器、电子元件组件、接口要求和微机电设备的设计、制造、使用和再利用方面的国际标准。IEC/TC47 下设 4 个实际运作分技术委员会和若干工作组，详见图 3 –8。

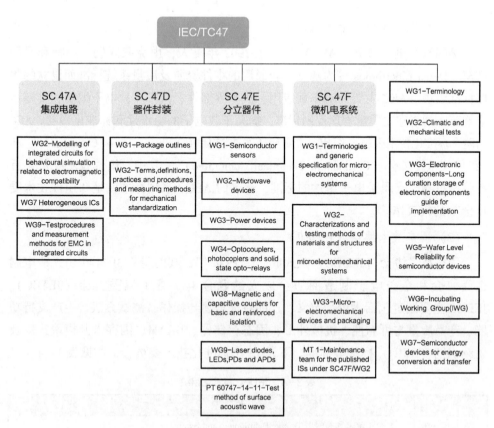

图 3-8　IEC/TC47 下设分技术委员会和工作组

3.2.3　美国标准化组织

美国汽车芯片及其相关标准涉及汽车芯片、半导体器件、芯片应用部件 3 个领域。主要标准化组织主要有美国汽车电子协会（AEC）、固态技术协会（JEDEC）和美国汽车工程师学会（SAE），这三个均为团体标准组织。其中，AEC 专注于汽车芯片领域标准，JEDEC 主要聚焦半导体器件领域标准，SAE 侧重于芯片应用部件领域标准。美国汽车芯片及其相关标准化组织一览详见表 3-3。

表 3-3　美国汽车芯片及其相关标准化组织一览表

领域	制定组织
汽车芯片	美国汽车电子协会（AEC）
半导体器件	固态技术协会（JEDEC）
应用芯片的汽车零部件	美国汽车工程师学会（SAE）

（1）美国汽车电子协会（AEC）

美国汽车电子协会（AEC）成立于 1992 年夏天，由克莱斯勒、福特和通用汽车、Delco Electronics 等为建立一套通用的零件资质及质量系统标准而设立的团体标准组织。AEC 主要针对车载应用、汽车零部件、汽车车载电子编制和实施标准规范，通过建立质量管理控制标准，提高车载电子的稳定性和标准化程度。AEC 由两个标准化技术委员会组成："质量体系委员会（Quality Systems Committee）"和"组件技术委员会（Component Technical Committee）"。其中，组件技术委员会旨在编制可靠、高质量电子组件的标准，著名的 AECQ 系列标准就是"组件技术委员会"的代表作。

（2）固态技术协会（JEDEC）

固态技术协会（JEDEC）正式成立于 1958 年，其前身为 1944 年由无线电制造商协会和全美电子制造商协会成立的联合电子管工程委员会（JETEC）。JEDEC 主要制定包括术语、定义、产品特征描述与操作、测试方法、生产支持功能、产品质量与可靠性、机械外形、固态存储器、DRAM、闪存卡及模块，以及射频识别（RFID）标签等标准。下设 15 个标准化技术委员会，详见表 3-4。

表 3-4　JEDEC 标准化组织

序号	委员会	委员会名称
1	JC-10	术语，定义和符号（Terms, Definitions, and Symbols）
2	JC-11	机械标准化（Mechanical Standardization）
3	JC-13	政府联络（Government Liaison）
4	JC-14	固态产品的质量和可靠性（Quality and Reliability of Solid State Products）
5	JC-15	半导体封装的热表征技术（Thermal Characterization Techniques for Semiconductor Packages）
6	JC-16	接口技术（Interface Technology）
7	JC-22	二极管和晶闸管（Diodes and Thyristors）
8	JC-25	晶体管（Transistors）
9	JC-40	数字逻辑（Digital Logic）
10	JC-42	固态存储器（Solid State Memories）
11	JC-45	DRAM 模块（DRAM Modules）
12	JC-63	多芯片封装（Multiple Chip Packages）
13	JC-64	嵌入式存储器存储 & 可移动存储卡（Embedded Memory Storage & Removable Memory Cards）
14	JC-65	射频识别（RFID）
15	JC-70	宽带隙电力电子转换半导体（Wide Bandgap Power Electronic Conversion Semiconductors）

（3）美国汽车工程师学会（SAE）

美国汽车工程师学会（SAE）最早成立于1902年，约有会员69000人，分别来自全球90多个国家和地区。在汽车芯片标准领域，由汽车电子可靠性标准化技术委员会（Automotive Electronic Systems Reliability Standards）负责，该委员会主要负责制定汽车电子模块和设备的产品认证的标准。SAE汽车芯片标准组织及下属标准见图3-9。

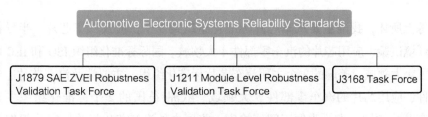

图3-9　SAE汽车芯片标准组织及下属标准

3.2.4　欧洲/德国标准化组织

欧洲/德国汽车芯片及其相关标准涉及汽车芯片1个领域。主要的标准化组织主要有欧洲电力电子中心（ECPE）和德国电子电气行业协会（ZVEI）。

（1）欧洲电力电子中心（ECPE）

欧洲电力电子中心（ECPE）成立于2003年，由英飞凌科技（Infineon Technologies）、西门子（Simems）、意法半导体（ST）、Conti Temic、Epcos、NMB Minibea、Semikron International和SEW-Eurodrive这8家欧洲电子公司共同发起，旨在促进欧洲电力电子领域的教育、创新、科学、研究和技术转让，以期扩大欧洲的产业界与学术界之间的知识交流，并促进研发。汽车芯片领域，主要由汽车功率模块认证［Automotive Power Module Qualification（AQG 324）］工作组负责，该工作组成立于2017年6月，由ECPE成员公司和来自汽车供应链的30多名行业代表组成，主要负责制定功率模块资格和可靠性测试的联合行业标准。

（2）德国电子电气行业协会（ZVEI）

德国电子电气行业协会（ZVEI）是德国最重要的行业协会之一，其成员单位员工总数占德国电气从业人员总数的90%。ZVEI通过对电气行业领域当前的技术、经济等交流经验和观点来达成技术共识，对研究、技术、环境保护、教育和科学政策方面提出建议，同时支持与市场相关的国际标准化工作。汽车芯片领域，主要由电子元件和系统部门（Electronic Components and Systems Devision）负责，该部门代表德国和欧洲电子元件、组件和系统制造商的经济、研究和技术政策利益，在 2017 年出版了《基于汽车应用的基准 IC 开发》（Benchmarking IC Development for Automotive Applications）白皮书，同时积极与 AEC、SAE 等组织联合展开了汽车芯片可靠性验证标准的制定。

3.2.5 小结

综上所述，我国主要汽车芯片标准化组织共 8 个，涉及汽车芯片、半导体器件、环境试验、应用芯片的汽车零部件 4 大领域。国际标准化组织 ISO 和 IEC 同样覆盖了 4 大领域。美国的 3 个主要汽车芯片标准化组织，主要涉及汽车芯片、半导体器件、应用芯片的汽车零部件 3 大领域。欧洲/德国的 2 个标准化组织主要涉及汽车芯片领域标准。为便于阅读检索，将国内外汽车芯片相关标准化组织及其已发布汽车芯片相关标准所属技术领域分布情况用√勾选出，汇总详见表 3-5。

表 3-5 汽车芯片相关标准化组织及已发布标准技术领域分布

| 序号 | 地区 | 标准化组织 | | 汽车芯片相关标准所属领域 | | | |
		标准化组织名称	代号	汽车芯片	半导体器件	环境试验	应用芯片的汽车零部件
1	中国	中关村标准化协会汽车芯片分技术委员会	ZSA	√			
2		全国汽车标准化技术委员会	SAC/TC114	√			√
3		全国半导体器件标准化技术委员会	SAC/TC78		√		
4		全国电工电子产品环境条件与环境试验标准化技术委员会	SAC/TC8			√	
5		中国汽车工程学会	CSAE	√			
6		中国电子工业标准化技术协会	CESA	√			
7		北京第三代半导体产业技术创新战略联盟	CASAS	√			
8		中关村天合宽禁带半导体技术创新联盟	IAWBS	√			
9	国际	国际标准化组织	ISO	√			√
10		国际电工委员会	IEC		√	√	

（续）

序号	地区	标准化组织		汽车芯片相关标准所属领域			
		标准化组织名称	代号	汽车芯片	半导体器件	环境试验	应用芯片的汽车零部件
11	美国	美国汽车电子协会	AEC	√			
12		固态技术协会	JEDEC		√		
13		美国汽车工程师学会	SAE	√			√
14	欧洲	欧洲电力电子中心	ECPE	√			
15	德国	德国电子电气行业协会	ZVEI	√			

3.3 汽车芯片标准现状

3.3.1 国内汽车芯片标准

目前，国内共发布汽车芯片领域标准 18 项。其中行业标准 1 项，由全国汽车标准化技术委员会（SAC/TC114）发布，团体标准 17 项，分别由中关村标准化协会（ZSA）汽车芯片分技术委员会、中国汽车工程学会（CSAE）、中国电子工业标准化技术协会（CESA）、北京第三代半导体产业技术创新战略联盟（CASAS）、中关村天合宽禁带半导体技术创新联盟（IAWBS）发布。

3.3.1.1 行业标准

QC/T 1136—2020《电动汽车用绝缘栅双极晶体管（IGBT）模块环境试验要求及试验方法》标准由全国汽车标准化技术委员会发布，中国第一汽车集团有限公司牵头制定。该项标准规定了电动汽车用绝缘栅双极晶体管（IGBT）模块环境适应性要求和试验方法。在环境适应性方面，标准规定了外观要求、特征参数要求、环境适应性试验项目；在试验方法方面，标准规定了试验条件和误差、扫描振动试验、随机振动试验、机械冲击试验、高温阻断试验、高温栅极偏置试验、高温高湿阻断试验、功率循环试验、温度冲击试验、温度循环试验、高温贮存试验、低温贮存试验、锡焊可焊性试验。详见表 3-6。

表 3-6　汽车芯片行业标准

序号	标准编号	标准名称	制定组织
1	QC/T 1136—2020	电动汽车用绝缘栅双极晶体管（IGBT）模块环境试验要求及试验方法	SAC/TC114/SC27

QC/T 1136—2020 共引用标准 11 项，其中 IEC 60749 - 34 目前尚未转化为国内标准，见表 3 - 7。

表 3 - 7　QC/T 1136—2020 引用标准

序号	标准编号	标准名称	制定组织	标准领域
1	GB/T 2423. 1—2008	电工电子产品环境试验　第 2 部分：试验方法　试验 A：低温	SAC/TC8	环境试验
2	GB/T 2423. 2—2001	电工电子产品环境试验　第 2 部分：试验方法　试验 B：高温	SAC/TC8	环境试验
3	GB/T 2423. 5—2019	环境试验　第 2 部分：试验方法　试验 Ea 和导则：冲击	SAC/TC8	环境试验
4	GB/T 2423. 10—2019	环境试验　第 2 部分：试验方法　试验 Fc：振动（正弦）	SAC/TC8	环境试验
5	GB/T 2423. 22—2012	环境试验　第 2 部分：试验方法　试验 N：温度变化	SAC/TC8	环境试验
6	GB/T 2423. 28—2005	电工电子产品环境试验　第 2 部分：试验方法　试验 T：锡焊	SAC/TC8	环境试验
7	GB/T 2423. 56—2018	环境试验　第 2 部分：试验方法　试验 Fh：宽带随机振动（数字控制）和导则	SAC/TC8	环境试验
8	GB/T 18488. 1—2015	电动汽车用驱动电机系统　第 1 部分：技术条件	SAC/TC26	
9	GB/T 28046. 3—2011	道路车辆　电气及电子设备的环境条件和试验　第 3 部分：机械负荷	SAC/TC114/SC29	应用芯片的汽车零部件
10	GB/T 29332—2012	半导体器件　分立器件　第 9 部分：绝缘栅双极晶体管（IGBT）	SAC/TC78	半导体器件
11	IEC 60749 - 34—2010[①]	半导体器件　机械和环境试验方法　第 34 部分：功率循环	IEC/TC47	半导体器件

①表示该标准尚未转化为国内标准。

3.3.1.2　团体标准

目前，我国汽车芯片领域共有 18 项团体标准已经发布，标准名称、发布标准化组织、牵头制定单位见表 3 - 8。

表3-8 我国汽车芯片领域团体标准清单

序号	标准编号	标准名称	标准化组织	牵头单位
1	T/CSAE 222—2021	纯电动乘用车车规级芯片一般要求	CSAE	国创中心
2	T/CSAE 223—2021	纯电动乘用车控制芯片功能安全要求及测试方法	CSAE	国创中心
3	T/CSAE 224—2021	纯电动乘用车通讯芯片功能安全要求及测试方法	CSAE	国创中心
4	T/CSAE 225—2021	纯电动乘用车控制芯片功能环境试验方法	CSAE	国创中心
5	T/CSAE 226—2021	纯电动乘用车通讯芯片功能环境试验方法	CSAE	国创中心
6	T/CSAE 227—2021	纯电动乘用车控制芯片整车环境舱试验方法	CSAE	国创中心
7	T/CSAE 228—2021	纯电动乘用车通讯芯片整车环境舱试验方法	CSAE	国创中心
8	T/CSAE 229—2021	纯电动乘用车控制芯片整车道路试验方法	CSAE	国创中心
9	T/CSAE 230—2021	纯电动乘用车通讯芯片整车道路试验方法	CSAE	国创中心
10	T/CSAE 251—2022	V2X车载终端安全芯片处理性能测试方法	CSAE	国汽智联
11	T/ZSA 105—2021	纯电动乘用车控制与通讯芯片模拟整车试验方法	ZSA	国创中心
12	T/ZSA 106—2021	纯电动乘用车芯片搭载控制器环境试验方法	ZSA	国创中心
13	T/CASAS 007—2020	电动汽车用碳化硅（SiC）场效应晶体管（MOSFET）模块评测规范	CASAS	中国电子科技集团公司第五十五研究所
14	T/CASAS 011.1—2021	车规级半导体功率器件测试认证规范	CASAS	国创中心
15	T/CASAS 011.2—2021	车规级半导体功率模块测试认证规范	CASAS	国创中心
16	T/CASAS 011.3—2021	车规级智能功率模块（IPM）测试认证规范	CASAS	国创中心
17	T/CESA 260—2022	智能网联汽车视觉感知计算芯片技术要求和测试方法	CESA	地平线，南京芯驰半导体
18	T/IAWBS 004—2021	电动汽车用功率半导体模块可靠性试验通用要求及试验方法	IAWBS	中国科学院电工研究所

3.3.2 国际汽车芯片标准

国际汽车芯片领域标准主要由国际标准组织（ISO）制定，且聚焦于功能安全，具体为ISO 26262-11：2018《道路车辆 功能安全 第11部分 半导体应用指南 Road vehicles—Functional safety—Part 11：Guidelines on application of ISO 26262 to semiconductors》，标准针对半导体技术应用，提供了相应的指导，主要包括以下内容：

1）半导体组件及其分区。

2）详尽的半导体技术和使用案例。

3）以数字故障模式为例评价诊断。

4）针对相关失效分析给出相应案例。

5）对于不同的半导体产品类型，给出相应的定量分析案例。

标准引用了 ISO 26262 - 1：2018《道路车辆 功能安全 第 1 部分 术语 Road vehicles—Functional safety—Part 1：Vocabulary》，该标准属于应用芯片的汽车零部件领域，国内已有采标该标准上一版本的推荐性国标 GB/T 34590.1—2017，新版本的采标工作正在进行中。

3.3.3 美国汽车芯片标准

美国汽车芯片领域标准主要由美国汽车电子协会（AEC）和美国汽车工程师学会（SAE）制定，目前共发布了 15 份汽车芯片领域标准。

3.3.3.1 美国汽车电子协会（AEC）标准

为了规范汽车芯片市场，建立通用的零件资格和质量体系，美国汽车电子协会（AEC）制定了 AECQ 系列标准，共计 12 份。AECQ 系列标准涵盖了试验方法、生产工艺管控、"设计、生产、应用等"的零缺陷目标。AEC - Q100 是 AEC 的第一个标准，对于车用芯片来说 AEC - Q100 是最通用的应力测试（Stress Test）认证规范，主要用于预防产品可能发生的各种状况或潜在的故障状态，引导零部件供货商在开发的过程中就能采用符合该规范的芯片。

AEC - Q100 详细规定了一系列测试方法，同时定义了应力测试驱动型认证的最低要求以及 IC 认证的参考测试条件。

AEC - Q100 分为不同的产品等级，最严格的第 0 级标准工作温度范围可达到 - 40 ~ 150℃。

1）第 0 级：环境工作温度范围 - 40 ~ 150℃。

2）第 1 级：环境工作温度范围 - 40 ~ 125℃。

3）第 2 级：环境工作温度范围 - 40 ~ 105℃。

4）第 3 级：环境工作温度范围 - 40 ~ 85℃。

AEC 在 AEC - Q100 之后又陆续制定了针对分立功率器件的 AEC - Q101，针对被动元件的 AEC - Q200 等规范，以及 AEC - Q001/Q002/Q003/Q004 等指导性原则（Guideline），见表 3 - 9。

表 3-9　AECQ 汽车芯片领域标准清单

序号	标准编号		标准名称	标准类别
1	AEC - Q100Rev - H		基于失效机理的集成电路应力测试验证（不包含测试方法）	试验标准
		AEC - Q100 - 001 - Rev - C	邦线剪切应力测试	
		AEC - Q100 - 002 - Rev - E	人体模式静电放电测试	
		AEC - Q100 - 003 - Rev - E（Decommissioned）	机械模式静电放电测试	
		AEC - Q100 - 004 - Rev - D	集成电路闩锁效应测试	
		AEC - Q100 - 005 - Rev - D1	可写可擦除的永久性记忆的耐久性、数据保持及工作寿命的测试	
		AEC - Q100 - 006 - Rev - D（Decommissioned）	热电效应引起的寄生闸极漏电流测试	
		AEC - Q100 - 007 - Rev - B	故障仿真和测试等级	
		AEC - Q100 - 008 - Rev - A	早期寿命失效率（ELFR）	
		AEC - Q100 - 009 - Rev - B	电分配的评估	
		AEC - Q100 - 010 - Rev - A	锡球剪切测试	
		AEC - Q100 - 011 - Rev - D	带电器件模式的静电放电测试	
		AEC - Q100 - 012 - Rev	12V 系统灵敏功率设备的短路可靠性描述	
2	AEC - Q101Rev - E		分立半导体元件的应力测试标准（包含测试方法）	
		AEC - Q101 - 001 - Rev - A	人体模式静电放电测试	
		AEC - Q101 - 002 - Rev - A（Decommissioned）	机械模式静电放电测试	
		AEC - Q101 - 003 - Rev - A	邦线切应力测试	
		AEC - Q101 - 004 - Rev	同步性测试方法	
		AEC - Q101 - 005 - Rev - A	带电器件模式的静电放电测试	
		AEC - Q101 - 006 - Rev	12V 系统灵敏功率设备的短路可靠性描述	
3	AEC - Q102Rev - A		汽车用分立光电半导体应力测试评定	
		AEC - Q102 - 001Rev -（Initial Release）	凝露测试	
		AEC - Q102 - 002Rev -（Initial Release）	挠曲试验	

（续）

序号	标准编号	标准名称	标准类别
4	AEC – Q103	汽车用传感器应力测试评定	试验标准
	AEC – Q103 – 002Rev – (Initial Release)	微机电系统（MEMS）压力传感器应力测试评定	
	AEC – Q103 – 003Rev – (Initial Release)：	麦克风器件应力测试鉴定	
5	AEC – Q104	汽车多芯片组件（MCM）应力测试评定	
6	AEC – Q200 – Rev – D	被动元件的应力测试标准（包含测试方法）	
	AEC – Q200 – 001 – Rev – B	阻燃性试验	
	AEC – Q200 – 002 – Rev – B	ESD（人体模型）试验	
	AEC – Q200 – 003 – Rev – B	梁荷载（断裂强度）试验	
	AEC – Q200 – 004 – Rev – A	聚合物可复位保险丝试验	
	AEC – Q200 – 005 – Rev – A	阻燃性试验	
	AEC – Q200 – 006 – Rev – A	可复位保险丝的测量方法	
	AEC – Q200 – 007 – Rev – A	电压浪涌试验	
7	AEC – Q001Rev – D	零件平均试验指南	生产工艺管控标准
8	AEC – Q002Rev – B	统计成品率分析指南	
9	AEC – Q003Rev – A	集成电路产品电气性能表征指南	试验标准
10	AEC – Q004Rev – （Initial Release）	汽车零缺陷框架	设计、生产、应用等的零缺陷目标标准
11	AEC – Q005Rev – A	无铅试验要求	试验标准
12	AEC – Q006Rev – A	使用铜（Cu）线互连的组件的鉴定要求	

　　AECQ 系列车规级芯片标准在制定过程中，采标并引用了半导体器件军工级美军标 MIL – STD 以及工业级 JEDEC（主要引用 JC – 14 固态产品的质量与可靠性委员会下属）等半导体模器件/模块标准，同时引用了 IEC/TC104 制定的电工电子产品环境试验标准（IEC 60068 – 2 系列）。

　　此外，AECQ 系列车规级芯片标准引用了芯片应用系统层面由 ISO/TC22/SC32 制定的汽车电子电气部件标准，从芯片应用系统层（汽车电子电气部件）的功能、寿命、环境应力、电磁兼容（EMC）、ESD 等方面分析芯片应力失效，从而完成 AECQ 系列可靠性标准的制定，如图 3 - 10 所示。

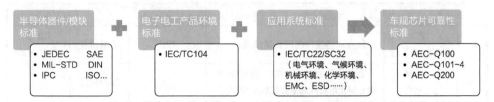

图 3 - 10　AECQ 系列标准制定过程

AECQ 系列标准的引用标准共 71 项，其中 IEC 和 ISO 标准共计 10 项，已经转化为国内标准共 8 项，见表 3 - 10。

表 3 - 10　AECQ 系列标准引用标准清单

序号	引用标准编号	引用标准名称	制定组织	标准领域	转后标准号
1	AIAG APQP	高级产品质量计划和控制计划	AIAG		—
2	AIAG FMEA	AIAG 和 VDA FMEA 手册	AIAG		—
3	AIAG PPAP	生产零件批准流程	AIAG		—
4	AIAG SPC	统计过程控制	AIAG		—
5	ANSI/ESDA/ JEDEC JS - 001	人体模型（HBM）- 组件级	ANSI/ESDA/ JEDEC	半导体器件	—
6	ANSI/ESDA/ JEDEC JS - 002	ANSI/ESDA/JEDEC 静电放电灵敏度测试联合标准 - 充电设备模型（CDM）- 设备级	ANSI/ESDA/ JEDEC	半导体器件	—
7	DIN 50018	在存在二氧化硫的饱和大气中进行试验	DIN		—
8	EIA632	设计系统的过程	EIA	半导体器件	—
9	EIA/IPC/JEDEC J - STD - 075	装配工艺用非 IC 电子元件的分类	EIA/IPC/JEDEC	半导体器件	—
10	EIA - 198	Ⅰ、Ⅱ、Ⅲ、Ⅳ类陶瓷介质电容器	EIA/IPC/JEDEC	半导体器件	—
11	EIA - 469	破坏性物理分析（DPA）	EIA/IPC/JEDEC	半导体器件	—
12	EIA - 535	钽质电容器	EIA/IPC/JEDEC	半导体器件	—
13	IATF 16949	汽车生产和相关服务部件组织的质量管理体系要求	IATF		—
14	IEC 60068 - 2 - 20	带引线器件的可焊性和耐焊接热试验方法	IEC	环境试验	GB/T 2423.28—2005

（续）

序号	引用标准编号	引用标准名称	制定组织	标准领域	转后标准号
15	IEC 60068－2－43	触点和连接件的硫化氢试验	IEC	环境试验	GB/T 2423.20—2014
16	IEC 60068－2－58①	表面安装器件（SMD）的可焊性、耐金属化溶解性和耐焊接热试验方法	IEC	环境试验	—
17	IEC 60068－2－60	流动混合气体腐蚀试验	IEC	环境试验	GB/T 2423.51—2020
18	IEC ISO/DIS10605	ESD 人体模型（修改 Q200－002）	IEC	半导体器件	GB/T 19951—2019
19	iNEMI	无铅端接电镀的建议	iNEMI	—	—
20	IPC－9701	表面安装焊接附件的性能试验方法和鉴定要求	IPC	半导体器件	—
21	J－STD－002	元件引线、终端、接线片、端子和导线的可焊性试验	IPC/JEDEC	半导体器件	—
22	J－STD－020	塑料集成电路表面贴装器件的湿度/回流灵敏度分类	IPC/JEDEC	半导体器件	—
23	J－STD－046	电子产品供应商产品/过程变更的客户通知标准	IPC/JEDEC	半导体器件	—
24	IPC/JEDEC－9702	板级互连的单调弯曲特性	IPC/JEDEC	半导体器件	—
25	ISO 16750－4	道路车辆 电气及电子设备的环境条件和试验 第4部分：气候负荷	ISO/SC32	环境试验	GB/T 28046.4—2011
26	ISO 16750－5	道路车辆 电气及电子设备的环境条件和试验 第5部分：化学负荷	ISO/SC32	环境试验	GB/T 28046.5—2013
27	ISO 26262	道路车辆－功能安全	ISO/SC32	应用芯片的汽车零部件	GB/T 34590—2017
28	ISO/IEC/IEEE15288	系统和软件工程－系统生命周期过程	ISO		GB/T 22032—2021
29	ISO－7637－1①	道路车辆电气干扰	ISO/SC32	应用芯片的汽车零部件	—
30	JEP001	铸造工艺鉴定指南（晶圆制造厂）	JEDEC	半导体器件	—
31	JESD22	成套设备可靠性试验方法	JEDEC	半导体器件	—
32	JESD78	锁定	JEDEC	半导体器件	—

（续）

序号	引用标准编号	引用标准名称	制定组织	标准领域	转后标准号
33	JESD89	半导体器件中 α 粒子和地面宇宙线引起的软误差的测量和报告	JEDEC	半导体器件	—
34	JESD89 – 1	系统软错误率（SSER）测试方法	JEDEC	半导体器件	—
35	JESD89 – 2	α 源加速软错误率的试验方法	JEDEC	半导体器件	—
36	JESD89 – 3	波束加速软错误率试验方法	JEDEC	半导体器件	—
37	JEP122	硅半导体器件的失效机理与模型	JEDEC	半导体器件	—
38	JEP131	过程故障模式和影响分析	JEDEC	半导体器件	—
39	JEP148	基于失效风险物理和应用评估的半导体器件可靠性鉴定	JEDEC	半导体器件	—
40	JEP150	组装固态表面安装组件的应力试驾鉴定和失效机制	JEDEC	半导体器件	—
41	JESD16	以百万分之几（PPM）为单位的平均出厂质量水平评估	JEDEC	半导体器件	—
42	JESD201	锡和锡合金表面光洁度对锡须敏感性的环境验收要求	JEDEC	半导体器件	—
43	JESD22 – A101	温湿度偏差（THB）/高湿度高温反向偏差（H3TRB）	JEDEC	半导体器件	—
44	JESD22 – A103	高温存储寿命（HTSL）/高温栅偏压（HTGB）	JEDEC	半导体器件	—
45	JESD22 – A104	温度循环	JEDEC	半导体器件	—
46	JESD22 – A105	电源温度循环（PTC）	JEDEC	半导体器件	—
47	JESD22 – A110	高加速应力试验（HAST）	JEDEC	半导体器件	—
48	JESD22 – A111	小型表面贴装固态器件通过全身浸焊连接底部侧板能力的评估程序	JEDEC	半导体器件	—
49	JESD22 – A113	可靠性试验前非密封表面安装装置的预处理	JEDEC	半导体器件	—
50	JESD22 – A121	测量锡和锡合金表面光洁度上晶须生长的试验方法	JEDEC	半导体器件	—
51	JESD22 – B102	可焊性	JEDEC	半导体器件	—
52	JESD22 – B106	耐焊接热	JEDEC	半导体器件	—
53	JESD46	半导体供应商产品/工艺变更的客户通知	JEDEC	半导体器件	—

（续）

序号	引用标准编号	引用标准名称	制定组织	标准领域	转后标准号
54	JESD51 – 50	单芯片和多芯片单 PN 结和多 PN 结发光二极管（LED）热测量方法综述	JEDEC	半导体器件	—
55	JESD51 – 51	测量暴露冷却发光二极管真实热阻和阻抗的电气试验方法的实施	JEDEC	半导体器件	—
56	JESD51 – 52	CIE 127 – 2007 总通量测量与暴露冷却表面 LED 热测量相结合的指南	JEDEC	半导体器件	—
57	JP002	当前锡须理论和缓解实践指南	JEDEC	半导体器件	—
58	J – STD – 035	非密封封装电子元件声学显微镜	JEDEC	半导体器件	—
59	MIL – PRF – 27	电感器/变压器试验方法	MIL	半导体器件	—
60	MIL – STD – 1580B	电子产品的破坏性物理分析 电磁和机电部件	MIL	半导体器件	—
61	MIL – STD – 202	试验方法标准：电子电气元件	MIL	半导体器件	—
62	MIL – STD – 750	半导体器件的 X 试验方法	MIL	半导体器件	—
63	MIL – STD – 750 Method 1037	间歇运行寿命（IOL）	MIL	半导体器件	—
64	MIL – STD – 750 Method 1038（condition A）	高温反向偏压（HTRB）	MIL	半导体器件	—
65	MIL – STD – 750 – 1	半导体器件环境试验方法	MIL	半导体器件	—
66	MIL – STD – 750 – 2	半导体器件机械试验方法	MIL	半导体器件	—
67	MIL – STD – 883	微电子学试验方法和程序	MIL	半导体器件	—
68	SAE J1752/3	集成电路辐射发射测量程序	SAE		—
69	SAE/USCAR – 33	LED 模块测试规范	SAE		—
70	UL – STD – 94	设备和器具零件用塑料材料的易燃性试验	UL		—
71	ZVEI	汽车用电子元件产品和/或工艺变更（PCN）客户通知指南	ZVEI		—

①表示该标准尚未转化为国内标注。

3.3.3.2 美国汽车工程师学会（SAE）标准

美国汽车工程师学会（SAE）目前已发布汽车芯片领域的标准有：器件级的 SAE J1879《汽车用半导体器件可靠性验证手册》，模块级的 SAE J1211《汽车电气/电子模块可靠性验证手册》和跨模块 & 应用部件级的 SAE J3168《汽车电气/电子和机电设备、模块和组件的可靠性物理分析》汽车半导体可靠性标准，见表 3 – 11。

表 3 – 11　SAE 汽车芯片领域标准清单

序号	标准编号	标准名称	制定组织
1	SAE J1879	汽车用半导体器件可靠性验证手册	SAE 汽车电子可靠性标准化技术委员会
2	SAE J1211	汽车电气/电子模块可靠性验证手册	SAE 汽车电子可靠性标准化技术委员会
3	SAE J3168	汽车电气/电子和机电设备、模块和组件	SAE 汽车电子可靠性标准化技术委员会

SAE 汽车芯片标准共引用 62 项标准，其中与汽车芯片相关的 IEC 和 ISO 标准共 8 项，且已转化为国内标准，见表 3 – 12。

表 3 – 12　SAE 汽车芯片标准引用标准清单

序号	标准编号	标准名称	制定组织	标准领域	转后标准号
1	ASTM D696	塑料线性热膨胀系数试验	ASTM		—
2	ASTM F1096 – 87	测量 MOSFET 饱和阈值电压	ASTM		—
3	ASTM F1260M – 96	估计集成电路金属化的电迁移中位失效时间和西格玛的标准试验方法	ASTM		—
4	ASTM F616M – 96	测量 MOSFET 漏电流的标准试验方法	ASTM		—
5	ASTM F617 – 00	测量 MOSFET 线性阈值电压的标准试验方法	ASTM		—
6	EIA – 557	统计过程控制系统	EIA		—
7	EIA – 670	质量体系评估	EIA		—
8	ESD STM5.1 – 2001	静电放电敏感性测试的静电放电协会标准测试方法 – 人体模型（HBM）组件级	ESD		—

（续）

序号	标准编号	标准名称	制定组织	标准领域	转后标准号
9	ESD STM5.2 – 1999	静电放电敏感性试验的标准试验方法 – 机器模型 – 部件级	ESD		—
10	ESD STM5.3.1 – 1999	静电放电敏感性试验的静电放电协会标准试验方法—带电装置模型（CDM）—组件级	ESD		—
11	IEC 60300 – 1	可靠性管理. 第 1 部分：可靠性管理系统，国际电工委员会	IEC		—
12	IEC 60300 – 3 – 1	可信性管理. 第 3 – 1 部分：应用指南 – 可信性分析技术 – 方法指南	IEC		—
13	IEC 60300 – 3 – 9	可靠性管理. 第 3 部分：应用指南. 第 9 节：技术系统的风险分析	IEC		—
14	IEC 60812	系统可靠性分析技术. 故障模式和影响分析（FMEA）程序	IEC		—
15	IEC 61025	故障树分析（FTA）	IEC		—
16	IEEE 1413 – 2010	硬件可靠性预测 IEEE 标准框架	IEEE		—
17	IPC – 4412	印制板用 E 玻璃织成的成品织物规范	IPC		—
18	IPC – TM – 650 2.4.41	电绝缘材料的线性热膨胀系数	IPC		—
19	IPC – TM – 650 – 2.4.24c	玻璃化转变温度和 Z 轴热膨胀（TMA）（热机械分析）	IPC		—
20	ISO 16750	道路车辆. 电气和电子设备的环境条件和试验	ISO	环境试验	GB/T 28046.1—2011 GB/T 28046.2—2014 GB/T 28046.3—2011 GB/T 28046.4—2011 GB/T 28046.5—2013
21	ISO 21747	统计方法. 测量质量特性的过程性能和能力统计	ISO		—
22	ISO 9001	质量管理体系 – 要求	ISO		—
23	JEDEC – 020D	湿敏设备的处理	JEDEC	半导体器件	—

（续）

序号	标准编号	标准名称	制定组织	标准领域	转后标准号
24	JEP122	半导体器件的失效机理和模型	JEDEC	半导体器件	—
25	JEP131	过程故障模式和影响分析（FMEA）	JEDEC	半导体器件	—
26	JEP132	工艺特性指南	JEDEC	半导体器件	—
27	JEP139	用于表征应力诱导空洞的铝互连金属化的恒温老化	JEDEC	半导体器件	—
28	JEP143	固态可靠性评估和鉴定方法	JEDEC	半导体器件	—
29	JEP148	基于故障风险和机会评估物理的半导体器件可靠性鉴定	JEDEC	半导体器件	—
30	JEP70	质量和可靠性标准和出版物	JEDEC	半导体器件	—
31	JESD22 – A101	稳态温湿度偏差	JEDEC	半导体器件	—
32	JESD22 – A104	温度循环	JEDEC	半导体器件	—
33	JESD22 – A108	温度、偏压和工作寿命	JEDEC	半导体器件	—
34	JESD22 – A110	高加速应力试验（HAST）	JEDEC	半导体器件	—
35	JESD22 – A113	可靠性测试前表面贴装器件的预处理。	JEDEC	半导体器件	—
36	JESD22 – A114	静电放电（ESD）灵敏度测试人体模型（HBM）	JEDEC	半导体器件	—
37	JESD22 – A115	静电放电（ESD）灵敏度试验机模式（MM）	JEDEC	半导体器件	—
38	JESD22 – C101	微电子器件静电放电耐受阈值的场致充电器件模型试验方法	JEDEC	半导体器件	—
39	JESD28	测量直流应力下 N 沟道 MOSFET 热载流子诱导退化的程序	JEDEC	半导体器件	—
40	JESD28 – 1	N 沟道 MOSFET 热载流子数据分析	JEDEC	半导体器件	—
41	JESD33	测量和使用电阻温度系数确定金属化线温度的标准方法	JEDEC	半导体器件	—
42	JESD34	故障机制驱动的硅器件可靠性鉴定	JEDEC	半导体器件	—
43	JESD35	薄电介质的晶片级测试程序	JEDEC	半导体器件	—
44	JESD35 – 1	薄电介质晶圆级测试测试结构设计的一般指南	JEDEC	半导体器件	—

（续）

序号	标准编号	标准名称	制定组织	标准领域	转后标准号
45	JESD35 – 2	薄电介质的晶圆级测试标准	JEDEC	半导体器件	—
46	JESD37	使用 Persson 和 Rootzen 方法对未经审查数据和单右删失数据进行对数正态分析的标准	JEDEC	半导体器件	—
47	JESD46	半导体供应商产品/工艺变更的客户通知	JEDEC	半导体器件	—
48	JESD50	特殊产品消除要求	JEDEC	半导体器件	—
49	JESD60	直流应力下 P 沟道 MOSFET 热载流子诱导退化的测量方法	JEDEC	半导体器件	—
50	JESD61	等温电迁移试验程序	JEDEC	半导体器件	—
51	JESD63	计算电流密度和温度的电迁移模型参数的标准方法	JEDEC	半导体器件	—
52	JESD659	故障机制驱动的可靠性监测	JEDEC	半导体器件	—
53	JESD671	部件质量问题分析和纠正措施要求（包括管理质量问题）	JEDEC	半导体器件	—
54	JESD74	电子元件早期寿命失效率计算程序	JEDEC	半导体器件	—
55	JESD78	IC 闭锁测试	JEDEC	半导体器件	—
56	JESD85	以配合单位计算故障率的方法	JEDEC	半导体器件	—
57	JESD87	用阻挡材料评估铝电解铀金属化可靠性的标准试验结构	JEDEC	半导体器件	—
58	JESD91	电子元件失效机理加速度模型的建立方法	JEDEC	半导体器件	—
59	JESD94	使用基于知识的测试方法进行特定于应用程序的鉴定	JEDEC	半导体器件	—
60	JP001	铸造工艺鉴定指南（晶圆制造现场）	JEDEC	半导体器件	—
61	J – STD – 020	非密封固态表面贴装器件的湿度/回流灵敏度分类	IPC/JEDEC	半导体器件	—
62	MIL – STD – 810	环境工程考虑和实验室测试	MIL		—

3.3.4 欧洲/德国汽车芯片标准

欧洲/德国汽车芯片领域标准主要由欧洲电力电子中心（ECPE）和德国电子电气行业协会（ZVEI）制定，目前共发布汽车芯片领域标准5项。

3.3.4.1 欧洲汽车芯片标准

欧洲电力电子中心（ECPE）制定标准 AQG 324《机动车辆电力电子转换器单元（PCU）功率模块认证》，标准测试项目主要用于验证车规级功率模块的特性和寿命，目前标准所列的测试条件、测试要求及测试项目适用于 Si 基、SiC 半导体模块，后续发行版本将涉及 GaN 以及新型封装和互联技术。

AQG 324 标准的测试内容主要分为 QM－模块测试、QC－模块特性测试、QE－环境测试、QL－寿命测试四大类，各分类下的试验项目及依据标准见表3－13。

表3－13 AQG 324 标准的试验项目及依据

测试类别	试验项目	依据标准
QM－模块测试	栅极参数 额定电流和漏电流 饱和电压 X 射线、SAM/SAT IPI/VI、OMA	IEC 60747－2、IEC 60747－8 IEC 60747－9、IEC 60747－15 IEC 60749－5、IEC 60749－6 IEC 60749－23、IEC 60749－25 IEC 60749－34
QC－模块特性测试	寄生杂散电感 热阻值 短路容量 绝缘测试 机械数据	IEC 60664－1 DIN EN 60664－1（addendum1） IEC 60664－4
QE－环境测试	热冲击 Contactability 机械振动 机械冲击	IEC 60068－2－6 IEC 60068－2－27 IEC 60068－2－64
QL－寿命测试	功率循环（PCsec） 功率循环（PCmin） 高温存储 低温存储 高温反向偏压 高温栅偏置 高温高湿反向偏压	JESD22－A119

AQG 324 标准共引用了 18 份标准，详见表 3-14，其中与汽车芯片相关的 ISO 和 IEC 标准共计 12 项，5 项已转化为国内标准。

表 3-14　AQG 324 标准的引用标准清单

序号	标准编号	标准名称	制定组织	标准领域	转后标准号
1	ISO/IEC 17025	测试和校准实验室能力的一般要求	ISO/IEC	—	—
2	IEC 60747-2：2016	半导体器件第 2 部分：分立器件 整流二极管	IEC	半导体器件	GB/T 4023—2015
3	IEC 60747-8：2010①	半导体器件分立器件第 8 部分：场效应晶体管	IEC	半导体器件	—
4	IEC 60747-9：2007	半导体器件分立器件第 9 部分：绝缘栅双极晶体管	IEC	半导体器件	GB/T 29332—2012
5	IEC 60747-15：2010①	半导体器件分立器件第 15 部分：隔离功率半导体器件	IEC	半导体器件	—
6	IEC 60749-5：2017①	半导体器件机械和气候试验方法第 5 部分：稳态温湿度偏置寿命试验	IEC	半导体器件	—
7	IEC 60749-6：2017①	半导体器件机械和气候试验方法第 6 部分：高温贮存	IEC	半导体器件	—
8	IEC 60749-23：2011①	半导体器件机械和气候试验方法第 23 部分：高温工作寿命	IEC	半导体器件	—
9	IEC 60749-25：2003①	半导体器件机械和气候试验方法第 25 部分：温度循环	IEC	半导体器件	—
10	IEC 60749-34：2010①	半导体器件机械和气候试验方法第 34 部分：功率循环	IEC	半导体器件	—
11	IEC 60068-2-6：2007	环境试验第 2-6 部分：试验 Fc：振动（正弦）	IEC	环境试验	GB/T 2423.10—2019
12	IEC 60068-2-27：2008	环境试验-第 2-27 部分：试验-试验 Ea 和指南：冲击	IEC	环境试验	GB/T 2423.5—2019 GB/T 2423.52—2003
13	IEC 60068-2-64：2008	环境试验-第 2-64 部分：试验-试验 Fh：振动、宽带随机和引导	IEC	环境试验	GB/T 2423.56—2018
14	IEC 60664-1：2007	低压系统内设备的绝缘配合第 1 部分：原则、要求和试验	IEC	—	—

（续）

序号	标准编号	标准名称	制定组织	标准领域	转后标准号
15	DIN EN 60664 –1 Addendum 1	低压系统内设备的绝缘配合第2 – 1部分：应用指南 IEC 60664 系列应用说明、尺寸示例和介电测试（IEC/TR 60664 – 2 – 1：2011 + Cor.：2011）	DIN	—	—
16	IEC 60664 – 4：2005	低压系统内设备的绝缘配合第4部分：高频电压应力的考虑	IEC	—	—
17	JESD22 – A104F：2020	温度循环	JESD	半导体器件	—
18	JESD22 – A119：2015	低温储存寿命	JEDS	半导体器件	—

①表示该标准尚未转化为国内标准。

3.3.4.2　德国汽车芯片标准

德国汽车芯片领域标准由德国电子电气行业协会（ZVEI）与美国汽车工程学会（SAE）联合制定，采用芯片器件→模块→系统可靠性的标准体系纵向架构，其中器件级标准《Handbook for Robustness Validation of Semiconductor Devices in Automotive Applications》与 SAE J1879 等效；模块级标准《Handbook for Robustness Validation of Automotive Electrical – Electronic Modules》与 SAE J1211 等效，系统级标准为《Handbook Robustness Validation System – level – Appendix to Robustness Validation Handbook for EEM》，如图3 – 11 所示。引用标准情况参见表3 – 12，此处不再赘述。

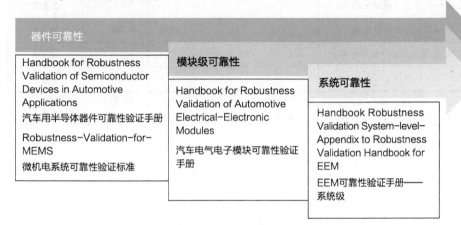

图3 – 11　德国汽车芯片标准

3.3.5 小结

汽车芯片领域已发布标准数量如图 3 - 12 和表 3 - 15 所示。

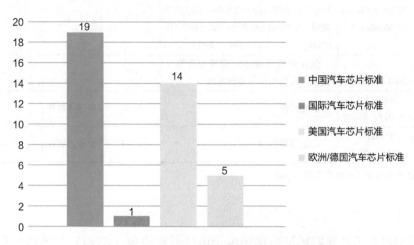

图 3 - 12　汽车芯片领域已发布标准数量柱状图

表 3 - 15　汽车芯片领域已发布标准数量明细

标准分类		计数	占比
中国汽车芯片领域标准		19	48.7%
	中国汽车芯片领域行业标准	1	2.5%
	中国汽车芯片领域团体标准	18	46.2%
国际汽车芯片领域标准		1	2.6%
美国汽车芯片领域标准		14	35.9%
欧洲/德国汽车芯片领域标准		5	12.8%
小计		39	100%

通过分析图 3 - 12 和表 3 - 15 发现，我国汽车芯片标准大多数是团体标准，国行标数量较少。

通过分析国内外已发布的汽车芯片标准制定的思路和引用标准，发现汽车芯片属于半导体产品，首先应与半导体器件现行标准相一致；因应用于电工电子产品、汽车相关部件，所以同时还应该符合应用层（电工电子产品以及所应用的汽车部件）的功能、寿命、环境、EMC、ESD 等相关标准，故本部分的 3.4 和 3.5 节将对半导体器件领域、电工电子产品领域以及应用芯片的汽车零部件领域的标准现状进行梳理。

3.4 半导体器件标准现状

汽车芯片的本质是半导体器件，因此在满足上车的各种使用性能前，首先应满足半导体器件的基本性能要求。目前与汽车芯片相关的半导体器件/模块标准制定组织主要是我国的全国半导体器件标准化技术委员会（SAC/TC78）、美国的固态技术协会（JEDEC）以及国际电工委员会半导体器件技术委员会（IEC/TC47），此外军用标准因其等级高于消费级/工业级的特性，也被汽车芯片标准采标引用，如 AECQ 引用了部分美军标。

3.4.1 中国半导体器件标准

我国半导体器件领域主要为全国半导体器件标准化技术委员会（SAC/TC78）制定的国家标准和电子行业标准，分别共计 205 项和 13 项（数据截至 2022 年 6 月 30 日），各分技术委员会制定的标准数量见表 3 - 16。

表 3 - 16 IEC/TC47 各分技术委员会标准数量

制定组织	组织名称	标准数量
SAC/TC 78/SC1	半导体分立器件分技术委员会	85
SAC/TC 78/SC2	半导体集成电路分技术委员会	133
合计		218

3.4.2 国际半导体器件标准

国际半导体器件领域标准以国际电工委员会半导体器件技术委员会（IEC/TC47）制定的半导体分立器件、集成电路、显示器件、传感器、电子组件、接口要求以及微机械电子器件的标准为主，IEC/TC47 下设立 4 个分技术委员会，现制定有 384 项标准（数据截止日期为 2022 年 6 月 30 日），各分技术委员会制定标准数量见表 3 - 17。

表3-17 IEC/TC47 各分技术委员会标准数量

制定组织	组织名称	标准数量
TC 47	半导体器件 Semiconductor Devices	136
SC 47A	集成电路 Integrated Circuits	85
SC 47D	半导体器件封装 Semiconductor Devices Packaging	59
SC 47E	分立器件 Discrete Semiconductor Devices	65
SC 47F	微机电系统 Micro – electromechanical Systems	39
合计		384

被汽车芯片领域标准引用的 IEC 标准共计 10 项，其中 3 项转化为了国标，见表 3-18。

表3-18 被汽车芯片领域标准引用的 IEC 半导体器件标准清单

序号	引用标准编号	引用标准名称	制定组织	标准领域	转后标准号
1	IEC ISO/DIS10605	ESD 人体模型（修改 Q200 – 002）	IEC	半导体器件	GB/T 19951—2019
2	IEC 60747 – 2：2016	半导体器件第 2 部分：分立器件整流二极管	IEC	半导体器件	GB/T 4023—2015
3	IEC 60747 – 8：2010①	半导体器件分立器件第 8 部分：场效应晶体管	IEC	半导体器件	—
4	IEC 60747 – 9：2007	半导体器件分立器件第 9 部分：绝缘栅双极晶体管	IEC	半导体器件	GB/T 29332—2012
5	IEC 60747 – 15：2010①	半导体器件分立器件第 15 部分：隔离功率半导体器件	IEC	半导体器件	—
6	IEC 60749 – 5：2017①	半导体器件机械和气候试验方法第 5 部分：稳态温湿度偏置寿命试验	IEC	半导体器件	—
7	IEC 60749 – 6：2017①	半导体器件机械和气候试验方法第 6 部分：高温贮存	IEC	半导体器件	—
8	IEC 60749 – 23：2011①	半导体器件机械和气候试验方法第 23 部分：高温工作寿命	IEC	半导体器件	—
9	IEC 60749 – 25：2003①	半导体器件机械和气候试验方法第 25 部分：温度循环	IEC	半导体器件	—
10	IEC 60749 – 34：2010①	半导体器件机械和气候试验方法第 34 部分：功率循环	IEC	半导体器件	—

①表示该标准尚未转化为国内标准。

3.4.3 美国半导体器件标准

美国半导体器件领域标准以固态技术协会（JEDEC）制定的术语、定义、产品特征描述与操作、测试方法、生产支持功能、产品质量与可靠性、机械外形、固态存储器、DRAM、闪存卡及模块，以及射频识别（RFID）标签等标准为主。

JEDEC 下属共 15 个委员会，相关的下属标准数量共计 1317 条（数据截至 2022 年 6 月 16 日），见表 3 - 19。

表 3 - 19 JEDEC 各委员会及下属标准数量

序号	委员会	委员会名称	标准数量
1	JC - 10	术语，定义和符号 Terms, Definitions, and Symbols	17
2	JC - 11	机械标准化 Mechanical Standardization	610
3	JC - 13	政府联络 Government Liaison	36
4	JC - 14	固态产品的质量和可靠性 Quality and Reliability of Solid State Products	155
5	JC - 15	半导体封装的热表征技术 Thermal Characterization Techniques for Semiconductor Packages	18
6	JC - 16	接口技术 Interface Technology	37
7	JC - 22	二极管和晶闸管 Diodes and Thyristors	16
8	JC - 25	晶体管 Transistors	36
9	JC - 40	数字逻辑 Digital Logic	74
10	JC - 42	固态存储器 Solid State Memories	155
11	JC - 45	DRAM 模块 DRAM Modules	121
12	JC - 63	多芯片封装 Multiple Chip Packages	3
13	JC - 64	嵌入式存储器存储 & 可移动存储卡 Embedded Memory Storage & Removable Memory Cards	31
14	JC - 65	射频识别 RFID	1
15	JC - 70	宽带隙电力电子转换半导体 Wide Bandgap Power Electronic Conversion Semiconductors	7
	合计		1317

AECQ 系列汽车芯片标准采标引用的 JEDEC 标准为 JC - 14 以及 JC - 15 委员会所制订标准，引用标准共计 39 项，见表 3 - 20。

表3-20 被汽车芯片领域标准引用的 JEDEC 标准清单

序号	引用标准编号	引用标准名称	制定组织	标准领域
1	ANSI/ESDA/JEDEC JS-001	人体模型（HBM）-组件级	ANSI/ESDA/JEDEC	半导体器件
2	ANSI/ESDA/JEDEC JS-002	静电放电灵敏度测试联合标准-充电设备模型（CDM）-设备级	ANSI/ESDA/JEDEC	半导体器件
3	EIA/IPC/JEDEC J-STD-075	装配工艺用非 IC 电子元件的分类	EIA/IPC/JEDEC	半导体器件
4	EIA-198	I、II、III、IV 类陶瓷介质电容器	EIA/IPC/JEDEC	半导体器件
5	EIA-469	破坏性物理分析（DPA）	EIA/IPC/JEDEC	半导体器件
6	EIA-535	钽质电容器	EIA/IPC/JEDEC	半导体器件
7	IPC/JEDEC-9702	板级互连的单调弯曲特性	IPC/JEDEC	半导体器件
8	JEP001	铸造工艺鉴定指南（晶圆制造厂）	JEDEC	半导体器件
9	JEP122	硅半导体器件的失效机理与模型	JEDEC	半导体器件
10	JEP131	过程故障模式和影响分析	JEDEC	半导体器件
11	JEP148	基于失效风险物理和应用评估的半导体器件可靠性鉴定	JEDEC	半导体器件
12	JEP150	组装固态表面安装组件的应力试驾鉴定和失效机制	JEDEC	半导体器件
13	JESD16	以百万分之几（PPM）为单位的平均出厂质量水平评估	JEDEC	半导体器件
14	JESD201	锡和锡合金表面光洁度对锡须敏感性的环境验收要求	JEDEC	半导体器件
15	JESD22	成套设备可靠性试验方法	JEDEC	半导体器件
16	JESD22-A101	温湿度偏差（THB）/高湿度高温反向偏差（H3TRB）	JEDEC	半导体器件
17	JESD22-A103	高温存储寿命（HTSL）/高温栅偏压（HTGB）	JEDEC	半导体器件
18	JESD22-A104	温度循环	JEDEC	半导体器件
19	JESD22-A105	电源温度循环（PTC）	JEDEC	半导体器件
20	JESD22-A110	高加速应力试验（HAST）	JEDEC	半导体器件
21	JESD22-A111	小型表面贴装固态器件通过全身浸焊连接底部侧板能力的评估程序	JEDEC	半导体器件

（续）

序号	引用标准编号	引用标准名称	制定组织	标准领域
22	JESD22 – A113	可靠性试验前非密封表面安装装置的预处理	JEDEC	半导体器件
23	JESD22 – A121	测量锡和锡合金表面光洁度上晶须生长的试验方法	JEDEC	半导体器件
24	JESD22 – B102	可焊性	JEDEC	半导体器件
25	JESD22 – B106	耐焊接热	JEDEC	半导体器件
26	JESD46	半导体供应商产品/工艺变更的客户通知	JEDEC	半导体器件
27	JESD51 – 50	单芯片和多芯片单 PN 结和多 PN 结发光二极管（LED）热测量方法综述	JEDEC	半导体器件
28	JESD51 – 51	测量暴露冷却发光二极管真实热阻和阻抗的电气试验方法的实施	JEDEC	半导体器件
29	JESD51 – 52	CIE 127 – 2007 总通量测量与暴露冷却表面 LED 热测量相结合的指南	JEDEC	半导体器件
30	JESD78	锁定	JEDEC	半导体器件
31	JESD89	半导体器件中 α 粒子和地面宇宙线引起的软误差的测量和报告	JEDEC	半导体器件
32	JESD89 – 1	系统软错误率（SSER）测试方法	JEDEC	半导体器件
33	JESD89 – 2	α 源加速软错误率的试验方法	JEDEC	半导体器件
34	JESD89 – 3	波束加速软错误率试验方法	JEDEC	半导体器件
35	JP002	当前锡须理论和缓解实践指南	JEDEC	半导体器件
36	J – STD – 002	元件引线、终端、接线片、端子和导线的可焊性试验	IPC/JEDEC	半导体器件
37	J – STD – 020	塑料集成电路表面贴装器件的湿度/回流灵敏度分类	IPC/JEDEC	半导体器件
38	J – STD – 035	非密封封装电子元件声学显微镜	JEDEC	半导体器件
39	J – STD – 046	电子产品供应商产品/过程变更的客户通知标准	IPC/JEDEC	半导体器件

　　AECQ 系列标准在制定过程中还引用了 5 项美军标半导体器件领域标准，其中部分转化为了我国国军标，详见表 3 – 21。

表 3-21　AECQ 系列标准引用美军标及其转化情况

序号	标准编号	标准名称	制定组织	标准领域	转后标准号
1	MIL - STD - 750	半导体器件的 X 试验方法	MIL	半导体器件	GJB128A—97
	MIL - STD - 750 Method 1037	间歇运行寿命（IOL）	MIL	半导体器件	GJB128A—97
	MIL - STD - 750 Method 1038（condition A）	高温反向偏压（HTRB）	MIL	半导体器件	GJB128A—97
	MIL - STD - 750 - 1	半导体器件环境试验方法	MIL	半导体器件	GJB128A—97
	MIL - STD - 750 - 2	半导体器件机械试验方法	MIL	半导体器件	GJB128A—97
2	MIL - STD - 883	微电子学试验方法和程序	MIL	半导体器件	GJB548A—96
3	MIL - STD - 202	试验方法标准：电子电气元件	MIL	半导体器件	GJB360A—96
4	MIL - STD - 1580B	电子产品的破坏性物理分析 电磁和机电部件	MIL	半导体器件	GJB4027—2006
5	MIL - PRF - 27[①]	电感器/转换器试验方法	MIL	半导体器件	—

①表示该标准尚未转化为国内标准。

3.4.4　小结

半导体器件领域已发布标准数量如图 3-13 和表 3-22 所示。

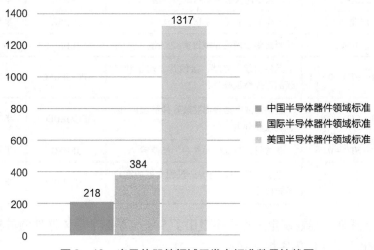

图 3-13　半导体器件领域已发布标准数量柱状图

表3-22　半导体器件领域已发布标准数量明细表

半导体领域标准现状	计数	占比
中国半导体器件领域标准	218	11.3%
国际半导体器件领域标准	384	20.0%
美国半导体器件领域标准	1317	68.7%
小计	1919	100%

通过图3-13和表3-22分析我国和国外半导体器件标准数量及标准体系发现，我国半导体器件领域标准数量较少。

汽车芯片领域引用标准转化率方面，由于汽车芯片属于半导体产品，首先应与国际半导体器件领域标准协调一致，因此研究作为国际标准化组织的 IEC/TC47 被我国标准引用、转化的程度具有较大的意义。国内外汽车芯片领域标准引用 IEC 半导体器件标准 10 项，其中 4 项已被转化为我国国家标准，6 项尚未转化，故我国在制定汽车芯片标准的过程中，应考虑未被转化的国外标准的转化或使用工作。表3-23列出了汽车芯片领域标准引用的半导体器件标准及其转化情况。

表3-23　被汽车芯片领域引用的半导体器件标准及国行标转化情况汇总

序号	引用标准编号	引用标准名称	制定组织	标准领域	转化标准号
1	IEC ISO/DIS10605	ESD 人体模型（修改 Q200-002）	IEC/TC47	半导体器件	GB/T 19951—2019
2	IEC 60747-2：2016	半导体器件第 2 部分：分立器件 整流二极管	IEC/TC47	半导体器件	GB/T 4023—2015
3	IEC 60747-8：2010[①]	半导体器件分立器件第 8 部分：场效应晶体管	IEC/TC47	半导体器件	—
4	IEC 60747-9：2007	半导体器件分立器件第 9 部分：绝缘栅双极晶体管	IEC/TC47	半导体器件	GB/T 29332—2012
5	IEC 60747-15：2010[①]	半导体器件分立器件第 15 部分：隔离功率半导体器件	IEC/TC47	半导体器件	—
6	IEC 60749-5：2017[①]	半导体器件机械和气候试验方法第 5 部分：稳态温湿度偏置寿命试验	IEC/TC47	半导体器件	—
7	IEC 60749-6：2017[①]	半导体器件机械和气候试验方法第 6 部分：高温贮存	IEC/TC47	半导体器件	—
8	IEC 60749-23：2011[①]	半导体器件机械和气候试验方法第 23 部分：高温工作寿命	IEC/TC47	半导体器件	—

（续）

序号	引用标准编号	引用标准名称	制定组织	标准领域	转化标准号
9	IEC 60749 – 25：2003①	半导体器件机械和气候试验方法 第 25 部分：温度循环	IEC/TC47	半导体器件	—
10	IEC 60749 – 34：2010①	半导体器件机械和气候试验方法 第 34 部分：功率循环	IEC/TC47	半导体器件	—

①表示该标准尚未转化为国内标准。

此外，美国汽车电子委员会（AEC）引用的半导体器件领域标准绝大多数为固态技术协会（JEDEC）参与或者主笔的标准，多达 39 项，详见表 3 – 10。这从一定程度上说明 JEDEC 标准是汽车芯片的重要基础标准。因此，我国在制定汽车芯片标准过程中，建议也应充分考虑固态技术协会（JEDEC）的标准与其协调一致。

3.5 汽车芯片应用层标准现状

因为汽车芯片在上车后，实际应用于电工电子产品、汽车相关部件，所以汽车芯片同时还应该符合应用层的相关标准要求，具体包括电工电子产品领域标准和应用芯片的汽车零部件标准。目前电工电子产品领域标准制定组织主要是我国的全国电工电子产品环境条件与环境试验标准化技术委员会（SAC/TC8）、国际电工环境条件、分类和试验方法技术委员会（IEC/TC104），应用芯片的汽车零部件领域标准制定组织主要是我国的全国汽车标准化技术委员会（SAC/TC114）、国际标准化组织道路车辆标准化技术委员会的车辆电子电气部件及通用系统分技术委员会（ISO/TC22/SC32）、美国汽车工程师学会（SAE）、国际无线电干扰特别委员会（CISPR）、欧洲经济委员会（ECE）、联合国法规（UN）。

3.5.1 汽车芯片环境试验标准

汽车芯片的环境试验标准由国际电工环境条件、分类和试验方法技术委员会（IEC/TC104）制定，目前制定有 136 项标准。我国与 IEC/TC104 接口的是全国电工电子产品环境条件与环境试验标准化技术委员会（SAC/TC8），目前制定有 326 项国家标准和 16 项行业标准。

QC/T 1136—2020 和 AEC – Q 系列汽车芯片标准引用了环境试验试验相关国际标准 7 项，其中 6 项已转化为国家标准。标准清单及国内外标准对应关系见表 3 – 24。

表 3-24 被汽车芯片领域引用的国内外环境试验标准对照表

序号	引用标准编号	引用标准名称	制定组织	标准领域	转后标准号
1	IEC 60068-2-20	带引线器件的可焊性和耐焊接热试验方法	IEC/TC104	环境试验	GB/T 2423.28—2005
2	IEC 60068-2-43	触点和连接件的硫化氢试验	IEC/TC104	环境试验	GB/T 2423.20—2014
3	IEC 60068-2-58[①]	表面安装器件（SMD）的可焊性、耐金属化溶解性和耐焊接热试验方法	IEC/TC104	环境试验	—
4	IEC 60068-2-60	流动混合气体腐蚀试验	IEC/TC104	环境试验	GB/T 2423.51—2020
5	IEC 60068-2-6：2007	环境试验第 2-6 部分：试验 Fc：振动（正弦）	IEC/TC104	环境试验	GB/T 2423.10—2019
6	IEC 60068-2-27：2008	环境试验-第 2-27 部分：试验-试验 Ea 和指南：冲击	IEC/TC104	环境试验	GB/T 2423.5—2019 GB/T 2423.52—2003
7	IEC 60068-2-64：2008	环境试验-第 2-64 部分：试验-试验 Fh：振动、宽带随机和引导	IEC/TC104	环境试验	GB/T 2423.56—2018

①表示该标准尚未转化为国内标准。

3.5.2 应用芯片的汽车零部件标准

3.5.2.1 我国应用芯片的汽车零部件标准现状

我国应用芯片的汽车零部件标准主要由全国汽车标准化技术委员会（SAC/TC114）发布。此外，工业和信息化部以及全国无线电干扰标准化技术委员会（SAC/TC79）已发布 5 项汽车电磁兼容标准。应用芯片的汽车零部件领域标准主要有电磁兼容、功能安全、环境及可靠性、信息安全、测试评价 5 个方向，已发布标准情况见表 3-25，共计 42 项。

表3-25　应用芯片的汽车零部件相关标准

序号	方向	标准编号	标准名称	制定组织
1	电磁兼容	GB/T 19951—2019	道路车辆　电气/电子部件对静电放电抗扰性的试验方法（ESD）（ISO 10605）	SAC/TC 114
2		GB/T 21437.1—2008	道路车辆　电气/电子部件对传导和耦合引起的电骚扰试验方法　第1部分：定义和一般规定	SAC/TC 114
3		GB/T 21437.2—2008	道路车辆　电气/电子部件对传导和耦合引起的电骚扰试验方法　第2部分：沿电源线的电瞬态传导发射和抗扰性	SAC/TC 114
4		GB/T 21437.3—2012	道路车辆　电气/电子部件对传导和耦合引起的电骚扰试验方法　第3部分：对耦合到非电源线电瞬态的抗扰性	SAC/TC 114
5		GB/T 22630—2008	车载音视频设备电磁兼容性要求和测量方法	SAC/TC 114
6		GB/T 29259—2012	道路车辆　电磁兼容术语	SAC/TC 114
7		GB/T 33012.1—2016	道路车辆　车辆对窄带辐射电磁能的抗扰性试验方法　第1部分：一般规定	SAC/TC 114
8		GB/T 33012.2—2016	道路车辆　车辆对窄带辐射电磁能的抗扰性试验方法　第2部分：车外辐射源法	SAC/TC 114
9		GB/T 33012.3—2016	道路车辆　车辆对窄带辐射电磁能的抗扰性试验方法　第3部分：车载发射机模拟法	SAC/TC 114
10		GB/T 33012.4—2016	道路车辆　车辆对窄带辐射电磁能的抗扰性试验方法　第4部分：大电流注入法	SAC/TC 114
11		GB/T 33014.1—2016	道路车辆　电气/电子部件对窄带辐射电磁能的抗扰性试验方法　第1部分：一般规定	SAC/TC 114
12		GB/T 33014.2—2016	道路车辆　电气/电子部件对窄带辐射电磁能的抗扰性试验方法　第2部分：电波暗室法	SAC/TC 114
13		GB/T 33014.3—2016	道路车辆　电气/电子部件对窄带辐射电磁能的抗扰性试验方法　第3部分：横电磁波（TEM）小室法	SAC/TC 114
14		GB/T 33014.4—2016	道路车辆　电气/电子部件对窄带辐射电磁能的抗扰性试验方法　第4部分：大电流注入（BCI）法	SAC/TC 114
15		GB/T 33014.5—2016	道路车辆　电气/电子部件对窄带辐射电磁能的抗扰性试验方法　第5部分：带状线法	SAC/TC 114
16		GB/T 18387—2017	电动车辆的电磁场发射强度的限值和测量方法	SAC/TC 114
17		GB 34660—2017	道路车辆　电磁兼容性要求和试验方法	工业和信息化部

（续）

序号	方向	标准编号	标准名称	制定组织
18	电磁兼容	GB 14023—2011	车辆、船和由内燃机驱动的装置 无线电骚扰特性 限值和测量方法	SAC/TC79
19		GB/T 17619—1998	机动车电子电器组件的电磁辐射抗扰性限值和测量方法	SAC/TC79
20		GB/T 18655—2018	车辆、船和内燃机无线电骚扰特性 用于保护车载接收机的限值和测量方法	SAC/TC79
21		GB/T 38659.1—2020	电磁兼容 风险评估 第1部分：电子电气设备	SAC/TC79
22	功能安全	GB/T 34590.1—2017	道路车辆 功能安全 第1部分：术语	SAC/TC 114
23		GB/T 34590.2—2017	道路车辆 功能安全 第2部分：功能安全管理	SAC/TC 114
24		GB/T 34590.3—2017	道路车辆 功能安全 第3部分：概念阶段	SAC/TC 114
25		GB/T 34590.4—2017	道路车辆 功能安全 第4部分：产品开发：系统层面	SAC/TC 114
26		GB/T 34590.5—2017	道路车辆 功能安全 第5部分：产品开发：硬件层面	SAC/TC 114
27		GB/T 34590.6—2017	道路车辆 功能安全 第6部分：产品开发：软件层面	SAC/TC 114
28		GB/T 34590.7—2017	道路车辆 功能安全 第7部分：生产和运行	SAC/TC 114
29		GB/T 34590.8—2017	道路车辆 功能安全 第8部分：支持过程	SAC/TC 114
30		GB/T 34590.9—2017	道路车辆 功能安全 第9部分：以汽车安全完整性等级为导向和以安全为导向的分析	SAC/TC 114
31		GB/T 34590.10—2017	道路车辆 功能安全 第10部分：指南	SAC/TC 114
32	环境及可靠性	GB/T 28045—2011	道路车辆 42V 供电电压的电气和电子设备 电气负荷	SAC/TC 114
33		GB/T 28046.1—2011	道路车辆 电气及电子设备的环境条件和试验 第1部分：一般规定	SAC/TC 114
34		GB/T 28046.2—2019	道路车辆 电气及电子设备的环境条件和试验 第2部分：电气负荷	SAC/TC 114
35		GB/T 28046.3—2011	道路车辆 电气及电子设备的环境条件和试验 第3部分：机械负荷	SAC/TC 114
36		GB/T 28046.4—2011	道路车辆 电气及电子设备的环境条件和试验 第4部分：气候负荷	SAC/TC 114
37		GB/T 28046.5—2013	道路车辆 电气及电子设备的环境条件和试验 第5部分：化学负荷	SAC/TC 114
38		GB/T 30038—2013	道路车辆 电气电子设备防护等级（IP 代码）	SAC/TC 114

（续）

序号	方向	标准编号	标准名称	制定组织
39	信息安全	GB/T 40856－2021	车载信息交互系统信息安全技术要求及试验方法	SAC/TC 114
40		GB/T 40855－2021	电动汽车远程服务与管理系统信息安全技术要求及试验方法	SAC/TC 114
41		GB/T 40857－2021	汽车网关信息安全技术要求及试验方法	SAC/TC 114
42		GB/T 40861－2021	汽车信息安全通用技术要求	SAC/TC 114

3.5.2.2　国际应用芯片的汽车零部件标准现状

国际应用芯片的汽车零部件领域标准主要由国际标准化组织道路车辆标准化技术委员会的车辆电子电气部件及通用系统分技术委员会（ISO/TC22/SC32）、美国汽车工程师学会（SAE）、国际无线电干扰特别委员会（CISPR）、欧洲经济委员会（ECE）、联合国法规（UN）制定，共计 37 项。

ISO/SC32 分技术委员会下属 13 个标准工作组，其中应用芯片的汽车零部件相关标准由 WG2（环境及可靠性）、WG3（电磁兼容）、WG8（功能安全）、WG11（网络安全）、WG12（软件更新）5 个工作组所制定。ISO/TC22/SC32 的工作组分工见图 3－7。

WG2 工作组主要制定汽车电子电气部件环境条件和试验标准，包括 ISO 16750－1~5 系列的电气负荷、气候负荷、机械负荷、化学负荷等标准，WG3 工作组制定汽车电子电气部件电磁应用环境标准，AECQ 系列标准采标引用此两个工作组内的 ISO 16750－4：道路车辆　电气及电子设备的环境条件和试验　第 4 部分：气候负荷、ISO 16750－5：道路车辆　电气及电子设备的环境条件和试验
第 5 部分：化学负荷标准作为技术及试验依据、ISO 7637－1：道路车辆　电气/电子部件对传导和耦合引起的电骚扰试验方法　第 1 部分：定义和一般规定以及静电防护标准、ISO 10605：道路车辆　静电放电产生的电骚扰试验方法。各工作组主要相关标准见表 3－26，共计 48 项，其中 35 项已转化为国标。

表 3－26　ISO 应用芯片的汽车零部件相关标准

序号	方向	标准编号	标准名称	制定组织	转后标准号
1	环境及可靠性	ISO 16750－1	道路车辆　电气及电子设备的环境条件和试验　第 1 部分：一般规定	ISO/TC22/SC32	GB/T 28046.1—2011

（续）

序号	方向	标准编号	标准名称	制定组织	转后标准号
2	环境及可靠性	ISO 16750 – 2	道路车辆　电气及电子设备的环境条件和试验　第 2 部分：电气负荷	ISO/TC22/SC32	GB/T 28046.2—2019
3	环境及可靠性	ISO 16750 – 3	道路车辆　电气及电子设备的环境条件和试验　第 3 部分：机械负荷	ISO/TC22/SC32	GB/T 28046.3—2011
4	环境及可靠性	ISO 16750 – 4	道路车辆　电气及电子设备的环境条件和试验　第 4 部分：气候负荷	ISO/TC22/SC32	GB/T 28046.4—2011
5	环境及可靠性	ISO 16750 – 5	道路车辆　电气及电子设备的环境条件和试验　第 5 部分：化学负荷	ISO/TC22/SC32	GB/T 28046.5—2013
6	环境及可靠性	ISO 19453 – 1[①]	道路车辆　电动汽车驱动系统用电气及电子设备的环境条件和试验　第 1 部分：一般规定	ISO/TC22/SC32	—
7	环境及可靠性	ISO 19453 – 3[①]	道路车辆　电动汽车驱动系统用电气及电子设备的环境条件和试验　第 3 部分：机械负荷	ISO/TC22/SC32	—
8	环境及可靠性	ISO 19453 – 4[①]	道路车辆　电动汽车驱动系统用电气及电子设备的环境条件和试验　第 4 部分：气候负荷	ISO/TC22/SC32	—
9	环境及可靠性	ISO 19453 – 5[①]	道路车辆　电动汽车驱动系统用电气及电子设备的环境条件和试验　第 5 部分：化学负荷	ISO/TC22/SC32	—
10	环境及可靠性	ISO 19453 – 6[①]	道路车辆　电动汽车驱动系统用电气及电子设备的环境条件和试验　第 6 部分：动力电池包及系统	ISO/TC22/SC32	—
11	环境及可靠性	ISO 20653	道路车辆　防护等级（IP 代码）电气设备对外来物、水和触及的防护	ISO/TC22/SC32	GB/T 30038—2013
12	环境及可靠性	ISO 21848	道路车辆　42V 供电电压的电气和电子设备 电气负荷	ISO/TC22/SC32	GB/T 28045—2011
13	电磁兼容	ISO 7637 – 1：2015	道路车辆　由传导和耦合引起的电骚扰　第 1 部分：定义和一般规定	ISO/TC22/SC32	GB/T 21437.1—2021

（续）

序号	方向	标准编号	标准名称	制定组织	转后标准号
14	电磁兼容	ISO 7637-2：2011	道路车辆 由传导和耦合引起的电骚扰 第2部分：沿电源线的电瞬态传导	ISO/TC22/SC32	GB/T 21437.2—2021
15	电磁兼容	ISO 7637-3：2016	道路车辆 由传导和耦合引起的电骚扰 第3部分：除电源线外的导线通过容性和感性耦合的电瞬态发射	ISO/TC22/SC32	GB/T 21437.3—2021
16	电磁兼容	ISO/TS 7637-4：2020①	道路车辆 由传导和耦合引起的电骚扰 第4部分：仅沿屏蔽高压供电线路的电瞬态传导	ISO/TC22/SC32	—
17	电磁兼容	ISO/TR 7637-5：2016①	道路车辆 由传导和耦合引起的电骚扰 第5部分：符合 ISO 7637 的脉冲发生器协调的增强定义和验证方法	ISO/TC22/SC32	—
18	电磁兼容	ISO 10605	道路车辆 静电放电产生的电骚扰试验方法	ISO/TC22/SC32	GB/T 19951—2019
19	电磁兼容	ISO 11451-1：2015	道路车辆 车辆对窄带辐射电磁能的抗扰性试验方法 第1部分：总则及术语	ISO/TC22/SC32	GB/T 33012.1—2016
20	电磁兼容	ISO 11451-2：2015	道路车辆 车辆对窄带辐射电磁能的抗扰性试验方法 第2部分：车外辐射源法	ISO/TC22/SC32	GB/T 33012.2—2016
21	电磁兼容	ISO 11451-3：2015	道路车辆 车辆对窄带辐射电磁能的抗扰性试验方法 第3部分：车载发射机模拟法	ISO/TC22/SC32	GB/T 33012.3—2016
22	电磁兼容	ISO 11451-4：2013	道路车辆 车辆对窄带辐射电磁能的抗扰性试验方法 第4部分：大电流注入法	ISO/TC22/SC32	GB/T 33012.4—2016
23	电磁兼容	ISO 11452-1：2015	道路车辆 窄带辐射电磁能引发的电骚扰零部件试验方法 第1部分：总则及术语	ISO/TC22/SC32	GB/T 33014.1—2016
24	电磁兼容	ISO 11452-2：2019	道路车辆 窄带辐射电磁能引发的电骚扰的零部件试验方法 第2部分：装有吸波材料的屏蔽室	ISO/TC22/SC32	GB/T 33014.2—2016

（续）

序号	方向	标准编号	标准名称	制定组织	转后标准号
25	电磁兼容	ISO 11452-3：2016	道路车辆　窄带辐射电磁能引发的电骚扰的零部件试验方法　第 3 部分：横电磁波（TEM）小室法	ISO/TC22/SC32	GB/T 33014.3—2016
26	电磁兼容	ISO 11452-4：2020	道路车辆　窄带辐射电磁能引发的电骚扰的零部件试验方法　第 4 部分：大电流注入（BCI）法	ISO/TC22/SC32	GB/T 33014.4—2016
27	电磁兼容	ISO 11452-5：2002	道路车辆　窄带辐射电磁能引发的电骚扰的零部件试验方法　第 5 部分：带状线法	ISO/TC22/SC32	GB/T 33014.5—2016
28	电磁兼容	ISO 11452-7：2003	道路车辆　窄带辐射电磁能引发的电骚扰的零部件试验方法　第 7 部分：射频功率直接注入法	ISO/TC22/SC32	GB/T 33014.7—2020
29	电磁兼容	ISO 11452-7：2003/ Amd 1：2013	道路车辆　窄带辐射电磁能引发的电骚扰的零部件试验方法　第 7 部分：射频功率直接注入法 1 号修改单	ISO/TC22/SC32	GB/T 33014.7—2020
30	电磁兼容	ISO 11452-8：2015	道路车辆　窄带辐射电磁能引发的电骚扰的零部件试验方法　第 8 部分：磁场抗扰法	ISO/TC22/SC32	GB/T 33014.8—2020
31	电磁兼容	ISO 11452-9：2021	道路车辆　窄带辐射电磁能引发的电骚扰的零部件试验方法　第 9 部分：便携式发射机法	ISO/TC22/SC32	GB/T 33014.9—2020
32	电磁兼容	ISO 11452-10：2009	道路车辆　窄带辐射电磁能引发的电骚扰的零部件试验方法　第 10 部分：扩展音频范围的传导抗扰法	ISO/TC22/SC32	GB/T 33014.10—2020
33	电磁兼容	ISO 11452-11：2010[①]	道路车辆　窄带辐射电磁能引发的电骚扰的零部件试验方法　第 11 部分：混响室法	ISO/TC22/SC32	—
34	功能安全	ISO 26262-1：2018	道路车辆　功能安全第 1 部分：术语	ISO/TC22/SC32	GB/T 34590.1—2017[②]
35	功能安全	ISO 26262-2：2018	道路车辆　功能安全　第 2 部分：功能安全管理	ISO/TC22/SC32	GB/T 34590.2—2017[②]
36	功能安全	ISO 26262-3：2018	道路车辆　功能安全　第 3 部分：概念阶段	ISO/TC22/SC32	GB/T 34590.3—2017[②]

（续）

序号	方向	标准编号	标准名称	制定组织	转后标准号
37	功能安全	ISO 26262-4：2018	道路车辆　功能安全　第4部分：产品开发：系统层面	ISO/TC22/SC32	GB/T 34590.4—2017[2]
38	功能安全	ISO 26262-5：2018	道路车辆　功能安全　第5部分：产品开发：硬件层面	ISO/TC22/SC32	GB/T 34590.5—2017[2]
39	功能安全	ISO 26262-6：2018	道路车辆　功能安全　第6部分：产品开发：软件层面	ISO/TC22/SC32	GB/T 34590.6—2017[2]
40	功能安全	ISO 26262-7：2018	道路车辆　功能安全　第7部分：生产、运行、服务和退役	ISO/TC22/SC32	GB/T 34590.7—2017[2]
41	功能安全	ISO 26262-8：2018	道路车辆　功能安全　第8部分：支持过程	ISO/TC22/SC32	GB/T 34590.8—2017[2]
42	功能安全	ISO 26262-9：2018	道路车辆　功能安全　第9部分：以汽车安全完整性等级为导向和以安全为导向的分析	ISO/TC22/SC32	GB/T 34590.9—2017[2]
43	功能安全	ISO 26262-10：2018	道路车辆　功能安全　第10部分：指南	ISO/TC22/SC32	GB/T 34590.10—2017[2]
44	功能安全	ISO 26262-11：2018[1]	道路车辆　功能安全　第11部分：半导体应用指南	ISO/TC22/SC32	—
45	功能安全	ISO 26262-12：2018[1]	道路车辆　功能安全　第12部分：摩托车的适用性	ISO/TC22/SC32	—
46	功能安全	ISO 21448[1]	道路车辆　预期功能安全	ISO/TC22/SC32	—
47	信息/网络安全	ISO/PAS 5112[1]	道路车辆　网络安全工程审核指南	ISO/TC22/SC32	—
48	信息/网络安全	ISO/SAE 21434[1]	道路车辆　网络安全工程	ISO/TC22/SC32	—

①表示该标准尚未转化为国内标准。

②GB/T 34590 系列标准的 1~10 部分为 2017 年修改采用 ISO26262 系列标准的 2011 版本，后 ISO26262 标准于 2018 年更新，GB/T 34590 正在转化制定中。

除 ISO/TC22/SC32 以外，国际无线电干扰特别委员会（CISPR）、欧洲经济委员会（ECE）、联合国法规（UN）也制定有汽车电子电气部件电磁兼容标准，已发布标准情况见表 3-27。

表3-27 其他汽车电子电气部件电磁兼容国际标准

序号	标准发布机构	标准名称
1	CISPR	CISPR 12—车辆、船和由内燃机驱动的装置 无线电骚扰特性 限值和测量方法 CISPR25—用于保护使用于车辆、船和装置上车载接收机的无线电骚扰特性限值和测量方法
2	ECE	2004/104/EC 对于车内点火发动机产生的无线电干扰的抑制 95/56/EC 车辆保安系统 97/24/EC 2/3 轮式车辆
3	UN	UN Regulation No.10 有关车辆电磁兼容方面的统一条款

3.5.2.3 美国应用芯片的汽车零部件标准现状

美国应用芯片的汽车零部件标准主要由美国汽车工程学会（SAE）制定，目前制定并发布有软件可靠性、系统/模块可靠性、电磁兼容、信息/网络安全四个领域标准，共计46份。相关标准清单见表3-28。

表3-28 美国应用芯片的汽车零部件相关标准

序号	方向	标准编号	标准名称	制定组织
1	环境及可靠性	SAE JA 1002：2012	软件可靠性程序标准	SAE
2	环境及可靠性	SAE JA 1003：2012	软件可靠性程序标准实施指南	SAE
3	环境及可靠性	SAE JA 1004：2012	软件可支持性计划标准	SAE
4	环境及可靠性	SAE JA 1005：2012	软件可支持性计划的实施指南	SAE
5	环境及可靠性	SAE JA 1006：2012	软件可支持性概念	SAE
6	环境及可靠性	SAE J1850	B 类数据通信网络接口	SAE
7	环境及可靠性	SAE J1938	车辆电子系统设计/过程检查表	SAE
8	环境及可靠性	SAE J2837	汽车电气/电子设备的环境条件和设计实践：J1211-1978 年 11 月的参考数据	SAE
9	环境及可靠性	SAE J1213/2	汽车电子相关可靠性术语汇编	SAE
10	环境及可靠性	SAE J1211	汽车电气/电子模块稳健性验证手册	SAE
11	环境及可靠性	SAE J1879	汽车应用中半导体器件稳健性验证手册	SAE
12	环境及可靠性	SAE J2820	汽车电气/电子部件和系统的建模与仿真方法	SAE
13	环境及可靠性	SAE J1699/1	SAE J1850 验证试验程序	SAE

（续）

序号	方向	标准编号	标准名称	制定组织
14	环境及可靠性	SAE J2450/1	SAE J2450 补充培训文件	SAE
15	环境及可靠性	SAE J2128	可靠性规程	SAE
16	环境及可靠性	SAE J2450	翻译质量指标	SAE
17	电磁兼容	SAE J1113/1	车辆、船只（高达 15m）和机器（飞机除外）部件的电磁兼容性测量程序和限值（16.6Hz 至 18GHz）	SAE
18	电磁兼容	SAE J1113/2	车辆部件（飞机除外）的电磁兼容性测量程序和限制 – 传导抗扰度，15Hz 至 250kHz – 所有导线	SAE
19	电磁兼容	SAE J1113/3	传导抗扰度，250kHz 至 400MHz，直接注入射频（Rf）功率	SAE
20	电磁兼容	SAE J1113/4	辐射电磁场抗扰度大电流注入（BCI）方法	SAE
21	电磁兼容	SAE J1113/11	电源线传导瞬态抗扰度	SAE
22	电磁兼容	SAE J1113/12	传导和耦合产生的电气干扰 – 通过非供电线路的电容和电感耦合	SAE
23	电磁兼容	SAE J1113/13	车辆部件电磁兼容性测量程序第 13 部分：静电放电抗扰度	SAE
24	电磁兼容	SAE J1113/21	车辆部件的电磁兼容性测量程序第 21 部分：对 30MHz 至 18GHz 吸收体内衬腔室电磁场的抗扰度	SAE
25	电磁兼容	SAE J1113/22	车辆部件电磁兼容性测量程序第 22 部分：辐射磁场抗扰度	SAE
26	电磁兼容	SAE J1113/24	辐射电磁场抗扰度；10kHz 至 200MHz – 克劳福德 Tem 单元和 10kHz 至 5GHz – 宽带 Tem 单元	SAE
27	电磁兼容	SAE J1113/26	车辆部件电磁兼容性测量程序 – 交流电源线电场抗扰度	SAE
28	电磁兼容	SAE J1113/27	车辆部件电磁兼容性测量程序第 27 部分：辐射电磁场抗扰度模式搅拌混响法	SAE
29	电磁兼容	SAE J1113/28	车辆部件电磁兼容性测量程序第 28 部分：辐射电磁场抗扰度混响法（模式调谐）	SAE

（续）

序号	方向	标准编号	标准名称	制定组织
30	电磁兼容	SAE J1113/42	电磁兼容性 – 部件试验程序 – 第 42 部分：传导瞬态发射	SAE
31	电磁兼容	SAE J551/1	车辆、船只（高达 15m）和机器（16.6 Hz 至 18 GHz）电磁兼容性的性能水平和测量方法	SAE
32	电磁兼容	SAE J551/5	9 kHz 至 30 MHz 宽带电动汽车磁场和电场强度的性能水平和测量方法	SAE
33	电磁兼容	SAE J551/11	车辆电磁抗扰度 – 车外电源	SAE
34	电磁兼容	SAE J551/12	车辆电磁抗扰度 – 车载发射器模拟	SAE
35	电磁兼容	SAE J551/13	车辆电磁抗扰度 – 大电流注入	SAE
36	电磁兼容	SAE J551/15	车辆电磁抗扰度 – 静电放电（ESD）	SAE
37	电磁兼容	SAE J551/16	电磁抗扰度 – 车外源（混响室法）– 第 16 部分：辐射电磁场抗扰度	SAE
38	电磁兼容	SAE J551/17	车辆电磁抗扰度 – 电力线磁场	SAE
39	电磁兼容	SAE J1752/1	集成电路电磁兼容性测量程序 – 集成电路 EMC 测量程序 – 概述和定义	SAE
40	电磁兼容	SAE J1752/2	集成电路辐射发射测量 – 表面扫描法（环探头法）10 MHz 至 3 GHz	SAE
41	电磁兼容	SAE J1752/3	集成电路辐射发射测量——TEM/宽带 TEM（GTEM）单元法；TEM 电池（150 kHz 至 1 GHz），宽带 TEM 电池（150 kHz 至 8 GHz）	SAE
42	电磁兼容	SAE J1812	EMC 抗扰度测试的功能性能状态分类	SAE
43	电磁兼容	SAE J2556	辐射发射（RE）窄带数据分析 – 功率谱密度（PSD）	SAE
44	电磁兼容	SAE J2628	特性 – 传导抗扰度	SAE
45	信息/网络安全	ISO/SAE DIS 21434：2020	道路车辆　网络安全工程	SAE
46	信息/网络安全	SAE J3061：2016	物理网联车辆系统的网络安全指导手册	SAE

注：SAE 采标 ISO 功能安全标准。

3.5.3 小结

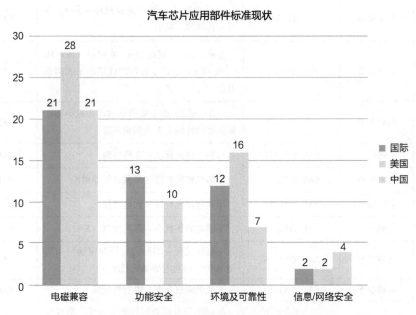

图 3-14 应用芯片的汽车零部件标准柱数量状图

表 3-29 应用芯片的汽车零部件标准柱数量明细表

方向	中国	比例	国际	比例	美国	比例
电磁兼容	21	50.0%	21	43.8%	28	60.8%
功能安全	10	23.8%	13	27.1%	—	—
环境及可靠性	7	16.7%	12	25.0%	16	34.9%
信息/网络安全	4	9.5%	2	4.1%	2	4.3%
总计	42		48		46	

通过分析图 3-14 和表 3-29 发现，我国汽车芯片应用层标准数量与国外基本持平，电磁兼容、功能安全、环境及可靠性、信息安全 4 大方向的分配比例也比较相近。

被汽车芯片领域标准引用的国际标准转化率方面，环境试验领域的国际标准共计 7 项，转化率为 87%，应用芯片的汽车零部件领域的国际标准共计 48 项，转化率为 73%；二者累计 55 项，转化率为 74.5%。在制修订我国汽车芯片标准时，会涉及引用和转化相应国外标准的情况。表 3 - 30 列出了汽车芯片应用层标准转化国标情况。

表 3 - 30　汽车芯片应用层标准转化国标情况

序号	标准领域	引用标准编号	引用标准名称	制定组织	转后标准号
1	环境试验	IEC 60068 - 2 - 20	环境试验　第 2 - 20 部分：试验 试验 Ta 和 Tb 带引线器件的可焊性和耐焊接热试验方法	IEC/TC104	GB/T 2423.28—2005
2	环境试验	IEC 60068 - 2 - 43	环境试验　第 2 - 43 部分：试验 试验 Kd：接触点和连接件的硫化氢试验	IEC/TC104	GB/T 2423.20—2014
3	环境试验	IEC 60068 - 2 - 58①	环境试验　第 2 - 58 部分：试验 试验 Td：表面安装器件（SMD）的可焊性、耐金属化溶解性和耐焊接热试验方法	IEC/TC104	—
4	环境试验	IEC 60068 - 2 - 60	环境试验　第 2 - 60 部分：试验 试验 Ke：流动混合气体腐蚀试验	IEC/TC104	GB/T 2423.51—2020
5	环境试验	IEC 60068 - 2 - 6	环境试验　第 2 - 6 部分：试验　试验 Fc：振动（正弦）	IEC/TC104	GB/T 2423.10—2019
6	环境试验	IEC 60068 - 2 - 27	环境试验　第 2 - 27 部分：试验 试验 Ea 和导则：冲击	IEC/TC104	GB/T 2423.5—2019 GB/T 2423.52—2003
7	环境试验	IEC 60068 - 2 - 64	环境试验　第 2 - 64 部分：试验 试验 Fh：宽带随机振动和导则	IEC/TC104	GB/T 2423.56—2018
8	环境及可靠性	ISO 16750 - 1	道路车辆　电气及电子设备的环境条件和试验　第 1 部分：一般规定	ISO/TC22/SC32	GB/T 28046.1—2011
9	环境及可靠性	ISO 16750 - 2	道路车辆　电气及电子设备的环境条件和试验　第 2 部分：电气负荷	ISO/TC22/SC32	GB/T 28046.2—2019
10	环境及可靠性	ISO 16750 - 3	道路车辆　电气及电子设备的环境条件和试验　第 3 部分：机械负荷	ISO/TC22/SC32	GB/T 28046.3—2011
11	环境及可靠性	ISO 16750 - 4	道路车辆　电气及电子设备的环境条件和试验　第 4 部分：气候负荷	ISO/TC22/SC32	GB/T 28046.4—2011
12	环境及可靠性	ISO 16750 - 5	道路车辆　电气及电子设备的环境条件和试验　第 5 部分：化学负荷	ISO/TC22/SC32	GB/T 28046.5—2013

（续）

序号	标准领域	引用标准编号	引用标准名称	制定组织	转后标准号
13	环境及可靠性	ISO 19453 - 1①	道路车辆　电动汽车驱动系统用电气及电子设备的环境条件和试验　第1部分：一般规定	ISO/TC22/SC32	—
14	环境及可靠性	ISO 19453 - 3①	道路车辆　电动汽车驱动系统用电气及电子设备的环境条件和试验　第3部分：机械负荷	ISO/TC22/SC32	—
15	环境及可靠性	ISO 19453 - 4①	道路车辆　电动汽车驱动系统用电气及电子设备的环境条件和试验　第4部分：气候负荷	ISO/TC22/SC32	—
16	环境及可靠性	ISO 19453 - 5①	道路车辆　电动汽车驱动系统用电气及电子设备的环境条件和试验　第5部分：化学负荷	ISO/TC22/SC32	—
17	环境及可靠性	ISO 19453 - 6①	道路车辆　电动汽车驱动系统用电气及电子设备的环境条件和试验　第6部分：动力电池包及系统	ISO/TC22/SC32	—
18	环境及可靠性	ISO 20653	道路车辆　防护等级（IP代码）电气设备对外来物、水和触及的防护	ISO/TC22/SC32	GB/T 30038—2013
19	环境及可靠性	ISO 21848	道路车辆　42 V 供电电压的电气和电子设备　电气负荷	ISO/TC22/SC32	GB/T 28045—2011
20	电磁兼容	ISO 7637 - 1：2015	道路车辆　由传导和耦合引起的电骚扰　第1部分：定义和一般规定	ISO/TC22/SC32	GB/T 21437.1—2021
21	电磁兼容	ISO 7637 - 2：2011	道路车辆　由传导和耦合引起的电骚扰　第2部分：沿电源线的电瞬态传导	ISO/TC22/SC32	GB/T 21437.2—2021
22	电磁兼容	ISO 7637 - 3：2016	道路车辆　由传导和耦合引起的电骚扰　第3部分：除电源线外的导线通过容性和感性耦合的电瞬态发射	ISO/TC22/SC32	GB/T 21437.3—2021
23	电磁兼容	ISO/TS 7637 - 4：2020①	道路车辆　由传导和耦合引起的电骚扰　第4部分：仅沿屏蔽高压供电线路的电瞬态传导	ISO/TC22/SC32	—
24	电磁兼容	ISO/TR 7637 - 5：2016①	道路车辆　由传导和耦合引起的电骚扰　第5部分：符合 ISO 7637 的脉冲发生器协调的增强定义和验证方法	ISO/TC22/SC32	—

（续）

序号	标准领域	引用标准编号	引用标准名称	制定组织	转后标准号
25	电磁兼容	ISO 10605	道路车辆　静电放电产生的电骚扰试验方法	ISO/TC22/SC32	GB/T 19951—2019
26	电磁兼容	ISO 11451-1：2015	道路车辆　车辆对窄带辐射电磁能的抗扰性试验方法　第1部分：总则及术语	ISO/TC22/SC32	GB/T 33012.1—2016
27	电磁兼容	ISO 11451-2：2015	道路车辆　车辆对窄带辐射电磁能的抗扰性试验方法　第2部分：车外辐射源法	ISO/TC22/SC32	GB/T 33012.2—2016
28	电磁兼容	ISO 11451-3：2015	道路车辆　车辆对窄带辐射电磁能的抗扰性试验方法　第3部分：车载发射机模拟法	ISO/TC22/SC32	GB/T 33012.3—2016
29	电磁兼容	ISO 11451-4：2013	道路车辆　车辆对窄带辐射电磁能的抗扰性试验方法　第4部分：大电流注入法	ISO/TC22/SC32	GB/T 33012.4—2016
30	电磁兼容	ISO 11452-1：2015	道路车辆　窄带辐射电磁能引发的电骚扰零部件试验方法　第1部分：总则及术语	ISO/TC22/SC32	GB/T 33014.1—2016
31	电磁兼容	ISO 11452-2：2019	道路车辆　窄带辐射电磁能引发的电骚扰的零部件试验方法　第2部分：装有吸波材料的屏蔽室	ISO/TC22/SC32	GB/T 33014.2—2016
32	电磁兼容	ISO 11452-3：2016	道路车辆　窄带辐射电磁能引发的电骚扰的零部件试验方法　第3部分：横电磁波（TEM）小室法	ISO/TC22/SC32	GB/T 33014.3—2016
33	电磁兼容	ISO 11452-4：2020	道路车辆　窄带辐射电磁能引发的电骚扰的零部件试验方法　第4部分：大电流注入（BCI）法	ISO/TC22/SC32	GB/T 33014.4—2016
34	电磁兼容	ISO 11452-5：2002	道路车辆　窄带辐射电磁能引发的电骚扰的零部件试验方法　第5部分：带状线法	ISO/TC22/SC32	GB/T 33014.5—2016
35	电磁兼容	ISO 11452-7：2003	道路车辆　窄带辐射电磁能引发的电骚扰的零部件试验方法　第7部分：射频功率直接注入法	ISO/TC22/SC32	GB/T 33014.7—2020
36	电磁兼容	ISO 11452-7：2003/Amd 1：2013	道路车辆　窄带辐射电磁能引发的电骚扰的零部件试验方法　第7部分：射频功率直接注入法 1号修改单	ISO/TC22/SC32	GB/T 33014.7—2020

（续）

序号	标准领域	引用标准编号	引用标准名称	制定组织	转后标准号
37	电磁兼容	ISO 11452－8：2015	道路车辆 窄带辐射电磁能引发的电骚扰的零部件试验方法 第8部分：磁场抗扰法	ISO/TC22/SC32	GB/T 33014.8—2020
38	电磁兼容	ISO 11452－9：2021	道路车辆 窄带辐射电磁能引发的电骚扰的零部件试验方法 第9部分：便携式发射机法	ISO/TC22/SC32	GB/T 33014.9—2020
39	电磁兼容	ISO 11452－10：2009	道路车辆 窄带辐射电磁能引发的电骚扰的零部件试验方法 第10部分：扩展音频范围的传导骚扰抗扰性	ISO/TC22/SC32	GB/T 33014.10—2020
40	电磁兼容	ISO 11452－11：2010[①]	道路车辆 窄带辐射电磁能引发的电骚扰的零部件试验方法 第11部分：混响室法	ISO/TC22/SC32	—
41	功能安全	ISO 26262－1：2018	道路车辆 功能安全第1部分：术语	ISO/TC22/SC32	GB/T 34590.1—2017
42	功能安全	ISO 26262－2：2018	道路车辆 功能安全 第2部分：功能安全管理	ISO/TC22/SC32	GB/T 34590.2—2017
43	功能安全	ISO 26262－3：2018	道路车辆 功能安全 第3部分：概念阶段	ISO/TC22/SC32	GB/T 34590.3—2017
44	功能安全	ISO 26262－4：2018	道路车辆 功能安全 第4部分：产品开发：系统层面	ISO/TC22/SC32	GB/T 34590.4—2017
45	功能安全	ISO 26262－5：2018	道路车辆 功能安全 第5部分：产品开发：硬件层面	ISO/TC22/SC32	GB/T 34590.5—2017
46	功能安全	ISO 26262－6：2018	道路车辆 功能安全 第6部分：产品开发：软件层面	ISO/TC22/SC32	GB/T 34590.6—2017
47	功能安全	ISO 26262－7：2018	道路车辆 功能安全 第7部分：生产、运行、服务和退役	ISO/TC22/SC32	GB/T 34590.7—2017
48	功能安全	ISO 26262－8：2018	道路车辆 功能安全 第8部分：支持过程	ISO/TC22/SC32	GB/T 34590.8—2017
49	功能安全	ISO 26262－9：2018	道路车辆 功能安全 第9部分：以汽车安全完整性等级为导向和以安全为导向的分析	ISO/TC22/SC32	GB/T 34590.9—2017
50	功能安全	ISO 26262－10：2018	道路车辆 功能安全 第10部分：指南	ISO/TC22/SC32	GB/T 34590.10—2017

（续）

序号	标准领域	引用标准编号	引用标准名称	制定组织	转后标准号
51	功能安全	ISO 26262 – 11：2018①	道路车辆　功能安全　第 11 部分：半导体应用指南	ISO/TC22/SC32	—
52	功能安全	ISO 26262 – 12：2018①	道路车辆　功能安全　第 12 部分：摩托车的适用性	ISO/TC22/SC32	—
53	功能安全	ISO 21448①	道路车辆　预期功能安全	ISO/TC22/SC32	—
54	信息/网络安全	ISO/PAS 5112①	道路车辆　网络安全工程审核指南	ISO/TC22/SC32	—
55	信息/网络安全	ISO/SAE 21434①	道路车辆　网络安全工程	ISO/TC22/SC32	—

①表示该标准尚未转化为国内标准。

此外，美国汽车工程师学会（SAE）在汽车应用层领域制定了 46 项标准，且电磁兼容、可靠性方面的标准占比较高。我国在制定汽车芯片标准过程中，建议也应参考借鉴现有的美国汽车工程师学会（SAE）标准。

3.6　总结及建议

标准化组织及其覆盖领域方面，我国和国际的标准化组织涵盖了汽车芯片领域、半导体器件领域、电工电子产品领域和应用芯片的汽车零部件领域 4 大领域，较为全面；美国主要聚焦汽车芯片、半导体器件、应用芯片的汽车零部件 3 大领域；欧洲/德国更加聚焦汽车芯片领域标准。全球各地区标准化组织及其标准数量见表 3 – 31。

表 3 – 31　全球各地区标准化组织及其标准数量

序号	地区	标准化组织（代号）	汽车芯片相关标准数量				
			汽车芯片	半导体器件	环境试验	应用芯片的汽车零部件	合计
1	中国	全国汽车标准化技术委员会（SAC/TC114）	1	—	—	42	43
2		全国半导体器件标准化技术委员会（SAC/TC78）	—	218	—	—	218
3		全国电工电子产品环境条件与环境试验标准化技术委员会（SAC/TC8）	—	—	342	—	342

（续）

序号	地区	标准化组织（代号）	汽车芯片相关标准数量				
			汽车芯片	半导体器件	环境试验	应用芯片的汽车零部件	合计
4	中国	中国汽车工程学会（CSAE）	10	—	—	—	10
5		中国电子工业标准化技术协会（CESA）	1	8	—	—	9
6		北京第三代半导体产业技术创新战略联盟（CASAS）	3	3	—	—	6
7		中关村天合宽禁带半导体技术创新联盟（IAWBS）	1	1	—	—	2
8		中关村标准化协会（ZSA）	3	—	—	1	4
		小计	19	230	342	43	627
9	国际	国际标准化组织（ISO）	1	—	—	48	49
10		国际电工委员会（IEC）	—	384	136	—	520
		小计	1	384	136	48	569
11	美国	汽车电子委员会（AEC）	12	—	—	—	12
12		固态技术协会（JEDEC）	—	1317	—	—	1317
13		美国汽车工程师学会（SAE）	3	—	—	46	49
		小计	15	1317	—	46	1378
14	欧洲/德国	欧洲电力电子中心（ECPE）	1	—	—	—	1
15		德国电气工程协会（ZVEI）	4	—	—	—	4
		小计	5	—	—	—	5
		合计	40	1931	478	137	2586

通过对国内外现行汽车芯片相关标准现状的梳理分析，标准体系架构搭建建议如下：

随着汽车质量及可靠性的不断提高，对于汽车芯片的开发，已经从传统的模块级别的"test-to-pass"，转入了系统化的考虑 Robustness（鲁棒性）的时代。例如，SAE 和 ZVEI 均按照器件级→模块级→系统级的思路制定汽车芯片系列标准，因此，建议借鉴该思路搭建汽车芯片标准体系架构。

同时，AEC 按照器件类型（集成电路、分立器件、光电器件）制定 AEC-Q 系列标准。因此，建议在搭建汽车芯片标准体系过程中考虑区分器件类型（集成电路、分立器件、光电器件）。

基于前文现行标准分析，得出结论，标准体系中应包含可靠性、功能安全、信息安全、电磁兼容、测试评价标准。

制定标准体系时，在半导体器件领域，建议参考 JEDEC 和 IEC 的器件标准体系表；在汽车应用标准方面，建议借鉴 AECQ 标准体系。在充分对标的前提下，结合我国实际，开展技术结构分析和标准化需求调研，针对性地补充缺失的标准。

同时，应注意本体系表内的标准与现有国家/行业标准体系的协调统一。

国外汽车芯片标准制定过程中，充分考虑了与相关领域现行标准的一致性。以 AECQ 系列汽车芯片标准为例，其制定过程中引用了大量的半导体器件领域标准，同时引用了应用系统层（电工电子产品、应用芯片的汽车零部件）相关标准，从芯片应用部件的功能、寿命、环境应力、EMC、ESD 等方面分析芯片应力失效，从而制定出可靠性标准。建议我国汽车芯片标准制定时，也应充分考虑半导体器件领域、电工电子产品领域和应用芯片的汽车零部件领域标准，保证标准间的协调一致性。

第4章
汽车芯片技术结构分析

4.1 概述

本章主要对汽车各系统中的芯片使用情况及各类芯片的特性进行简要介绍，为后续汽车芯片标准体系建立及标准制定提供技术支撑和借鉴。本章内容框架如下：4.1节，阐述本章的研究内容、研究思路；4.2节，从功能应用的角度介绍汽车芯片的分类并对各类芯片的特性加以分析；4.3节，介绍汽车各系统中使用到的主要芯片类型；4.4节，本章总结及建议，为汽车芯片的标准体系建立及标准制定提供技术方向和思路，其中表4-1为汽车芯片标准制定方向建议表，表4-2根据各类芯片在汽车中不同系统的使用情况、国产化程度、重要性，为汽车芯片的产品标准体系搭建提供技术方向和支撑。

本章由行业内整车企业、零部件企业、芯片企业、第三方机构共30余家单位，多次共同研讨，将汽车芯片分为十大类并对每一类芯片的特性进行分析，然后以汽车-系统-子系统-芯片的层级进行逐级技术结构分析，梳理出汽车各系统的芯片应用概况，并结合各类型芯片的国产化程度和重要性分析形成汽车芯片产品标准体系建议表，从技术结构角度，提出汽车芯片标准体系建设建议。

4.2 汽车芯片分类及其特性分析

4.2.1 汽车芯片分类

根据汽车芯片的功能，本书将汽车芯片大致分为十类，分别是控制芯片、计算芯片、传感芯片、通信芯片、存储芯片、安全芯片、功率芯片、驱动芯片、电源管理芯片和其他类芯片。本节简要介绍以上各类汽车芯片包括的具体子类。需要强调的是，在如今芯片复合化的趋势下，出现了一些具有复合功能的芯片，如系统级芯片（System On Chip，SoC）等，在本节中将根据其主要功能进行所属类别划分。

4.2.1.1　控制芯片

汽车控制芯片主要是微控制单元（Microcontroller Unit，MCU）、SoC（此处SoC 特指多核异构的系统级芯片，主要起控制作用）。

车用 MCU 是在通用单片机的基础上，为了适应汽车特殊环境和特性的要求而开发的微控制器。目前汽车专用的 MCU 有 8 位、16 位和 32 位，MCU 作为汽车的核心元件之一，在汽车的各大系统中都有大量的运用。MCU 在设计中适当地集成外设、存储器、输入/输出接口，以满足汽车控制系统性能、整车降本的需求。

汽车的 SoC 芯片多采用多核异构的集成化设计，其硬件主要包括计算核心、系统外设、数据外设三部分。一是计算核心，主要包括 CPU 核心、AI 处理器等，CPU 主要用于提供标量算力，AI 处理器主要用于提供 AI 算力支撑。二是系统外设，主要用于维持芯片基本的正常运转，主要包括电源、复位、计数器、看门狗等。三是数据外设，主要用于芯片和外界进行数据交换，主要包括数模转换、总线控制器、总线收发器、通用输入输出接口。

目前，中低端 MCU 的国产化程度较高，具有一定的市场占有率。但是，许多重要的 MCU，如用于动力域控制器、电池管理系统（Battery Management System，BMS）、毫米波雷达等处的 MCU，国产化程度较低。SoC 芯片国内已有数家厂商有大规模上车应用的产品。相比国外厂商，国内厂商具备开放性的软硬件平台，不仅提供芯片，还能与国内车企共同定制开发独有的生态系统，同时国内厂商还能更好地提供本土化服务。

4.2.1.2　计算芯片

汽车计算芯片，主要包括中央处理器（Central Processing Unit，CPU）、图形处理器（Graphics Processing Unit，GPU）、数字信号处理器（Digital Signal Processor，DSP）等。CPU 善于处理逻辑控制，调度、管理和协调能力强，计算能力位于其次，其结构主要包括运算器、控制器、寄存器、高速缓存器等。GPU善于处理图像信号，可应对图像处理中需要的大规模并行计算，例如 ADAS 平台可以利用 GPU 并行计算，来实时分析来自激光雷达、毫米波雷达和红外摄像头的数据，GPU 的结构与 CPU 类似，但是由于 GPU 具有高并行结构，所以 GPU 在处理图形数据和复杂算法方面拥有比 CPU 更高的效率。DSP 是能够实现数字信号处理技术的芯片，其内部一般采用程序和数据分开的哈佛结构，具有专门的硬件乘法器，广泛采用流水线操作，提供特殊的 DSP 指令，可以用来快速地实现各种数字信号处理算法。

汽车计算芯片在自动驾驶、智能座舱等领域运用较多，国产化方面，CPU 和 GPU 都已有多款国产产品上车应用，DSP 芯片也已有国产的量产产品。

4.2.1.3　传感芯片

汽车传感芯片可分为传统传感器和新型传感器两大类。传统传感器按感知的工作原理可分为压力传感器、温度传感器、流量传感器、角速度传感器、惯性传感器、陀螺仪、加速度传感器、霍尔传感器等。新型传感器主要指微机电系统（Micro Electro Mechanical System，MEMS）传感器、智能传感器等。MEMS 传感器可分为物理型 MEMS 传感器、化学型 MEMS 传感器及生物型 MEMS 传感器；智能传感器则包括超声波雷达、激光雷达、毫米波雷达、车载摄像头等，值得一提的是这些产品中广泛运用到图像传感器（如 CCD、CMOS 和 CIS 传感器）。

汽车传感器是车辆内外部实时信息的输入装置，它把车辆运转中各种各样工作状况信息或车辆内外部环境信息转化成电子信号输入给相应的计算单元，以监控车辆的状态和内外部环境，或实现特定的功能。传感芯片中，在中低端领域国产化程度较高，高端传感器则主要依赖进口。从市场占有率上整体看，国产产品市场占有率不高，但是高端产品领域基本被国外企业垄断。

4.2.1.4　通信芯片

汽车通信芯片分为有线通信芯片和无线通信芯片两类。有线通信芯片主要包括控制器局域网（Controller Aera Network，CAN）总线芯片、局域互联网络（Local Interconnect Network，LIN）总线芯片、以太网（Ethernet，ETH）芯片等。无线通信芯片主要包括基带芯片、蓝牙芯片、Wi-Fi 芯片、星闪芯片、直连芯片、近场通信（Near Field Communication，NFC）芯片、超宽带（Ultra Wide Band，UWB）芯片、射频识别（Radio Frequency Identification，RFID）芯片、单片微波集成电路（Monolithic Microwave Integrated Circuit，MMIC）、移动行业处理器接口（Mobile Industry Processor Interface，MIPI）芯片和卫星通信芯片等。

通信芯片在汽车各系统中有广泛的运用。汽车智能化和网联化的发展对于车辆的内部数据交互及对外通信能力提出了更高的要求，汽车通信芯片作为数据传输能力的重要载体，在汽车智能化和网联化中占据关键一环。

通信芯片中，有线通信芯片国产化程度较低，市场主流芯片供应商仍是国际知名厂商如英飞凌、恩智浦等；无线通信芯片国产化程度相对要高一些，其中蓝牙芯片、Wi-Fi 芯片等国产化程度较高。

4.2.1.5　存储芯片

汽车存储芯片主要包括动态随机存取存储器（Dynamic Random Access Memory，DRAM）、静态随机存取存储器（Static Random Access Memory，SRAM）、非易失闪存存储器 NAND FLASH、非易失闪存存储器 NOR FLASH、电可擦编程只读存储器（Electrically Erasable Programmable Read – Only Memory，EEPROM）等。其中，DRAM 在车上应用的主要是同步动态随机存取存储器（Synchronous Dynamic Random Access Memory，SDRAM），按其技术发展阶段可分为双倍速率同步动态随机存储器（Double Data Rate，DDR）、DDR2、DDR3、DDR4、DDR5 等。NAND FLASH 包含了嵌入式多媒体控制卡（Embedded Multi Media Card，eMMC）、通用闪存存储（Universal Flash Storage，UFS）等。

智能驾驶汽车发展推动汽车存储革命，未来汽车存储将由容量 GB 级走向 TB 级。高级驾驶辅助系统（Advanced Driving Assistance System，ADAS）、智能座舱、空中下载技术（Over – the – Air Technology，OAT）、自动驾驶系统等均为基础代码、数据与参数存储的载体。

存储芯片中，NOR FLASH 的国产程度较高，DRAM、SRAM、NAND FLASH 也有相应的国产产品上车，EEPROM 和部分高端的 NAND FLASH 产品国产化程度较低。

4.2.1.6　安全芯片

汽车安全芯片主要有 T – box 安全芯片、V2X 安全芯片、网关安全芯片、嵌入式安全控制模块（Embedded Secure Access Module，ESAM）及其他安全芯片。

在汽车信息安全防护体系中，汽车安全芯片是非常关键的一环，中央网关、域控制器、ECU 等车载设备通过增加安全芯片，可以实现车内通信加密、车内设备的身份识别，以及 OBD 诊断的设备安全接入。它可有效阻止 CAN、以太网等总线攻击，阻止非法 OBD 设备读取和刷写、识别恶意节点发送非法报文等，为车与车、车与物之间的通信以及车辆系统的运行提供安全保障。

安全芯片中，T – box 安全芯片国产化程度较高，V2X 安全芯片和其他安全芯片目前也已有国产产品上车。

4.2.1.7 功率芯片

汽车功率芯片主要包括绝缘栅双极型晶体管（Insulate-Gate Bipolar Transistor，IGBT）、金属氧化物半导体场效应晶体管（Metal Oxide Semiconductor Field Effect Transistor，MOSFET），以及功率二极管和功率晶体管等。功率芯片主要用于电力转换和控制，在汽车上有广泛的运用，例如电动汽车的电控、车载空调、充电桩等。

功率芯片中，目前就国内市场而言，硅基功率二极管、硅基功率晶体管、硅基 IGBT 等器件产品大部分已实现国产化，而技术及工艺较先进的碳化硅基 MOSFET 等器件国产化程度较低。此外，国内企业也已开始布局第三代半导体碳化硅、氮化镓等新型半导体材料领域。

4.2.1.8 驱动芯片

汽车驱动芯片按照应用领域可以分为电机驱动芯片、显示驱动芯片 [包括发光二极管（Light Emitting Diode，LED）和液晶显示（Liquid Crystal Display，LCD）驱动芯片]、LED 照明驱动芯片、通用串行总线（Universal Serial Bus，USB）驱动芯片、音频功放芯片等。

在汽车各类控制系统中，控制器发出的控制信号功率较小，不足以驱动各种执行器，在控制器和执行器之间就需要驱动芯片将控制信号放大，以驱动执行器产生相应动作。驱动电路的种类按照执行器和功率开关器件的不同位置关系，可以分为低边驱动、高边驱动、半桥驱动和全桥驱动四种基本形式。

随着半导体技术的发展，出现了多种多样的集成式、智能型的驱动芯片，这些芯片在输入逻辑上可以直接和单片机输出的逻辑电平接口，在输出上直接和各种执行器连接，内部集成电平转换、功率元件、驱动器、温度检测、过电压和过电流保护等功能。

汽车驱动芯片整体国产化程度不高，LED 相关驱动芯片国产化程度稍高一些。

4.2.1.9 电源管理芯片

汽车电源管理芯片主要包括低压差线性稳压器（Low Dropout Regulator，LDO）、直流－直流变换器（DC/DC）、电源管理单元（Power Management Unit，PMU）、电源系统数字隔离器、电池充电芯片、电池计量芯片等。LDO 的优点是低噪声低纹波，应用简单，成本低，输入输出几乎无延时等；而缺点是功耗大，效率低，只能用作降压变换，无法实现输入/输出隔离等。DC/DC 的优点是功耗低，效率高，支持升压、降压、反相等变换，且支持大电流输出和输入输出的隔离等；缺点是纹波较大，成本相对较高，输入输出存在较大延时等。PMU 是用于电压转换、稳压、电池管理等功能的高度集成的系统电源管理芯片，并可以在过电压、欠电压、过电流、热故障等情况下提供保护功能，内部可集成 DC/DC、LDO 等模块。

电源管理芯片是在汽车电子设备系统中担负起对电能的变换、分配、检测及其他电能管理职责的一类芯片。电源管理芯片是汽车不可缺少的核心零件，汽车动力系统、车载电子设备和高级驾驶辅助系统等均离不开电源管理芯片。

电源管理芯片整体国产化程度较高，国产产品的市场占有率也在稳步提升。

4.2.1.10　其他类芯片

不属于上述九类的汽车芯片可纳入其他类，这些芯片主要有专用集成电路（Application Specific Integrated Circuit，ASIC）、系统基础芯片（System Basis Chip，SBC）、运放芯片、数模转换芯片、逻辑芯片、比较器芯片、时钟、看门狗、反相器、旋变解码芯片、加串解串芯片、编码解码芯片、隔离芯片、电池采样芯片（模拟前端）及图形信号处理器（Image Signal Processing，ISP）芯片等。

其他类芯片中，整体来看国产化程度都较低，运放芯片、数模转换芯片等国产化程度稍微高一些。

4.2.2　汽车芯片特性分析

本节将各类汽车芯片的特性分为基础特性和共性特性，基础特性主要由芯片的产品特性指标来反映，共性特性主要由芯片功能安全、信息安全、可靠性、电磁兼容（Electromagnetic Magnetic Compatibility，EMC）、服务特性等方面的要求来反映。

4.2.2.1　基础特性

基础特性主要指各类芯片的产品特性指标。

1. 控制芯片的特性

汽车控制芯片主要含 MCU 和 SoC 等，基础特性分析如下。

1）汽车控制芯片中 MCU 主要有以下产品特性指标：内核性能、接口类型、工具链、故障率、并行处理速度、功耗。

a）内核性能。内核性能主要由芯片的内核类型、位数、数量、主频、是否带锁步核等综合因素决定。

MCU 所有的计算、接收/存储指令、处理数据都由内核执行。在内核频率、缓存大小等条件相同的情况下，内核数量越多，芯片的整体性能越强。主频是指时钟频率，时钟频率的高低在很大程度上反映了 MCU 速度的快慢，常用单位为 MHz，表示芯片 1s 能完成多少个工作周期。在有兼容性的前提下，主频越高，MCU 执行速度越快。

b）接口类型。接口指的是 MCU 的一些外部接口，简单来说就是用来与其他设备通信的输入和输出接口。汽车常用 CAN/CAN – FD、LIN、FlexRay、SENT、车载以太网等类型的接口。

c）工具链。工具链为芯片编程提供开发环境、编译、汇编、链接、库函数、调试等一整套工具，是最基础的系统软件。工具链的好坏直接影响着芯片的市场。一方面，芯片用户直接基于工具链开发程序，其界面友好性、功能完备性等直接影响着用户对芯片的使用。另一方面，芯片性能的发挥，也在很大程度上依赖于编译器的性能。软件配套一般包括 SDK、应用代码，涉及功能安全应用，还需要 Autosar 软件、信息安全软件等软件配套。

d）故障率。也称"失效率"，指 MCU 在 t 时间后的单位时间内发生故障的数量相对于 t 时间内还在工作的数量的百分比值，称为该芯片的故障率，常用单位为 PPM。

e）并行处理速度。并行处理速度是 MCU 同时执行两个或多个程序处理的速度。常见于多核架构。

f）功耗。功耗指芯片在单位时间中所消耗的能量，一般分为待机功耗和运行功耗。常用单位为 W 或 mW。

2）汽车控制芯片中 SoC 主要有以下产品特性指标：算力、AI 算力、CPU 算力、能耗比。

a）算力。特定场景下对芯片计算能力评价的一个维度。算力大小代表芯片数字化信息处理能力的强弱，自动驾驶场景需要标量、矢量、矩阵三者结合的异构算力，通常可以将算力的综合评价分为两方面，即 AI 算力和 CPU 算力。

b）AI 算力。AI 处理器在特定场景下提供的矢量和矩阵计算能力。AI 算力常用的单位是 TOPS（Tera Operations Per Second）或 TFLOPS（Tera Floating-point Operations Per Second），1TOPS 代表 AI 处理器每秒可进行 10000 亿次定点操作，

1TFLOPS 代表 AI 处理器每秒可进行 10000 亿次浮点操作。

c）CPU 算力。CPU 主要提供的是标量算力。CPU 算力常用的单位是 DMIPS （Dhrystone Million Instructions executed Per Second），其含义为每秒钟执行基准测试程序 Dhrystone 的次数除以 1757（这一数值来自于 VAX11/780 机器，此机器在名义上为 1MIPS 机器，它每秒运行 Dhrystone 次数为 1757 次）。

d）能耗比。用于度量在单位功耗下芯片或处理器的 AI 计算能力。常用单位为 TOPS/W 或 TFLOPS/W。对于车载人工智能计算芯片来说，能耗比至关重要，能耗比低的芯片或处理器可以用更少的能量完成 AI 计算，能耗比的计算通常采用芯片或处理器单位时间内的推理次数除以对应功耗。

2. 计算芯片的特性

汽车计算芯片主要含 CPU、GPU 和 DSP 等，基础特性分析如下：

1）汽车计算芯片中 CPU 主要有以下产品特性指标：主频/外频/倍频、核心、缓存。

a）主频/外频/倍频。CPU 的主频，即 CPU 内核的时钟频率，也是 CPU 运算时的工作频率，一般以 MHz 和 GHz 为单位。CPU 跟外部系统总线接触沟通的频率称为外频。CPU 的倍频，即倍频系数，指 CPU 主频和外频之间存在着一个比值关系，这个比值就是倍频系数。

b）核心。虽然提高频率能有效提高 CPU 性能，但受限于制作工艺等物理因素，提高频率越来越难，多核 CPU 便应运而生。目前主流 CPU 有双核、三核、四核等。

c）缓存。缓存是决定 CPU 性能的重要指标之一，缓存的结构和大小对 CPU 速度的影响非常大，实际工作时，CPU 往往需要重复读取同样的数据块，而缓存容量的增大，可以大幅度提升 CPU 内部读取数据的命中率，以此提高系统性能。

2）汽车计算芯片中 GPU 主要有以下产品特性指标：计算能力、显存容量、显存位宽、显存频率。

a）计算能力。计算能力是 GPU 的固有属性，GPU 的计算能力和核心个数、核心频率、核心单时钟周期能力等因素有关。英伟达提出了一种衡量 GPU 计算能力的算力指标，单位为 GFLOP/s，该算力指标表示每秒的浮点操作数量。

b）显存容量。其主要功能是暂时储存 GPU 要处理的数据和处理完毕的数据。显存容量大小决定了 GPU 能够加载的数据量大小。

c）显存位宽。显存在一个时钟周期内所能传送数据的位数，位数越大则瞬间所能传输的数据量越大。

d）显存频率。显存频率指显存工作时的频率，以 MHz（兆赫兹）为单位。显存频率一定程度上反映显存存取的速度。

3）汽车计算芯片中 DSP 芯片主要有以下产品特性指标：运算速度、运算精度。

a）运算速度。在选择 DSP 芯片时，各个芯片运算速度的衡量标准主要有 MIPS（Millions of Instructions Per Second，百万条指令/秒）、MOPS（Millions of Operations Per Second，执行百万次操作/秒）、MFLOPS（Million Floating Point Operations Per Second，百万次浮点操作/秒）等指标。

b）运算精度。定点 DSP 的特点是主频高、速度快、成本低、功耗小，主要用于计算复杂度不高的控制、通信、语音/图像等领域。浮点 DSP 的速度一般比定点 DSP 处理速度低，其成本和功耗都比定点 DSP 高，但由于采用了浮点数据格式，在处理精度、动态范围上都远高于定点 DSP，适合于运算复杂度高、精度要求高的应用场合。

3. 传感芯片的特性

（1）传统传感器

传统传感器的传感原理大多是将被测量按照一定规律直接或者间接转换成可用的电信号或其他所需形式的信息（图 4-1），以满足信息的传输、处理、存储、显示等要求。

图 4-1 传感器原理示意

传统传感器主要有以下产品特性指标：动态特性、线性度、灵敏度、分辨率、重复性。

a）动态特性。动态特性是指传感器对于随时间变化的输入量的响应特性。在实际工作中，传感器的动态特性常用它对某些标准输入信号的响应来表示。动态特性好的传感器，当输入信号是随时间变化的动态信号时，传感器能精准地追踪输入信号的变化趋势并输出信号。

b）线性度。在规定条件下，传感器校准曲线与拟合直线间的最大偏差与满量程输出值的百分比称为线性度，该比值越小表明传感器线性特性越好。线性度是描述传感器静态特性的重要指标之一。

c）灵敏度。灵敏度指传感器在稳态工作情况下输出变化量与引起此变化的输入变化量之比。它是输出—输入特性曲线的斜率。在实际应用中灵敏度可以表达传感器对输入信号的放大程度。

d）分辨率。分辨率是指传感器可感受到的被测量的最小变化的能力。当输入量从某一非零值缓慢地变化，但变化值未超过某一数值时，传感器的输出不会发生变化，即传感器对此输入量的变化是分辨不出来的，只有当输入量的变化超过分辨率时，其输出才会发生变化。

e）重复性。重复性指在同一条件下对同一被测量沿着同一方向进行多次重复测量时，测量结果之间的差异程度。或者说传感器在输入量按同一方向做全量程连续多次变化时，所得特性曲线一致性的程度。

（2）新型传感器

新型传感器中，智能传感器是智能驾驶和智慧座舱的核心感知元件，目前用于智能驾驶和智慧座舱环境感知的智能传感器主要包括：毫米波雷达、激光雷达、超声波雷达和车载摄像头等。

雷达的主要使用特性包括检测范围、准确性、可靠性等。

车载摄像头的主要使用要求包括检测范围、分辨率、动态范围、清晰度、防水、可靠性等。

MEMS 传感器的主要特性则与传统传感器类似。

4. 通信芯片的特性

汽车计算芯片主要含有线通信芯片和无线通信芯片，基础特性分析如下：

汽车通信芯片可简单分为有线通信芯片和无线通信芯片。有线通信芯片的产品特性指标主要有通道数、数据传输速率、输入特性、传输特性、静态电流和接口类型等。无线通信芯片的产品特性指标主要有工作频率、工作电压、功耗、调制方式、接收灵敏度、最大发射功率、数据传输速率等。

1）汽车通信芯片中有线通信芯片主要有以下产品特性指标：通道数、数据传输速率、输入特性、传输特性、静态电流和接口类型。

a）通道数。通道数即信号传输通道的数量，有单通道、双通道、四通道及更高通道数等。

b）数据传输速率。指单位时间内总线上传输数据的位数，数据传输速率通常用每秒传输信息的比特数来衡量，单位为 bit/s（bps）。

c）输入特性。输入特性主要指连接控制器一侧的输入特性，包含电源输入（接口供电电压）与信号输入（匹配信号电平）。

d）传输特性。传输特性主要包括发送延迟、接收延迟、循环延迟等参数。一般认为延迟类的参数越小越好。

e）静态电流。静态电流也称暗电流或休眠电流，通信芯片可以处于休眠模式以降低功耗，并通过一定的总线时序唤醒，休眠状态下芯片自身消耗的电流就是静态电流。

f）接口类型。不同类型的有线通信（CAN、LIN、ETH 等）芯片使用的接口类型（通信协议）有所不同。

2）无线通信芯片。

a）工作频率。工作频率即通信芯片工作时所传播信号的频率，如蓝牙芯片工作在 2.4GHz ISM 频段。

b）工作电压。工作电压即无线通信芯片正常工作所需要的供电电压。

c）功耗。功耗指通信芯片在单位时间中所消耗的能量，一般分为待机功耗和运行功耗。常用单位为 W 或 mW。

d）调制方式。调制就是把需要传输的信号，通过一定的规则调制到载波上面后通过无线收发器发送出去的工程，调制方式一般可分为调幅、调频、混合调制等。

e）接收灵敏度。接收灵敏度指无线通信芯片正常工作所需的最小信号接收功率。接收灵敏度越高意味着可捕获弱信号的能力越强，若接收的信号能量小于接收灵敏度时，将不会接收到任何数据。

f）最大发射功率。最大发射功率指在一定频段范围内发出电磁波的能量，发射功率越大信号发射能力就越强。

5. 存储芯片的特性

汽车存储芯片主要有以下产品特性指标：存储容量、存储速度、工作电压、工作电流、接口类型、数据保持时间、擦写次数。

（1）存储容量

存储容量指存储芯片能存储的数据量。

（2）存储速度

存储速度指存储芯片的读取速度、编程速度和擦除速度。

（3）工作电压

工作电压指存储芯片需要的供电电压。

（4）工作电流

工作电流指存储芯片在上电状态时的电流大小。

（5）接口类型

接口类型指存储芯片使用的接口通信协议。

（6）数据保持时间（Flash 存储器）

Flash 存储器的数据保持时间指 Flash 存储芯片可以保存数据的时间。

（7）擦写次数（Flash 存储器）

Flash 存储器的擦写次数指 Flash 存储芯片可以允许写入和擦除的次数。

6. 安全芯片的特性

汽车安全芯片主要有以下产品特性指标：密码算法、真随机数发生器、密钥管理、攻击的削弱和防护、自检和审计、敏感信息保护、访问接口。

（1）密码算法

基于芯片的硬件资源支持国内和国际标准的密码算法，包括对称密码算法（如 SM4、AES 等）、非对称密码算法（如 SM2、SM9、RSA 系列等）、密码散列算法（如 SM3、SHA256 等）等，实现数据的保密性、真实性、不可否认性和完整性等。

（2）真随机数发生器

芯片内相互独立的物理随机源直接生成的随机数或生成的随机数扩展算法的初始输入必须由全部物理随机源的输出经异或运算产生，安全芯片生成的随机数应能满足 GM/T 0005 – 2021《随机性检测规范》规定的随机性检测要求。

（3）密钥管理

根据安全策略，对密钥的产生、登记、认证、注销、分发、安装、存储、归档、撤销、衍生和销毁等操作制定并实施一组确定的规则。

（4）攻击的削弱和防护

安全芯片上硬件电路实现的分组密码算法、公钥密码算法、序列密码算法和杂凑密码算法混合布线；安全芯片版图上各逻辑模块间不得有明显的通信链路；

安全芯片版图的布线须分多层实现；安全芯片须具有屏蔽层；安全芯片版图上对传输密钥和敏感信息的通信链路须设置防护措施。

（5）自检和审计

a）自检安全芯片上电和复位时能够对支持的各种密码算法进行主动自检并生成自检状态；安全芯片须支持在固件导入后对支持的密码算法进行主动自检并返回自检报告；在外部指令要求下，安全芯片能够对支持的各种密码算法进行自检并返回自检报告。

b）审计安全芯片须具有可校验的唯一标识；安全芯片须具有逻辑或物理的安全机制保证标识不被更改。

（6）敏感信息保护

安全芯片能够正确、有效地存储敏感信息；安全芯片须支持敏感信息以密文形式存储；安全芯片须具有对敏感信息的访问控制机制。

（7）访问接口

a）物理接口安全芯片支持的物理接口中不得含有隐式通道；安全芯片支持的各种不同物理接口输入输出的密码算法的运算数据须一致；若安全芯片支持随机数生成功能，则通过安全芯片支持的物理接口输出的随机数均能够通过随机性检测；安全芯片不得含有除声明的物理接口之外的物理接口。

b）逻辑接口安全芯片支持的逻辑接口中不得含有隐式通道；安全芯片支持的逻辑接口输入输出的密码算法的运算数据须一致；若安全芯片支持随机数生成功能，则通过安全芯片支持的逻辑接口得到的随机数均能够通过随机性检测；安全芯片不得含有除声明的逻辑接口之外的逻辑接口。

7. 功率芯片的特性

汽车功率芯片的种类非常丰富，包含二极管、晶体管、MOSFET、IGBT 等多种不同的器件。实际的应用电路也多种多样，但总体来说它们在电路中通常起到的作用是整流或者开关，用来实现能量的转换和传输。从这个角度来看，这类产品的主要产品特性指标有导通特性、开关特性、工作温度范围、散热表现、封装形式。

（1）导通特性

导通特性指的是器件在处于导电状态时的能量损耗，通常对功率芯片来说，可以通过例如二极管的正向导电电压 V_f，晶体管或 IGBT 的饱和电压 V_{cesat}，

MOSFET 的导通电阻 R_{dson} 来衡量。

（2）开关特性

开关特性总体来说指的是功率芯片从导通到关断，或者关断到导通状态的表现。器件的导通特性一方面决定了功率器件在应用中的开关能量损耗，另一方面也会对电磁兼容性表现产生影响。通常衡量开关性能的参数有几种，例如二极管反向恢复时间 T_{rr}；或者栅极电荷，例如 MOSFET 里面的 Q_{gs} 和 Q_{gd}；或者是开关能量损耗，例如 IGBT 里面的 E_{on}、E_{off}。

（3）工作温度范围

功率芯片通常肩负着能量转换的功能，在工作时会产生能量损耗而发热，因此最高工作温度范围是功率芯片一个重要的指标。功率芯片的工作温度范围通常由工作结温 T_j 来决定。应用在汽车的功率芯片通常至少要满足 150℃ 的结温，在某些特殊的应用中甚至会需要用到 175℃ 甚至更高的结温。而最高结温对产品的可靠性提出了更苛刻的要求，产品在可靠性老化测试中需要相应地满足更严苛的老化测试条件。

（4）散热表现

与工作温度范围紧密相关的一个特性则是产品的散热表现，通常功率芯片中这一特性由热阻 R_{th} 来决定。热阻有各种不同的定义方式，一个比较常见的定义方式为结到环境的热阻 R_{thj-a}。热阻的大小决定了在同样功率损耗情况下芯片的温升。因此小的热阻反映了芯片更好的散热性能。

（5）封装形式

通常功率芯片由于要能够承受较大的电流，因此芯片的面积会相对较大。在这种情况下封装的形式也决定了产品的大小、重量以及高度。这些都可能影响到最后印制电路板的大小和元器件的布局，以及整体电路板的散热表现。

8. 驱动芯片的特性

驱动芯片位于主电路和控制电路之间，用来对控制电路的信号进行放大。

汽车驱动芯片有以下主要产品特性指标：驱动能力、输出通道数、电流输出误差、静态电流等，一些特殊驱动还有更多的性能项要求，比如电驱动系统中用的隔离型门级驱动要求的共模瞬变抗扰度、隔离等级、检测与保护等。

（1）驱动能力

可用额定电平下的最大输出电流等指标来衡量。

（2）输出通道数

输出通道数指驱动芯片的输出路数，例如 8 位、16 位等。

（3）电流输出误差

电流输出误差分为两种，一种是位间电流误差，即同一个芯片每路输出之间的误差；另一种是片间电流误差，即不同芯片之间输出电流的误差。

（4）静态电流

静态电流指输出电流为 0 时的输入电流，即输出端空载时的输入电流。

9. 电源管理芯片的特性

汽车电源管理芯片主要有以下产品特性指标：静态电流、负载调整率、线性调整率、瞬态响应、效率、电源抑制比、压差、开关频率与调制方式。

（1）静态电流

静态电流指输出电流为 0 时的输入电流，即输出端空载时的输入电流。静态电流简单的解释，就是电源芯片自身消耗的电流、负载电流之外部分的电流。

（2）负载调整率

在一定输入电压下，随着负载电流的变化，输出电压也会随之变化。负载调整率表征在负载变化的情况下，维持稳定的输出电压的一种能力。通常，负载调整率越小，稳压能力越出色。

（3）线性调整率

在一定负载电流下，随着输入电压的变化，输出电压也会随之变化。线性调整率表征在输入电压变化的情况下，维持稳定的输出电压的一种能力。通常，线性调整率越小，则稳压能力越出色。

（4）瞬态响应

瞬态响应反映负载剧烈变化时系统是否能及时调整以保证输出电压的稳定。在选型时可参考产品的瞬态响应曲线。一般来说，具有良好瞬态响应的产品在输入电压或负载电流剧烈变化时，其输出电压波动幅度很小，恢复时间也快。

（5）效率

效率指电源芯片的输出功率与输入功率的比值，代表了有多少能量能够转为有效利用的能量，高效率往往意味着较小的静态电流、较高的电能利用率及可靠性。

（6）电源抑制比

电源抑制比指输出纹波与输入纹波之比，代表对来自输入电源的纹波的抑制能力。电源抑制比是一个用来描述输出电压或信号受电源影响的量。电源抑制比越大，抑制输入纹波的能力越强。

（7）压差

指 LDO 芯片的输入和输出的电压差值。压差决定了 LDO 工作电压范围，低压差代表可以接受更低的工作电压，应用在输入电压更低的场合，并且可以降低耗散功率，提高效率。

（8）开关频率与调制方式

DC/DC 芯片的开关频率越高意味着外部电路体积更小，能提供更高的功率密度，在一定程序上，输出纹波也会变小。DC/DC 调制方式有三种：脉冲宽度调制（Pulse Width Modulation，PWM）、脉冲频率调制（Pulse Frequency Modulation，PFM）、PWM 与 PFM 混合调制。其中，PWM 是最为常见的调制方式。

10. 其他类芯片的特性

汽车其他类芯片包含的具体芯片类型较多，各类型芯片的性能项差异较大，其中部分芯片的主要产品特性指标分述如下：

1）运放芯片的主要产品特性指标有：带宽、输入输出电压范围、失调电压、工作电流、通道数等。

2）电池采样芯片的主要产品特性指标有：单体电池串数、最大电压、通道数、采集精度、接口等。

3）数模转换芯片的主要产品特性指标有：分辨率、采样速度、输入通道数、接口等。

4）SBC 芯片的主要产品特性指标有：电源管理、通信接口、静态电流、功耗等。

5）比较器芯片的主要产品特性指标有：带宽、输入输出电压范围、失调电压等。

6）隔离芯片的主要产品特性指标有：隔离耐压、延时、数据率、抗扰度等。

4.2.2.2　共性特性

共性特性指各类芯片在功能安全、信息安全、可靠性、电磁兼容（EMC）及服务特性的通用要求。

1. 控制芯片的特征

控制芯片在功能安全、信息安全、可靠性、EMC 四个方面都可能有所要求。功能安全方面，依据 ISO 26262 的要求，变速器的自动换档控制单元、电驱系统电机控制器的控制部分、燃料电池控制器、电动助力转向控制器等少数对安全性要求较高的部位 ASIL 等级（Automotive Safety Integrity Level，汽车安全完整性等级）要求达到 D 等级，前照灯、制动灯、仪表等多数对功能安全有要求的部位一般要求达到 ASIL B 等级，另外也有一些部位要求达到 ASIL C 或 ASIL A。信息安全方面，变速器的自动换档控制单元、车身控制器、车载通信系统、电驱系统控制部分、电池管理系统（BMS）、储氢系统（HMS）、雷达等部位的控制芯片对信息安全有要求。可靠性方面，个别部位（如变速器的自动换档控制单元、电驱动系统电机控制器的控制部分）控制芯片要求满足 AEC – Q100 Grade 0 等级，其他部位视具体使用位置的工作环境温度范围，也需满足 AEC – Q100 中相应等级要求。EMC 方面，大部分控制芯片都有一定要求，可能作要求的项目有辐射骚扰（Radiated Emission，RE）、传导骚扰（Conducted Emission，CE）、传导抗扰度（Conducted Immunity，CI）等。

2. 计算芯片的特征

计算芯片需要满足严苛的设计标准、规范的体系要求以及生产测试要求，以实现高可靠性和长期的质保承诺。计算芯片安全性主要考虑的是功能安全和信息安全，可靠性和 EMC 性能也有要求。功能安全方面，用于自动驾驶、智能座舱的计算芯片一般要求满足 ASIL D 等级。信息安全方面，多核产品一般要求有安全岛，单核产品无此要求。可靠性方面视具体使用位置的工作环境温度范围，需满足 AEC – Q100 中相应等级要求。EMC 方面也有要求，比如 RE 等项目。

3. 传感芯片的特征

汽车传感芯片对功能安全、信息安全、可靠性、EMC 方面都可能有所要求。可靠性表明传感器在一个较长的时间内维持其技术参数的工作能力。此外，针对 ADAS、V2X 和自动驾驶方面的应用，有主机厂对于某些传感器（如 IMU）有功能安全的要求。

4. 通信芯片的特征

通信芯片对功能安全、信息安全、可靠性和 EMC 都可能有所要求。可靠性方面视具体使用位置的工作环境温度范围，需满足 AEC – Q100 中相应等级要求。

EMC 方面也有要求，比如 RE 等项目。针对 ADAS、V2X 和自动驾驶方面的应用，有主机厂对于通信芯片（比如以太网芯片、导航定位芯片或模组）有功能安全的要求。

5. 存储芯片的特征

存储芯片主要是对可靠性和信息安全有要求。可靠性方面应根据使用位置满足 AEC‑Q100 的相关等级要求。EMC 方面也可能有要求。存储芯片中对车辆安全比较重要的（如用于事件数据记录系统的 NOR FLASH）芯片建议制定专门的芯片标准。

6. 安全芯片的特征

安全芯片对功能安全、信息安全、可靠性和 EMC 方面都有要求。T‑box 安全芯片和 V2X 安全芯片都需要满足一定的功能安全和信息安全要求。ESAM 安全芯片在信息安全方面有要求。可靠性和 EMC 方面这些芯片也都有要求。

7. 功率芯片的特征

汽车功率芯片主要对可靠性和 EMC 方面有要求，一般需满足 AEC‑Q101 和 AQG‑324 测试标准里的相关测试要求。

8. 驱动芯片的特征

驱动芯片主要对功能安全、可靠性和 EMC 有要求。驱动芯片中有一部分对功能安全有要求，例如电驱动系统中用的隔离型门级驱动芯片。可靠性方面视具体使用位置的工作环境温度范围，需满足 AEC‑Q100 中相应等级要求。EMC 方面也基本都有一定要求，可能作要求的项目有 RE、CE、CI 等。

9. 电源管理芯片的特征

电源管理芯片主要对功能安全、可靠性和 EMC 有要求。功能安全方面，部分电源管理芯片有要求，例如域控制器中使用的 DC/DC 电源管理芯片要求满足 ASIL D 等级（或 ASIL B 等级）。可靠性方面视具体使用位置的工作环境温度范围，需满足 AEC‑Q100 中相应等级要求。EMC 方面一般也有要求，比如 RE、CI 等项目。

10. 其他类芯片的特征

其他类芯片中 ASIC 芯片主要对功能安全、信息安全、可靠性和 EMC 有要求。运放芯片、电池采样芯片等模拟芯片主要对功能安全、可靠性和 EMC 有要求。功能安全方面，ASIC 芯片和电池采样芯片等模拟芯片要求满足 ASIL D 等级。

ASIC 芯片一般也要求满足信息安全相关要求。可靠性方面视具体使用位置的工作环境温度范围，需满足 AEC – Q100 中相应等级要求。EMC 方面 ASIC 芯片、电池采样芯片等有所要求。

11. 服务特性

除了功能安全、信息安全、可靠性、EMC 方面的要求，供应商通常还需要提供额外的服务，以下三类主要服务特性通常比较常见。

(1) 生产件批准程序

供应商需要提供支持生产件批准程序（Production Part Approval Process，PPAP）。该文件的目的是用来确定供应商已经正确地理解了客户工程设计记录和规范的所有要求，供应商有相应的规划自己的设计和生产过程。在 PPAP 里通常要包含提供这些证据的一系列文件，并由客户签核。

(2) 体系和过程审核

车规级芯片的供应商需要通过体系和过程审核，通常 IATF 16949 是作为质量管理体系审核的一个通用标准。而过程审核是针对具体产品批量生产及服务能力的审核，这一审核的主要要目是对质量能力进行评估，保证过程有能力在各种干扰因素的影响下处于稳定受控状态。汽车车规级芯片的供应商通常会有相应的内审部门来确保质量管理体系和过程能力符合汽车客户的要求，并有相应的部门协助客户满足客户的审核要求。

(3) 变更管理要求

车规级芯片要满足严苛的变更管理要求，在产品的设计或者制造过程发生变更的情况下需要及时通知客户并得到客户的同意。而通常变更的大小的分类以及相应需要满足的验证标准都应该遵循与客户约定的标准。而通常业界相对比较普遍的一个标准是德国电子电气行业协会下（德语全称 Zentralverband Elektrotechnik— und Elektronikindustrie，简称 ZVEI）变更管理工作组发布的汽车电子元件客户变更指南。

4.3　汽车芯片应用情况分析

汽车电子电气架构的升级是汽车实现智能化、网联化、电动化、共享化的主要推动力，传统的汽车电子电气架构是分布式，在智能驾驶汽车"新四化"发展的需要下，传统的分布式架构正逐渐进化为域集中式架构，并进一步朝着中央计算式架构演进。芯片则是汽车电子电气架构变革的关键因素之一，芯片的算力、互联能力、高压高驱动能力等直接决定了电子电气架构的形态。本节将先从传统分布式架构的角度出发，介绍芯片在整车上的应用情况，在此基础上对新兴的域集中式架构、跨域融合式架构的芯片使用情况进行简要介绍。

4.3.1　分布式架构汽车芯片应用

汽车电子电气架构发展至今，分布式架构目前仍然是市场主流，从分布式架构的角度出发，本节将整车架构划分为动力系统、底盘系统、车身系统、座舱系统和智驾系统五大系统，示意图如图 4-2 所示。需要说明的是，燃油车与新能源汽车在电子电气架构上的区别主要在于动力系统，燃油车的动力系统主要是指发动机系统，新能源汽车的动力系统主要是指电驱动系统及能源系统。

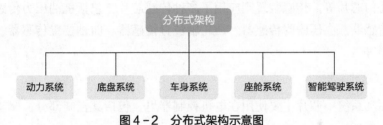

图 4-2　分布式架构示意图

4.3.1.1　动力系统

动力系统是汽车动力的源泉，本节将动力系统分为发动机系统、电驱动系统及能源系统，示意图如图 4-3 所示。其中发动机系统是针对燃油车，电驱动系统（包含电机控制器、驱动电机等）及能源系统是针对新能源汽车。

图 4-3　分布式架构动力系统示意图

1. 发动机系统

发动机系统中芯片主要使用在点火系统、进气系统、排气系统、冷却系统、供油系统、发动机控制单元等子系统中。

点火系统使用的芯片主要是点火线圈总成中的功率芯片，如 IGBT。

进气系统中使用的芯片主要是传感芯片，包括进气歧管绝对压力传感器、空气流量传感器及增压机构中的压力和温度传感器等。

排气系统中使用的芯片主要也是传感芯片，包括差压传感器、氧传感器等（国六排放终端使用的芯片将在 4.3.1.3 小节"车身系统"中进行介绍）。

冷却系统芯片主要使用在热管理模块总成和电子辅助水泵总成里，使用的芯片主要是电源管理芯片、驱动芯片和传感芯片如温度和压力传感器。

供油系统使用的芯片主要也是传感芯片，包括电控喷油装置的油轨压力传感器，以及电子节气门的位置，速度、力矩等各种传感器。

发动机控制单元中的芯片主要使用在电子控制单元（Electronic Control Unit, ECU）及各种传感装置里。其中 ECU 使用的芯片类型有控制芯片如 MCU、驱动芯片、通信芯片等。传感装置则应用了多种传感芯片，包括机油压力传感器、真空压力传感器、高压脱附传感器、凸轮轴位置传感器、曲轴位置传感器、空档位置传感器等。

2. 电驱动系统

电驱动系统中芯片主要使用在电机控制器里，包括其控制部分、驱动部分和功率模块。

控制部分使用的芯片主要有控制芯片如 MCU，电源管理芯片，功率芯片如 MOSFET、低压二极管等，以及其他类芯片如运放芯片、逻辑芯片、比较器芯片、SBC、旋变解码芯片等。驱动部分使用的芯片主要有电源管理芯片、驱动芯片、功率芯片如晶体管、高压二极管和高压 MOSFET 等。功率模块使用的芯片主要是功率芯片，包括 IGBT、功率二极管以及碳化硅器件、氮化镓器件等。

此外，电驱动系统中驱动电机使用的传感芯片如转子位置传感器。

3. 能源系统

能源系统中芯片主要使用在电池管理系统、储氢系统（针对氢能汽车）、充电系统里，其中充电系统芯片使用情况与电驱动系统大致相同。

电池管理系统使用的芯片主要有控制芯片如 MCU、通信芯片、存储芯片、电源管理芯片、驱动芯片及其他类芯片如电池采样芯片 AFE、比较器、时钟和数模转换芯片等。

储氢系统中芯片主要使用在燃料电池控制器和氢管理系统里。燃料电池控制器使用的芯片主要有控制芯片如 MCU，驱动芯片，电源管理芯片，通信芯片，存储芯片及其他类芯片如运放、看门狗等。氢管理系统使用的主要芯片有控制芯片如 MCU，电源管理芯片，存储芯片，驱动芯片，通信芯片及其他类芯片如看门狗、逻辑芯片、运放、比较器、反相器、数模转换芯片等。

4.3.1.2 底盘系统

底盘系统起着支承安装汽车发动机及其各部件总成、形成汽车的整体造型、接受发动机的动力、使汽车产生运动并保证正常行驶的作用。底盘系统通常由传动系统、行驶系统、转向系统和制动系统共同构成，如图 4-4 所示，分别完成传递发动机动力、支承整车重量和实现行驶、控制行驶方向、控制行驶速度等主要功能。本节分别从上述四个系统介绍各种汽车芯片的使用情况。

图 4-4 分布式架构底盘系统示意图

1. 传动系统

传动系统中芯片主要使用在变速器，包括其换档控制和自动换档控制单元，使用的芯片主要有控制芯片如 MCU，电源管理芯片，驱动芯片，通信芯片，功率芯片如各种二极管，传感芯片如车速传感器、轴转速传感器、压力传感器及其他类芯片如 SBC 等。

2. 行驶系统

行驶系统中芯片主要使用在悬架控制系统，包括传感芯片如高度传感器、压力传感器、车速传感器、加速度传感器、转角传感器、侧倾角传感器等，以及悬架控制器 ECU 中使用到的控制芯片如 MCU、电源管理芯片、通信芯片及其他类芯片如 SBC。

此外，在轮胎的胎压监测模块也使用到了几种芯片，包括控制芯片如 MCU，通信芯片如射频 RF 模块，传感芯片如胎压监测传感器及其他类芯片如模数转换器等。

3. 转向系统

转向系统中芯片主要使用在转向器及其附件，主要有传感芯片如力矩传感器、转角传感器、液压传感器、车速传感器等，以及电动助力转向控制器电控单元 ECU、电子液压助力转向系统电控单元 ECU 使用的控制芯片如 MCU、驱动芯片、通信芯片及其他类芯片如 SBC。

4. 制动系统

制动系统芯片主要使用在制动电控单元，涉及防抱死制动系统、驱动防滑系统、电子稳定性控制系统、电子控制制动系统、电子驻车控制系统和坡道辅助系统等。这些系统中使用的芯片主要是传感芯片如轮速传感器、加速度传感器、转角传感器、压力传感器、横摆率传感器等，以及其 ECU 中使用到的控制芯片如 MCU、电源管理芯片、驱动芯片和通信芯片。

4.3.1.3 车身系统

车身系统是帮助驾乘人员控制车身各种功能部件的系统。本节将车身系统划分为车身控制系统、车身内饰系统、车身外饰系统、车身安全系统、开闭件系统、热管理系统及法规要求系统（国六排放法规系统），示意图如图 4 – 5 所示。

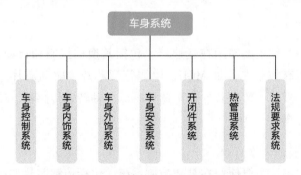

图 4-5 分布式架构车身系统示意图

1. 车身控制系统

车身控制系统中的芯片主要使用在车身控制器（Body Control Module，BCM）中，使用的芯片有控制芯片如 MCU，通信芯片如 CAN 总线芯片、LIN 总线芯片，电源管理芯片如 DC/DC，驱动芯片如高低边驱动芯片、桥驱动芯片，功率芯片如智能 MOSFET，以及其他类芯片如 SBC。

2. 车身内饰系统

车身内饰系统主要包括转向盘系统、座椅系统、后视镜屏系统及内部灯。

转向盘系统使用的芯片主要为传感芯片，包括转向盘转角传感器、温度传感器、按压传感器等。

座椅系统使用的芯片主要有控制芯片如 MCU，通信芯片如 CAN 总线芯片、LIN 总线芯片，驱动芯片如高低边驱动芯片，传感芯片如位置传感器，存储芯片如 EEPROM，以及其他类芯片如 SBC。

后视镜屏系统使用到芯片的包括电子内后视镜和外后视镜内屏。电子内后视镜使用的芯片有控制芯片如 MCU，电源管理芯片如 DC/DC，驱动芯片如显示驱动芯片等。外后视镜内屏使用的芯片有控制芯片如 MCU，电源管理芯片如 DC/DC，存储芯片如 NAND FLASH、eMMC，驱动芯片如 USB 驱动，计算芯片如 DSP，通信芯片如 MIPI 接口芯片，以及其他类芯片如解串芯片。

3. 车身外饰系统

车身外饰系统主要包括照明系统、刮水洗涤系统和外后视镜。

照明系统包括组合前照灯、组合尾灯、车身位置灯、安全警告灯、流水灯、瀑布灯、迎宾灯等。组合前照灯使用的芯片有控制芯片如 MCU，电源管理芯片，驱动芯片如高边驱动芯片、LED 照明驱动芯片，通信芯片如 CAN 总线芯片等。组合尾灯使用的芯片有控制芯片如 MCU，电源管理芯片如 DC/DC，驱动芯片如高边驱动芯片，通信芯片如 CAN 总线芯片等。车身位置灯、安全警告灯、流水灯、瀑布灯、迎宾灯等涉及的芯片主要是控制芯片如 MCU，驱动芯片如 LED 照明驱动芯片。

刮水洗涤系统使用芯片的主要是智能刮水器，涉及的芯片有控制芯片如 MCU，传感芯片如阳光/雨量传感器，驱动芯片及其他类芯片如 SBC 等。

外后视镜使用芯片的主要是外后视镜摄像头，使用的芯片有传感芯片如 CMOS 图像传感器，以及其他类芯片如图形信号处理芯片。

4. 车身安全系统

车身安全系统主要包括安全带系统、安全气囊系统、发动机防盗装置等。

安全带系统使用芯片的主要是预收紧安全带，使用的芯片有传感芯片如加速度传感器，通信芯片如 CAN 总线芯片、LIN 总线芯片。安全气囊系统使用的芯片主要有控制芯片如 MCU，传感芯片如加速度传感器，通信芯片如 CAN 总线芯片、LIN 总线芯片等。发动机防盗装置使用的芯片包括控制芯片如 MCU，安全芯片如防盗锁止系统芯片，以及通信芯片如 CAN 总线芯片、LIN 总线芯片等。

5. 开闭件系统

开闭件系统包括门窗系统和钥匙系统。门窗系统中芯片主要使用在天窗控制器、车门控制器和尾门控制器，使用的芯片主要有控制芯片如 MCU，通信芯片如 CAN 总线芯片、LIN 总线芯片，电源管理芯片，驱动芯片如高边驱动芯片。钥匙系统使用的芯片是遥控钥匙中的控制芯片 MCU，电源管理芯片和通信芯片如射频芯片。

6. 热管理系统

热管理系统包括空调系统和进气格栅系统。空调系统主要由空调控制器、空气压缩机和各种传感器组成。空调控制器使用的芯片主要有控制芯片如 MCU，通信芯片如 CAN 总线芯片、LIN 总线芯片，电源管理芯片，驱动芯片如高低边驱动芯片、桥驱动芯片等。空气压缩机使用的芯片主要有控制芯片如 MCU，以及其他类芯片如 SBC 等。传感器（传感芯片）使用的有位置传感器旋变变压器、温湿度传感器、压力传感器等。进气格栅系统使用芯片的主要是主动进气格栅，涉及的芯片有控制芯片如 MCU，以及其他类芯片如 SBC 等。

7. 法规要求系统

此处法规要求系统指国六排放法规系统，使用芯片的主要是国六排放终端，涉及的芯片有控制芯片如 MCU，电源管理芯片，安全芯片，通信芯片如基带芯片等。

4.3.1.4 座舱系统

本节所指座舱系统是在传统的车载电子系统的基础上，以更高的集成化和智能化程度为特点形成的一个系统，主体为车载信息娱乐系统，还包括仪表系统、抬头显示系统（Head Up Display，HUD）、流媒体后视镜、电子不停车收费系统（Electronic Toll Collection，ETC）和汽车事件数据记录系统（Event Data Recorder，EDR）等车载电子产品，示意图如图 4-6 所示。

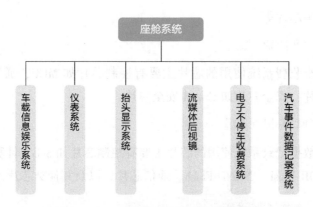

图 4-6　分布式架构座舱系统示意图

1. 车载信息娱乐系统

车载信息娱乐系统包含了人机交互系统、驾驶员信息系统、车载娱乐系统（多媒体显示和音响等）等多个子系统。这些子系统使用的芯片概括起来主要有控制芯片如 MCU、SoC，计算芯片如 CPU、DSP，电源管理芯片如 DC/DC、USB 充电芯片，驱动芯片如 LED 显示驱动芯片、功放芯片，存储芯片如 NAND FLASH、eMMC，传感芯片如 CMOS 传感器，通信芯片如 MIPI 接口芯片，安全芯片如 T-Box 安全芯片，以及其他类芯片如解串芯片等。

2. 仪表系统

仪表系统可分为机械式仪表、电子式仪表。机械式仪表使用的芯片主要有控制芯片如 MCU，功率芯片如 MOSFET，驱动芯片如步进电动机驱动芯片，以及通信芯片如 CAN 总线芯片等。电子式仪表使用的芯片主要有控制芯片如 SoC，计算芯片如 DSP，电源管理芯片如 DC/DC，通信芯片如 MIPI 接口芯片，存储芯片如 NAND FLASH、eMMC，以及其他类芯片如 USB 解串芯片等。

3. 抬头显示系统

抬头显示系统使用的芯片主要有控制芯片如 SoC，通信芯片如 CAN 总线芯片，驱动芯片如显示驱动芯片。

4. 流媒体后视镜

流媒体后视镜使用的芯片一般有控制芯片如 MCU、SoC，计算芯片如信号处理芯片，传感芯片如图像传感器，驱动芯片如显示驱动芯片，存储芯片，以及其他类芯片如解串芯片等。

5. 电子不停车收费系统

电子不停车收费系统使用的芯片主要有控制芯片如 MCU，通信芯片如射频芯片、基带芯片，安全芯片如 ESAM 安全芯片。

6. 汽车事件数据记录系统

汽车事件数据记录系统使用的芯片主要有控制芯片如 SoC，计算芯片如 DSP，存储芯片如 NOR Flash、NAND Flash，通信芯片，以及其他类芯片如解串芯片等。

4.3.1.5 智能驾驶系统

智能驾驶系统是在传统汽车上融合了车联网与智能车的有机联合载体，搭载先进的车载传感器、控制器、执行器等装置，并融合现代通信与网络技术，实现车与人、路、后台等智能信息交换共享，实现安全、舒适、节能、高效行驶，并最终可替代人来操作汽车的一套系统。本节将智能驾驶系统分为环境感知系统、通信系统及智能决策系统三个子系统，示意图如图 4-7 所示。

图 4-7 分布式架构智能驾驶系统示意图

1. 环境感知系统

环境感知系统主要由摄像头、雷达（包括超声波雷达、激光雷达、毫米波雷达）、定位三个部分组成。

摄像头部分（主要指智慧摄像头）的芯片使用在夜视摄像头以及 360°环视高速 DSP 图像拼接系统中。其中夜视摄像头使用到驱动芯片如 LED 显示驱动芯片，传感芯片如 CCD 图像传感器和 CMOS 图像传感器，以及其他类芯片如图形信号处理器 ISP 芯片；360°环视高速 DSP 图像拼接系统使用到计算芯片如 DSP，存储芯片如 Flash、EEPROM 等。

雷达使用的芯片主要有控制芯片如浮点 MCU，电源管理芯片和通信芯片如

MMIC 等，部分雷达产品还使用到 ASIC 芯片。

定位部分包括我国的北斗定位系统和美国的全球定位系统、高精地图、惯性测量单元（Inertial Measurement Unit，IMU）、实时差分定位系统（Real Time Kinematic，RTK）等，涉及的芯片有控制芯片如 SoC、通信芯片如 GPS 芯片（包含 RF 射频芯片、基带芯片及微处理器）、传感芯片如 IMU 芯片（包含陀螺仪组件、加速度计组件、压力传感器等），以及其他类芯片如 RTK 芯片等。

2. 通信系统

通信系统由局域网通信系统和无线通信系统组成。

局域网通信系统使用的芯片主要有区域控制器或中央网关中的控制芯片如 SoC、MCU，通信芯片如以太网芯片、CAN 总线芯片、LIN 总线芯片，以及其他类芯片如加串解串芯片、编码解码芯片。

无线通信系统包括信息采集单元、信息处理和控制单元，包含 V2X、蓝牙、Wi-Fi、星闪、4G 和 5G 等无线通信技术，涉及的芯片有控制芯片如网关主控芯片、通信芯片如射频芯片、基带芯片，安全芯片如 V2X 安全芯片等。

3. 智能决策系统

智能决策系统中芯片使用在相关控制器中，或区域控制器、中央计算单元等，使用的芯片主要有控制芯片如 SoC、MCU，计算芯片如 CPU，通信芯片如 CAN 总线芯片、LIN 总线芯片，以及存储芯片等。区域控制器和中央计算单元的芯片使用情况详见4.3.2 节的内容。

4.3.2　域集中式架构汽车芯片应用

近年来随着各种控制技术的发展，车辆上各种功能的控制器越来越多，造成整车的设计和制造成本大幅上升，为了减少这些控制器的数量，域集中式架构出现了，例如博世的经典五域架构，将整车电子电气架构划分为动力域、底盘域、车身域、座舱域和自动驾驶域。

在域集中式架构下，各个域可大致划分为传感器系统、执行器系统和域控制器三个部分，以博世经典五域为例，示意图如图 4 – 8 所示，其中各个域的传感器系统和执行器系统的芯片使用情况可参考4.3.1 节中所列的分布式架构下各子系统传感器和执行部件的芯片使用情况（不同的是域集中式架构下控制功能更多地集中到了域控制器）。域控制器使用的芯片主要有控制芯片如 MCU、SoC，计算芯片如 CPU，通信芯片如以太网芯片、CAN 总线芯片、LIN 总线芯片，存储芯片如 Flash、EEPROM、DDR 芯片，安全芯片如 V2X 安全芯片，以及电源管理芯片等。

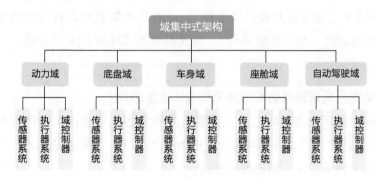

图 4-8　域集中式架构示意图

4.3.3　跨域融合式架构汽车芯片应用

汽车电子电器架构从分布式架构，到域集中式架构，再到跨域融合，最终到中央计算式架构，该演化过程基本成为汽车行业的共识。汽车电子电气架构演进到今天，领先的整车架构进入了跨域融合的发展阶段，形成了以大众 MEB 平台的 E3 架构为代表的按功能融合的"三域架构"（智能驾驶、智能座舱、整车控制三大域），及以特斯拉为代表的按位置融合的"区集中式架构"（中央加多个方位域）两种主流的跨域融合方案。以特斯拉的跨域融合方案为例，它的整车架构可划分为区域控制和中央计算两大部分，示意图如图 4-9 所示。区域控制部分由区域主控制器、传感器系统和执行器系统组成，芯片使用情况与上述域集中式架构下各个域的芯片使用情况类似。中央计算部分则由局域网通信单元、无线通信单元、中央计算单元、显示单元、存储单元和信息安全单元等组成。其中局域网通信单元使用的芯片主要是通信芯片如以太网芯片、CAN 总线芯片、LIN 总线芯片，以及其他类芯片如加串解串芯片等。无线通信单元使用的芯片主要是控制芯片如网关主控芯片，通信芯片如射频芯片、基带芯片等。中央计算单元使用的芯片主要是控制芯片如 MCU、SoC，计算芯片如 AI 芯片、CPU、GPU、音频处理芯片，以及电源管理芯片等。显示单元使用的芯片主要是加串解串芯片、编码解码芯片等。存储单元使用的芯片主要是存储芯片如 eMMC、NAND Flash、DDR、SRAM 等。信息安全单元使用的芯片主要是内置安全模块和外置安全芯片（加密芯片）。

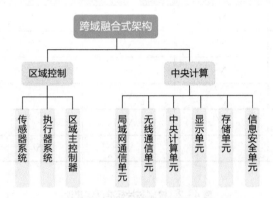

图 4-9　跨域融合架构示意图

4.4　总结及建议

　　汽车芯片的重要性、国产化程度、各系统中的主要芯片使用情况和特性四个因素，作为各类汽车芯片标准制定的依据。其中，综合考量各系统中的主要芯片特性给出各类汽车芯片通用标准制定方向建议，详见表 4-1。各类汽车芯片的重要性按照是否与车辆安全强相关分为三个等级：非常重要、重要和一般，结合 4.2 节中分析的汽车各系统中的主要芯片使用情况和 4.3 节中各类芯片的国产化程度，给出汽车芯片重要性和国产化程度，作为制定汽车芯片标准研究项目明细的参考依据，详见表 4-2～表 4-11。

表 4-1　汽车芯片标准制定方向建议表——通用标准

芯片类别	标准制定方向			
	可靠性	功能安全	信息安全	EMC
控制芯片	√	√	√	√
计算芯片	√	√	√	√
传感芯片	√	√	√	√
通信芯片	√	√	√	√

（续）

芯片类别	标准制定方向			
	可靠性	功能安全	信息安全	EMC
存储芯片	√	—	√	√
安全芯片	√	√	√	√
功率芯片	√	—	—	√
驱动芯片	√	√	—	√
电源管理芯片	√	√		√
其他类芯片	√	√	√	√

表4-2　控制芯片标准制定建议

芯片类别	芯片名称	应用领域			国产化	重要性
		系统	子系统	部件/芯片		
控制类	MCU、SoC	动力系统	发动机系统	发动机控制单元ECU	低	非常重要
			电驱动系统	电机控制器/主控芯片	低	非常重要
			能源系统	电池管理系统	中	非常重要
				储氢系统–燃料电池控制器	低	非常重要
				储氢系统–氢管理系统	低	非常重要
		底盘系统	传动系统	变速器–换档控制 & 自动换档控制单元	低	非常重要
			行驶系统	胎压监测TPMS	高	重要
			转向系统	悬架控制器ECU	高	非常重要
			制动系统	转向控制器–电控单元ECU	低	非常重要
				电子液压助力转向系统–电控单元ECU	低	非常重要
				ABS、ASR、ESP、HAS 等系统ECU	高	非常重要
				EBS系统ECU	高	非常重要
				ECAS空气悬架控制系统ECU	高	非常重要

（续）

芯片类别	芯片名称	应用领域			国产化	重要性
		系统	子系统	部件/芯片		
控制类	MCU、SoC	车身系统	车身控制系统	车身控制器 BCM	高	重要
			车身内饰系统	座椅系统 – 座椅控制器	高	一般
				电子内后视镜	中	非常重要
				外后视镜内屏	中	非常重要
			车身外饰系统	照明系统 – 组合前照灯	高	重要
				照明系统 – 组合尾灯	高	重要
				照明系统 – 车身位置灯、安全警告灯、流水灯、瀑布灯、迎宾灯等	高	重要
				刮水 & 洗涤系统 – 智能刮水器	高	重要
			车身安全系统	安全气囊系统	高	非常重要
				发动机防盗装置	高	重要
			开闭件系统	天窗控制器	中	重要
				车门控制器	中	重要
				尾门控制器	中	重要
				遥控钥匙	中	重要
			热管理系统	空调系统 – 空调控制器	中	一般
				空调系统 – 空气压缩机	中	一般
				主动进气格栅	中	一般
			法规要求系统	国六排放终端	中	一般
		座舱系统	车载信息娱乐系统	车机、多媒体显示终端、音响等	中	一般
			仪表系统	机械式仪表	高	重要
				电子式仪表	高	重要
			抬头显示系统	抬头显示 HUD	中	一般
			流媒体后视镜	流媒体后视镜	中	一般
			电子不停车收费系统	ETC	高	一般
			事件数据记录系统	EDR	中	重要

（续）

芯片类别	芯片名称	应用领域			国产化	重要性
		系统	子系统	部件/芯片		
控制类	MCU、SoC	智驾系统	环境感知系统	雷达	高	非常重要
				定位系统	中	非常重要
			通信系统	局域网通信系统－区域控制器、网关	中	重要
				无线通信系统－网关	低	重要
		域控及中央计算	区域控制	动力域控制器、底盘域控制器、车身域控制器、座舱域控制器和自动驾驶域控制器等	低	非常重要
			中央计算	中央计算单元	低	非常重要

注：ECU 等零部件中使用到多个 MCU 的可增加行数展开描述。

表 4-3　计算芯片标准制定建议

芯片类别	芯片名称	应用领域			国产化	重要性
		系统	子系统	零部件/芯片		
计算类	CPU、GPU、FPGA、DSP 等	车身系统	车身内饰系统	外后视镜内屏	中	非常重要
		座舱系统	车载信息娱乐系统	车机、多媒体显示终端、音响等	中	一般
			仪表系统	电子式仪表	中	重要
			流媒体后视镜	流媒体后视镜/信号处理芯片	中	一般
			事件数据记录系统	EDR	中	重要
		智驾系统	环境感知系统	360°环视高速 DSP 图像拼接系统	低	重要
		域控及中央计算	区域控制	动力域控制器、底盘域控制器、车身域控制器、座舱域控制器和自动驾驶域控制器等	低	非常重要
			中央计算	中央计算单元	低	非常重要

表 4-4 传感芯片标准制定建议

芯片类别	芯片名称	应用领域			国产化	重要性
		系统	子系统	零部件/芯片		
传感芯片	各种传统传感器芯片、超声波传感器、激光雷达、毫米波雷达、摄像头、各种 MEMS 传感器等	动力系统	发动机系统	进气系统/进气歧管绝对压力传感器	低	非常重要
				进气系统/空气流量传感器	低	非常重要
				增压机构-压力温度传感器总成	中	非常重要
				进气系统/进气温度传感器	中	非常重要
				排气系统/差压传感器	低	非常重要
				排气系统/氧传感器	低	非常重要
				冷却系统/温度和压力传感器	中	非常重要
				供油系统-电控喷油装置/油轨压力传感器	低	非常重要
				电子节气门/速度、力矩传感器等	低	非常重要
				发动机控制单元 ECU/机油压力传感器、真空压力传感器、高压脱附传感器、凸轮轴位置传感器、曲轴位置传感器、空档位置传感器等	低	非常重要
			电驱动系统	驱动电机/转子位置传感器	低	非常重要
		底盘系统	传动系统	变速器/车速传感器、温度传感器、轴转速传感器、压力传感器等	中	非常重要
			行驶系统	悬架控制系统-车速传感器、加速度传感器、车身高度传感器、侧倾角传感器、转角传感器、压力传感器等	中	非常重要
				胎压监测-压力传感器、温度传感器	中	非常重要
			转向系统	力矩传感器、转角传感器、液压传感器、车速传感器等	低	非常重要
			制动系统	轮速传感器、加速度传感器、转角传感器、压力传感器、横摆率传感器等	中	非常重要

（续）

芯片类别	芯片名称	应用领域			国产化	重要性
		系统	子系统	零部件/芯片		
传感芯片	各种传统传感器芯片、超声波传感器、激光雷达、毫米波雷达、摄像头、各种 MEMS 传感器等	车身系统	车身内饰系统	转向盘/转角传感器、温度传感器、按压传感器	低	非常重要
				座椅系统	低	一般
			车身外饰系统	智能刮水器/阳光/雨量传感器	低	一般
				外后视镜摄像头/CMOS 图像传感器	高	非常重要
			车身安全系统	安全带系统 – 预收紧安全带	高	非常重要
				安全气囊系统	高	非常重要
			热管理系统	空调系统	高	非常重要
		座舱系统	车载信息娱乐系统	车内摄像头/CMOS 图像传感器	高	一般
			流媒体后视镜	流媒体后视镜/图像传感器	高	一般
		智驾系统	环境感知系统	摄像头	高	非常重要
				IMU 惯导	低	一般

表 4-5　通信芯片标准制定建议

芯片类别	芯片名称	应用领域			国产化	重要性
		系统	子系统	零部件/芯片		
通信类	CAN 总线芯片、LIN 总线芯片、ETH 芯片、基带芯片（蜂窝芯片）、蓝牙芯片、星闪芯片、直连芯片、卫星通信芯片、WLAN 芯片、MMIC、MIPI 接口芯片等	动力系统	发动机系统	发动机控制单元 ECU	低	非常重要
			能源系统	电池管理系统	低	非常重要
				储氢系统 – 燃料电池控制器	低	非常重要
				储氢系统 – 氢管理系统	低	非常重要
			传动系统	变速器 – 换档控制 & 自动换档控制单元	低	非常重要
			行驶系统	胎压监测系统/射频 RF 模块	低	非常重要
				悬架控制器 ECU	低	非常重要
		底盘系统	转向系统	电控单元 ECU	低	非常重要
			制动系统	制动电控单元 ECU	低	非常重要

（续）

芯片 类别	芯片 名称	应用领域			国产化	重要性
		系统	子系统	零部件/芯片		
通信类	CAN 总线芯片、LIN 总线芯片、ETH 芯片、基带芯片（蜂窝芯片）、蓝牙芯片、星闪芯片、直连芯片、卫星通信芯片、WLAN 芯片、MMIC、MIPI 接口芯片等	车身系统	车身控制系统	车身控制器 BCM	低	非常重要
			车身内饰系统	座椅系统 – 座椅控制器	低	一般
				外后视镜内屏	低	重要
			车身外饰系统	照明系统 – 组合前照灯	低	非常重要
				照明系统 – 组合尾灯等	低	非常重要
			车身安全系统	安全带系统 – 预收紧安全带	低	非常重要
				安全气囊系统	低	非常重要
				发动机防盗装置	低	一般
			开闭件系统	天窗控制器	低	重要
				车门控制器		
				尾门控制器		
				遥控钥匙		
			热管理系统	空调系统 – 空调控制器	低	一般
			法规要求系统	国六排放终端	低	一般
		座舱系统	车载信息娱乐系统	车机、多媒体显示终端、音响等	低	一般
			仪表系统	机械式仪表	低	重要
				电子式仪表	低	重要
			抬头显示系统	抬头显示 HUD	低	一般
			电子不停车收费系统	ETC	高	一般
			事件数据记录系统	EDR	低	重要
		智驾系统	环境感知系统	雷达	低	非常重要
				定位系统/UWB 芯片、GPS 芯片	低	非常重要
			通信系统	局域网通信系统/ETH 芯片	低	非常重要
				局域网通信系统/CAN 总线芯片	低	非常重要
				局域网通信系统/LIN 总线芯片	低	非常重要
				无线通信系统/基带芯片（蜂窝芯片）	低	非常重要
				无线通信系统/蓝牙芯片	低	重要
				无线通信系统/卫星通信芯片	低	非常重要
				无线通信系统/WLAN 芯片	低	非常重要
				其他无线通信芯片	低	非常重要
		域控及中央计算	区域控制	动力域控制器、底盘域控制器、车身域控制器、座舱域控制器和自动驾驶域控制器等	低	非常重要
			中央计算	中央计算单元	低	非常重要

注：ECU 等零部件中使用到多个通信芯片的可增加行数展开描述。

表 4-6　存储芯片标准制定建议

芯片类别	芯片名称	应用领域			国产化	重要性
		系统	子系统	零部件/芯片		
存储芯片	DRAM、SRAM、NOR Flash、NAND Flash、DDR、EEPROM、EMMC、UFS 等	动力系统	能源系统	电池管理系统	低	非常重要
				储氢系统 - 燃料电池控制器	低	非常重要
				储氢系统 - 氢管理系统	低	非常重要
		车身系统	车身内饰系统	座椅系统 - 座椅控制器	低	一般
				外后视镜内屏	中	一般
		座舱系统	车载信息娱乐系统	车机/区域控制器	低	一般
			仪表系统	电子式仪表	中	重要
			流媒体后视镜	流媒体后视镜	中	一般
			事件数据记录系统	EDR	高	重要
		智驾系统	环境感知系统	智慧摄像头 - 360°环视高速 DSP 图像拼接系统	低	重要
		域控及中央计算	区域控制	动力域控制器、底盘域控制器、车身域控制器、座舱域控制器和自动驾驶域控制器等	低	非常重要
			中央计算	中央计算单元	低	非常重要

表 4-7　安全芯片标准制定建议

芯片类别	芯片名称	应用领域			国产化	重要性
		系统	子系统	零部件/芯片		
安全芯片	T-box 安全芯片、V2X 安全芯片、汽车域控制器安全芯片、ESAM 安全芯片等	座舱系统	车载信息娱乐系统	T-box	高	非常重要
			电子不停车收费系统	ETC	低	一般
		车身系统	车身安全系统	发动机防盗装置	低	非常重要
			法规要求系统	国六排放终端	低	一般
		智驾系统	通信系统	无线通信系统/V-2X 安全芯片等	中	非常重要
		域控及中央计算	区域控制	动力域控制器、底盘域控制器、车身域控制器、座舱域控制器和自动驾驶域控制器等	低	非常重要
			中央计算	中央计算单元	低	非常重要

表 4-8　功率芯片标准制定建议

芯片类别	芯片名称	应用领域			国产化	重要性
		系统	子系统	零部件/芯片		
功率类	IGBT、MOSFET、二极管、晶体管、SiC 器件、GaN 器件等	动力系统	发动机系统	点火线圈总成（IGBT）	中	非常重要
			电驱动系统	电机控制器控制部分/低压二极管	中	非常重要
				电机控制器控制部分/低压 MOS	中	非常重要
				电机控制器驱动部分/晶体管	中	非常重要
				电机控制器驱动部分/高压 MOS	中	非常重要
				电机控制器驱动部分/高压二极管	中	非常重要
				电机控制器功率模块/IGBT	中	非常重要
				电机控制器功率模块/功率二极管	中	非常重要
				电机控制器功率模块 SiC 器件	中	非常重要
			能源系统	电池管理系统 BMS	低	非常重要
				储氢系统 FCU、HMS	低	非常重要
		底盘系统	传动系统	变速器/TVS、二极管	低	非常重要
		车身系统	车身控制系统	车身控制器 BCM	中	重要
			车身外饰系统	照明系统	低	非常重要
		座舱系统	车载信息娱乐系统	多媒体显示终端、音响等	低	一般
			仪表系统	机械式仪表	低	重要
				电子式仪表	低	重要

表4-9　驱动芯片标准制定建议

芯片类别	芯片名称	应用领域			国产化	重要性
		系统	子系统	零部件/芯片		
驱动类	高低边驱动芯片、半桥驱动芯片和全桥驱动芯片、LED灯驱动芯片、显示驱动芯片、USB驱动芯片、电机驱动芯片、音频功放芯片等	动力系统	发动机系统	发动机控制单元ECU	中	非常重要
				冷却系统热管理模块总成/电子辅助水泵总成	中	非常重要
			电驱动系统	电机控制器驱动部分	中	非常重要
			能源系统	电池管理系统	低	非常重要
				储氢系统-燃料电池控制器	低	非常重要
				储氢系统-氢管理系统	低	非常重要
		底盘系统	传动系统	变速器-换档控制&自动换档控制单元	低	非常重要
			转向系统	转向控制器-电控单元	低	非常重要
			制动系统	制动电控单元	低	非常重要
		车身系统	车身控制系统	车身控制器BCM	低	重要
			车身内饰系统	座椅系统-座椅控制器	低	非常重要
				电子内后视镜	低	非常重要
				外后视镜内屏	低	非常重要
			车身外饰系统	照明系统-组合前照灯	低	重要
				照明系统-组合尾灯	低	重要
				照明系统-车身位置灯、安全警示灯、流水灯、瀑布灯、迎宾灯等	低	重要
				刮水&洗涤系统-智能刮水器	低	重要
			开闭件系统	天窗控制器	低	重要
				车门控制器		
				尾门控制器		
			热管理系统	空调系统-空调控制器	低	一般
		座舱系统	车载信息娱乐系统	多媒体显示终端、音响等	低	一般
			仪表系统	机械式仪表	低	重要
				电子式仪表	低	重要
			抬头显示系统	抬头显示HUD	低	一般
			流媒体后视镜	流媒体后视镜/显示驱动芯片	低	一般
		智驾系统	环境感知系统	摄像头	低	非常重要

注：ECU等零部件中使用到多个驱动芯片的可增加行数展开描述。

表 4-10　电源管理芯片标准制定建议

芯片类别	芯片名称	应用领域			国产化	重要性
		系统	子系统	零部件/芯片		
电源管理类	LDO、DCDC（Buck、Boost、Buck-Boost）、PMU（PMIC）等	动力系统	发动机系统	冷却系统热管理模块总成/电子辅助水泵总成	中	非常重要
			电驱动系统	电机控制器控制部分	中	非常重要
				电机控制器驱动部分	中	非常重要
			能源系统	电池管理系统	中	非常重要
				储氢系统-燃料电池控制器	中	非常重要
				储氢系统-氢管理系统	中	非常重要
		底盘系统	传动系统	变速器-换挡控制 & 自动换挡控制单元	中	非常重要
			行驶系统	悬架控制器 ECU	中	非常重要
			转向系统	电控单元	中	非常重要
			制动系统	制动电控单元	中	非常重要
		车身系统	车身控制系统	车身控制器 BCM	中	非常重要
			车身内饰系统	电子内后视镜	中	非常重要
				外后视镜内屏	中	非常重要
			车身外饰系统	照明系统-组合前照灯	中	非常重要
				照明系统-组合尾灯等	中	非常重要
			开闭件系统	天窗控制器	中	重要
				车门控制器	中	重要
				尾门控制器	中	重要
				遥控钥匙	中	重要
			热管理系统	空调系统-空调控制器	中	一般
			法规要求系统	国六排放终端	中	一般
		座舱系统	车载信息娱乐系统	车机、多媒体显示终端、音响等	中	一般
			仪表系统	电子式仪表	中	非常重要
		智驾系统	环境感知系统	雷达	中	非常重要
		域控及中央计算	区域控制	动力域控制器、底盘域控制器、车身域控制器、座舱域控制器和自动驾驶域控制器等	中	非常重要
			中央计算	中央计算单元	中	非常重要

表4-11 其他类芯片标准制定建议

芯片类别	芯片名称	应用领域			国产化	重要性
		系统	子系统	零部件/芯片		
其他类	ASIC、运放、电池采样AFE芯片、数模转换芯片、SBC、逻辑芯片、比较器、时钟、看门狗、反相器、旋变解码、加串解串芯片、隔离芯片等	动力系统	电驱动系统	电机控制器控制部分/运放	低	非常重要
				电机控制器控制部分/逻辑芯片	低	非常重要
				电机控制器控制部分/比较器	低	非常重要
				电机控制器控制部分/旋变解码芯片	低	非常重要
				电机控制器控制部分/SBC	低	非常重要
			能源系统	电池管理系统/电池采样AFE芯片、时钟、比较器、数模转换芯片等	低	非常重要
				储氢系统–燃料电池控制器/运放、看门狗等	低	非常重要
				储氢系统–氢管理系统/看门狗、逻辑芯片、运放、比较器、反相器、数模转换芯片等	低	非常重要
		底盘系统	传动系统	变速器–换档控制&自动换档控制单元/SBC	低	非常重要
			行驶系统	悬架控制器ECU/SBC	低	非常重要
				胎压监测/数模转换器	低	非常重要
			转向系统	电动助力转向控制器电控单元ECU / SBC	低	非常重要
		车身系统	车身控制系统	车身控制器/SBC	低	重要
			车身内饰系统	座椅系统–座椅控制器/SBC	低	一般
				外后视镜内屏/解串芯片	低	非常重要
			车身外饰系统	智能刮水器/SBC	低	一般
				外后视镜摄像头/图形信号处理芯片	中	非常重要
			热管理系统	空调系统–空压机/SBC	中	一般
				主动进气格栅/SBC	中	一般
		座舱系统	车载信息娱乐系统	加串解串芯片	低	一般
			仪表系统	电子式仪表/USB解串芯片	低	重要
			流媒体后视镜	流媒体后视镜/解串芯片	低	一般
			事件数据记录系统	EDR/解串芯片	低	重要
		智驾系统	环境感知系统	夜视摄像头/图形信号处理ISP芯片	高	重要
				雷达/ASIC芯片	低	非常重要
				实时差分定位系统/RTK芯片	低	重要
			通信系统	局域网通信系统/加串解串芯片	低	重要
				局域网通信系统/编码解码芯片	低	重要

参考文献

[1] 张正南，陈林. 汽车集成电路及其应用 [M]. 北京：机械工业出版社，2008.

[2] 靳钊，郭金刚，等. 汽车微电子 [M]. 西安：西安电子科技大学出版社，2015.

第5章
汽车芯片标准化需求调研

5.1 概述

在日益复杂的国际形势下，我国汽车产业芯片限供、断供危机正在逐年加剧，加快自主芯片上车应用逐渐成为行业共识和国家战略。从目前来看，造成我国汽车芯片领域自主自立面临困境的因素错综复杂，如标准体系不健全、测试认证平台缺失、技术研发能力不足、关键产品缺乏应用、车规工艺质量缺乏积累等。其中，尽快建立芯片相关标准体系是当务之急。

然而，汽车芯片标准体系的建立首先需要对国内外标准现状进行充分梳理和分析，了解汽车芯片标准现状，以便基于现状制定符合实际需求的、系统性的标准体系。目前，尚未发现有公开的针对我国国情对汽车芯片相关标准需求进行详细调研和梳理分析的研究报告。

本章通过调研汽车芯片产业链上、中、下游企业关于芯片标准的应用现状及企业对芯片标准建设的需求情况，提出标准体系建设思路，作为制定标准体系路线图的参考。在本报告关于汽车芯片标准使用与需求情况的调研中，收集到除汽车芯片之外包括分立器件、传感器、模块等车载器件和产品类型的反馈信息。考虑到除汽车芯片之外这些车载器件和产品在车载领域也受到普遍关注，这些相关标准通过局部说明也放入调研报告中，以便未来进行标准建设时作为参考。

5.2 调研基本情况

2021年8月25日至2021年9月10日，通过问卷（第一次）形式向汽车及芯片行业54家（28家机构）企业、科研院所和第三方机构进行了为期半个月的调研。问卷调研表内容包括：

1）基本信息表，主要包括调研企业的名称、规模、属性等信息。

2）汽车芯片标准使用现状调研表，主要包括调研企业正在使用的汽车芯片相关标准，以及使用该标准的产品阶段（设计、测试、制造、封装、试验、应用、认证、报废、回收利用），标准所应用的芯片类型等信息。

3）汽车芯片标准化需求调研表，主要包括调研企业所需求的芯片相关标准，期望该标准作为何种类型标准（国标、行标、团标），标准覆盖情况（强制、推荐、无）。

其中，28 家企事业单位（见附录）反馈了书面调研表。28 家单位的类别与分布情况如图 5－1 所示，一共收到调研表反馈 29 套（含 77 份文件）。芯片相关标准的对接部门往往也体现芯片标准在企业中的地位和角色，对接部门的职能类别分布情况如图 5－2 所示。

在初步形成汽车芯片标准建设路线图之后，于 2022 年 7 月 5 日至 2022 年 7 月 12 日，通过第二次问卷进行局部范围调研。调研内容主要是对特定标准的需求情况、执行程度和优先级，以及芯片指标需求，标准启动制定的优先级（1 级为 1 年内启动；2 级为 2 年内启动；依此类推，5 级为 5 年内启动）以及理由。

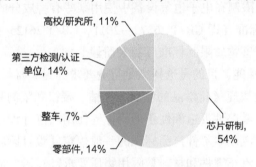

图 5－1　调研企业分类及占比

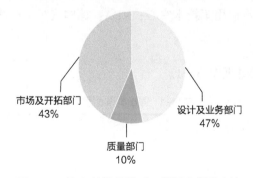

图 5－2　汽车芯片标准对口部门分类及占比

5.3 标准化需求调研结果与分析

5.3.1 基础标准

5.3.1.1 使用现状

调研结果显示，大部分企业均使用质量与环境、材料等相关基础标准，这类标准包括国际标准、国家标准、行业标准、国外标准等，目前主要使用的标准如下（12个）：

—ISO 9001 质量管理体系标准【全阶段】

—ISO 14001 环境管理体系标准【全阶段】

—ISO 1702 检测和校准实验室能力的通用要求【试验、应用阶段】

—IATF 16949 质量管理体系——汽车行业生产件与相关服务件组织实施 ISO9007 的要求【全阶段】

—RoHS《关于限制在电子电气设备中使用某些有害成分的指令》【全阶段】

—中国 RoHS 标准（即 GB/T 26572—2011，GB/T 26125—2011）【全阶段】

—RoHS 2.0 有害物质限制标准【封装阶段】

用于评估环保性能，目的是选择满足行业要求的封装材料品质。

—REACH 欧盟法规《化学品的注册、评估、授权和限制》【全阶段】

—CVTC 15007 零部件可追溯性条形码标签使用规范【设计阶段】

—CVTC 15011 汽车零部件产品标识的一般规定【设计阶段】

—CVTC 22001 汽车零件和材料禁限用物质要求【试验、应用阶段】

—VDA 6.3 德国汽车工业质量标准过程审核【全阶段】

注：CVTC：上汽商用车技术中心；VDA：德国汽车工业联合会。

5.3.1.2 需求

基础类标准的需求见表 5-1。

表5-1 基础类标准的需求

序号	标准名称	需求情况	执行程度	优先级
1	汽车芯片，术语和定义[①]	国标	强制	1级/3级
2	汽车芯片，分类和分级[②]	国标	强制	1级/3级
3	汽车芯片通用要求 第1部分：功能安全[③]	国标/行标	推荐	1级/2级/4级

（续）

序号	标准名称	需求情况	执行程度	优先级
4	汽车芯片通用要求　第 2 部分：信息安全④	国标/行标	推荐	1 级/2 级/4 级
5	汽车芯片通用要求　第 3 部分：环境及可靠性⑤	国标/行标	推荐	1 级/2 级/3 级
6	汽车芯片通用要求　第 4 部分：电磁兼容⑥	国标/行标	推荐	1 级/2 级/3 级
7	汽车芯片设计指南⑦	行标/团标	推荐	2 级/3 级

①对产品设计、生产、测试需求及市场应用需要，统一术语和定义是进一步工作的基础。

②对产品设计、生产、测试需求及市场应用需要，统一分类和分级是进一步工作的基础。

③如制动、转向等子系统对安全行驶至关重要，这些系统必须满足功能安全。

④这是车联网领域的急迫需求；随着汽车网联化、智能化程度越来越高，信息安全是车辆安全行驶的基石。

⑤这是车规级芯片整体诉求；车用元器件工作环境恶劣，环境及可靠性试验必不可少。

⑥这是车规级芯片整体诉求；汽车系统复杂，子系统多，必须保证各子系统间互不干扰，保证车辆安全。

⑦这是产业总体需求、行业需求；通过上述标准第 1、2、3、4 部分，涵盖必要设计要求，故设计指南属锦上添花，迫切性不如上述标准。

调研结果显示，迫切需要制定国家或行业汽车芯片术语定义标准、汽车芯片分类标准，以便为后续各项标准的制定明确范围边界。需求具体情况见表 5-2。

表 5-2　基础类标准的需求建议

序号	标准名称	需求阶段	需求情况
1	汽车芯片，术语和定义	全阶段	国标
2	汽车芯片，分类和分级	全阶段	国标

根据共同研讨形成的标准建设清单，调研其建设需求及其紧迫性、优先级。基础类标准的调研情况见表 5-3。

表 5-3　基础类标准的建设需求及其紧迫性、优先级调研情况

序号	标准名称	需求情况	执行程度	优先级
1	汽车芯片，术语和定义①	国标	强制	1 级/3 级
2	汽车芯片，分类和分级②	国标	强制	1 级/3 级

①产品设计、生产、测试需求，市场、应用需要，统一的术语和定义是进一步工作的基础。

②产品设计、生产、测试需求，市场、应用需要，统一的分类和分级是进一步工作的基础。

5.3.2 通用要求标准

5.3.2.1 总体要求

1. 使用现状

目前未有对汽车芯片总体要求的标准。

2. 需求

从调研情况来看，迫切需要建立汽车芯片的通用要求（表5-4）。

表5-4 通用要求标准总体要求的建设需求及其紧迫性、优先级调研情况

序号	标准名称	需求情况	执行程度	优先级
1	汽车芯片通用要求　第1部分：功能安全①	国标/行标	推荐	1级/2级/4级
2	汽车芯片通用要求　第2部分：信息安全②	国标/行标	推荐	1级/2级/4级
3	汽车芯片通用要求　第3部分：环境及可靠性③	国标/行标	推荐	1级/2级/3级
4	汽车芯片通用要求　第4部分：电磁兼容④	国标/行标	推荐	1级/2级/3级
5	汽车芯片设计指南⑤	行标/团标	推荐	2级/3级

①如制动、转向等子系统对安全行驶至关重要，这些系统必须满足功能安全。

②这是车联网领域的急迫需求；随着汽车网联化、智能化程度越来越高，信息安全是车辆安全行驶的基石。

③这是车规级芯片整体诉求；车用元器件工作环境恶劣，环境及可靠性试验必不可少。

④这是车规级芯片整体诉求；汽车系统复杂，子系统多，必须保证各子系统间互不干扰，保证车辆安全。

⑤这是产业总体需求、行业需求；通过上述标准第1、2、3、4部分，涵盖必要设计要求，故设计指南属锦上添花，迫切性不如上述标准

5.3.2.2 环境及可靠性

1. 使用现状

从调研的汽车上、中、下游芯片相关企业来看，目前使用的汽车芯片相关环境及可靠性标准都具有较高的针对性，种类繁多，包括 IEC、ISO、GJB、GB、AEC、ASTM 等，具体如下所示。这说明过去汽车芯片发展历程上汽车芯片环境及可靠性受到普遍重视。

——IEC/TR 62380：2004 可靠性数据手册 - 电子组件、PCB 和设备的可靠性预测用通用模型【设计阶段】

—ISO 16750 道路车辆 – 电子电气产品的环境条件和试验【全阶段】

该标准用于评估芯片可靠性，保证元器件在恶劣环境下能正常使用。

—ISO 20653 汽车电子设备防护外物、水、接触的等级【应用阶段】

—ISO 21848 道路车辆 – 供电电压 42V 的电气和电子装备电源环境【应用阶段】

—ISO 28046 道路车辆 电气及电子设备的环境条件和试验

—GJB 360B – 2009 电子及电气元件试验方法【试验阶段】

—GJB 128A – 1997 半导体分立器件试验方法【试验阶段】

—GB/T 2423—2008 电工电子产品环境试验【应用与试验阶段】

—GB/T 4937 半导体器件 机械和气候试验方法【全阶段】

—GB/T 14028—2018 半导体集成电路 模拟开关测试方法【全阶段】

—AEC – Q100 基于失效机理的集成电路应力测试验证【试验与认证阶段】

该标准用于测量集成电路可靠性水平；目的是要确定一种器件在应用中能够通过应力测试以及被认为能够提供某种级别的封装品质和可靠性；应用于所有芯片（部分传感器除外），包括图像传感器、T – box 安全芯片、V2X 安全芯片、ESAM 安全芯片等。

—AEC – Q101 基于失效机理的车规应用分立器件应力测试验证【认证阶段】

—ASTM G154 – 06 用荧光设备进行非金属材料的紫外线曝射测试【试验阶段】

—MIL – STD – 883 微电子测试方法标准【试验阶段】

—JESD22 B104/B103/A108/A118/A104/A114/A115/C101 环境及可靠性测试标准【试验与认证阶段】

该标准用于测量集成电路可靠性水平；目的是加速环境应力测试，通过环境应力测试确认能否满足某种级别的封装品质和可靠性；如图像传感器车规认证，T – box 安全芯片、V2X 安全芯片、ESAM 安全芯片评估。

—JEDEC JESD78F – 2022 集成电路闩锁测试【测试、试验与认证阶段】

该标准用于集成电路的闩锁实验的分级和标准化流程，评估其可靠性；主要应用于驱动芯片，如电机驱动、高低边驱动、系统基础芯片，T – box 安全芯片、V2X 安全芯片、ESAM 安全芯片评估。

—IPC J – STD – 020 机械和环境及可靠性测试系列标准【试验与认证阶段】

该标准用于测量集成电路可靠性水平。目的是确定对湿气诱发应力敏感的非气密固态表面贴装器件（SMD）的潮湿敏感等级，从而能够对其正确地包装、存储和操作，避免其在再流焊接和/或维修操作时受到损伤；车规级MCU，存储器设计、测试、试验、评估等，T – box 安全芯片、V2X 安全芯片、

ESAM 安全芯片评估。

　　—JEDEC JESD78E – 2016 集成电路闩锁测试【试验阶段】

　　—CVTC 37002 通用电子电器零部件测试规范【试验阶段】

　　注：ASTM，美国材料与试验协会；JESD，固态半导体工业可靠性标准；IPC，印制电路研究所，国际性组织。

2. 需求

　　无论是芯片研制还是可靠性验证，都有引入 AEC – Q100 的普遍需求；调研时所提到的控制芯片、计算芯片、感知芯片、通信芯片、能源芯片、安全芯片、模拟芯片、存储芯片生产企业普遍提到至少在设计、测试、封装与试验阶段有引入 AEC – Q100 至国标、行标、团标的需求。具体情况见表 5 – 5。

　　从自研标准的需求数量来看，汽车芯片的环境及可靠性测试是目前比较受关切的领域。

表 5 – 5　环境及可靠性方面芯片通用技术相关标准化需求调研情况

序号	标准名称	需求阶段	建设需求
1	AEC – Q 系列标准 用于测量集成电路可靠性水平；目的是要确定一种器件在应用中能够通过应力测试以及被认为能够提供某种级别的品质和可靠性	设计/测试/ 封装/试验	国标/行标/团标
2	ISO 16750 电气和电子装备的环境条件和试验	全阶段	国标
3	ISO 20653 道路车辆防护等级	全阶段	国标
4	车规级功率半导体测试认证标准	全阶段	国标
5	车用 SoC 芯片可靠性要求及试验方法	全阶段	国标/行标
6	车规功率模组可靠性认证标准	全阶段	国标/行标/团标
7	集成电路及分立器件板级可靠性认证标准	全阶段	国标/行标/团标
8	汽车用微控制器芯片产品质量保证通用要求	认证	国标/行标
9	芯片物流运输和存储周期和物流的相关标准	应用	团标/行标
10	车规芯片使用的 PCB 相关生产和允收标准	应用/认证	行标

　　经进一步征集及调研，具有关于集成电路环境及可靠性试验评价标准方面的大量建设需求，建设需求及其紧迫性、优先级情况见表 5 – 6。本部分的试验方法也可参考非车规芯片或者已有国际标准。

表 5-6　环境及可靠性的建设需求及其紧迫性、优先级调研情况

序号	标准名称	建设需求	执行程度	优先级
1	基于失效机理的汽车用集成电路应力试验鉴定要求[①]	国标/行标	强制/推荐	1 级/2 级/3 级
2	基于失效机理的汽车用分立器件应力试验鉴定要求	国标/行标	强制/推荐	1 级/3 级
3	基于失效机理的汽车用半导体光电器件应力试验鉴定要求	国标/行标	强制/推荐	1 级/3 级
4	基于失效机理的汽车用传感器应力试验鉴定要求	国标/行标	强制/推荐	1 级/3 级
5	基于失效机理的汽车用多芯片模组（MCM）应力试验鉴定要求	国标/行标	强制/推荐	1 级/3 级
6	基于失效机理的汽车用无源元件应力试验鉴定要求	国标/行标	强制/推荐	1 级/3 级
7	半导体器件电参数控制指南[②]	国标/行标	强制/推荐	1 级/2 级/3 级
8	统计结果分析指南[③]	国标/行标	强制/推荐	1 级/2 级/3 级
9	对集成电路电性能进行表征的指南[④]	国标/行标	强制/推荐	1 级/2 级/3 级
10	产品零缺陷指南[⑤]	国标/行标	强制/推荐	1 级/2 级/3 级
11	无铅元件测试要求[⑥]	国标/行标	强制/推荐	1 级/3 级
12	采用铜引线互联元器件的鉴定要求[⑦]	国标	强制/推荐	1 级/3 级
13	车用半导体集成电路失效分析程序和方法[⑧]	国标	强制/推荐	2 级/3 级
14	基于失效机理的汽车用微机电系统（MEMS）压力传感器应力试验鉴定要求	行标	推荐	3 级
15	基于失效机理的汽车用 MEMS 传声器器件应力测试鉴定	行标	推荐	3 级
16	汽车通信芯片可靠性试验方法	行标	推荐	2 级/3 级
17	基于失效机理的汽车用磁性随机存储器应力试验鉴定要求	行标	推荐	3 级
18	汽车计算芯片可靠性试验方法	行标	推荐	3 级/4 级
19	汽车 DDR（双倍速率同步动态随机存储器）可靠性试验方法	行标	推荐	1 级/3 级
20	基于失效机理的碳化硅（MOSFET、二极管等器件）分立半导体应用测试方法	行标	推荐	3 级

（续）

序号	标准名称	建设需求	执行程度	优先级
21	基于失效机理的氮化镓分立半导体应用测试方法	行标	推荐	3级
22	汽车用功率器件可靠性测试方法	行标	推荐	3级/4级
23	汽车用功率模块可靠性测试方法	行标	推荐	3级/4级
24	汽车用智能功率模块（IPM）可靠性测试方法	行标	推荐	3级/4级
25	纯电动乘用车控制芯片可靠性检验规范	行标	推荐	3级/4级

①核心芯片国产化，亟须国内汽车行业的可靠性鉴定实验标准规范，与国际接轨。

②标准内容来自 AEC – Q001。

③标准内容来自 AEC – Q002。

④标准内容来自 AEC – Q003。

⑤零缺陷是汽车半导体芯片的重要特性，亟须与国际接轨；标准内容来自 AEC – Q004。

⑥标准内容来自 AEC – Q005。

⑦标准内容来自 AEC – Q006。

⑧亟须与国际接轨；统一分析方法，保证不同厂商间的分析结果的通用性，节省资源。

5.3.2.3　电磁兼容

1. 使用现状

从调研的汽车上中下游芯片相关企业来看，目前使用的大部分为汽车整车、零部件及环境的相关电磁兼容性标准，与集成电路相关的并不多，整体情况如下（>20个）。这说明过去汽车及汽车芯片发展历程上电磁兼容性受到普遍重视。

—IEC 62228 系列 收发器 EMC 评估【试验与认证阶段】

该标准用于测量评估收发器的电磁发射及电磁抗扰性，保证系统工作安全稳定。

—IEC 61967 系列 集成电路 电磁发射的测量【试验与认证阶段】

该标准用于测量集成电路电磁发射，保证系统工作安全稳定。

—IEC 62132 系列 集成电路 电磁抗扰度的测量【试验与认证阶段】

该标准用于测量集成电路电磁敏感性，保证系统工作安全稳定。

—IEC 62215 系列 集成电路 瞬态抗扰度的测量【试验与认证阶段】

该标准用于测量集成电路瞬态抗扰度，保证系统工作安全稳定。

—Generic IC EMC Test Specification 2.0 一般 IC 电磁兼容测试规范【设计阶段】

该标准是集成电路电磁兼容的测试规范；主要应用于驱动芯片，如电机驱动、高低边驱动、系统基础芯片。

—ISO 7637 道路车辆 – 传导和耦合引起的电干扰【全阶段】

该标准用于评估其 EMC 性能，总成测试和试验。

—ISO 11451 道路车辆窄带辐射电磁能电气干扰的车辆试验方法【应用阶段】

该标准用于评估其 EMC 性能，总成测试和试验。

—ISO 11452 道路车辆窄带发射电磁能电子干扰的部件试验方法【全阶段】

该标准用于评估其 EMC 性能，总成测试和试验。

—ISO 10605 静电产生的电干扰（ESD 静电防护）【应用阶段】

该标准用于评估其 EMC 性能，总成测试和试验；如串行器/解串器静电防护试验。

—GB/T 18655—2018 车辆、船和内燃机 无线电骚扰特性 用于保护车载接收机的限值和测量方法【试验阶段】

该标准用于评估其 EMC 性能，总成测试和试验。

—GB/T 17618 信息技术设备　抗扰度　限值和测量方法【试验阶段】（已作废）

该标准用于总成测试和试验。

—GB/T 22630—2008 车载音视频设备电磁兼容性要求和测量方法【设计阶段】

该标准用于总成测试和试验。

—GB/T 17626 电磁兼容试验和测量技术系列标准【设计阶段】

该标准用于总成测试和试验。

—CISPR25 Vehicles, boats and internal combustion engines – Radio disturbance characteristics – Limits and methods of measurement for the protection of on – board receivers【全阶段】

该标准用于总成测试和试验。

—ISO 16750 电气和电子装备的环境条件和试验【设计、测试与试验阶段】

该标准用于评估芯片的可靠性性能，总成测试和试验。

—AEC – Q100 – 002 REV – E 人体模型静电放电试验【试验阶段】

该标准用于集成电路人体模型静电放电试验的测试及实验；主要应用于驱动芯片，如电机驱动、高低边驱动、系统基础芯片。

——ANSI/ESDA/JEDEC JS – 001 静电放电敏感度测试，人体模型【测试、试验阶段】

该标准用于评估其 ESD 性能；也包括图像传感器车规认证，T – box 安全芯片、V2X 安全芯片、ESAM 安全芯片评估。

——ANSI/ESDA/JEDEC JS – 002 静电放电灵敏度试验 – 充电器件模型（CDM）– 器件级【试验阶段】

该标准用于集成电路静电放电中充电器件模型（CDM）的测试及试验；主要应用于驱动芯片，如电机驱动、高低边驱动、系统基础芯片；也包括图像传感器车规认证，T – box 安全芯片、V2X 安全芯片、ESAM 安全芯片评估。

——JEDEC JESD22 – A115C 静电放电敏感度测试，机器模型【试验阶段】

该标准用于评估其 ESD 性能；也包括图像传感器车规认证，T – box 安全芯片、V2X 安全芯片、ESAM 安全芯片评估。

——CVTC 37003 电子电器零部件/子系统电磁兼容性测试规范【测试阶段】

——特定企业标准

注：JEDEC，联合电子设备工程委员会，为国际组织；CVTC，指上汽商用车技术中心企业标准；CISPR，国际无线电干扰特别委员会。

2. 需求

汽车芯片相关的电磁兼容测试标准化需求调研情况见表 5 – 7，其中 IEC 的系列标准（即表 5 – 7 中的序号 1 ~ 4），目前已经在陆续转化为国标。本部分大部分标准需求可以直接从国际上引入。

表 5 – 7 电磁兼容方面芯片通用技术相关标准化需求调研情况

序号	标准名称	需求阶段	建设需求
1	IEC 61967 series	设计/测试/制造/封装/试验	国标
2	IEC 62132 series	设计/测试/制造/封装/试验	国标
3	IEC 62215 series	设计/测试/制造/封装/试验	国标
4	IEC 62228 series	设计/测试/制造/封装/试验	国标
5	ZVEI Generic IC EMC Test Specification 2.0	设计/测试/制造/封装	国标/行标/团标
6	CISPR 25	设计/测试/制造/应用/认证	国标/行标
7	ISO 7637 道路车辆—来自传导和耦合的电气干扰	全阶段	国标

（续）

序号	标准名称	需求阶段	建设需求
8	ISO 11452 道路车辆零部件电磁发射测试方法	设计/测试/制造/应用/认证	国标/行标
9	ISO 11451 道路车辆电磁发射测试方法	全阶段	国标
10	ISO 16750 电气和电子装备的环境条件和试验	设计/测试/制造/应用/认证	国标/行标
11	ISO 10605 道路车辆静电放电引起电气骚扰的试验方法	全阶段	国标
12	ECE R10 关于车辆电磁兼容性认证的统一规定	应用/认证	行标
13	中国汽车健康指数 – 车辆电磁辐射 EMR	应用/认证	行标

注：ZVEI，德国电子电气行业协会；ECE，欧洲经济委员会；中国汽车健康指数，中国汽车工程研究院股份有限公司所提出。

经进一步征集及调研，除了已有部分国际标准正在国标委立项进行转化之外，在关于集成电路 EMC 试验评价标准方面的建设需求及其紧迫性、优先级情况见表 5 – 8。

表 5 – 8　电磁兼容的建设需求及其紧迫性、优先级调研情况

序号	标准名称	建设需求	执行程度	优先级
1	汽车芯片电磁兼容评估方法　第 1 部分：通用条件和定义	国标/行标/团标	强制/推荐	1 级/3 级/4 级
2	汽车芯片电磁兼容评估方法　第 2 部分：通信芯片	国标/行标/团标	强制/推荐	1 级/3 级/4 级
3	汽车芯片电磁兼容评估方法　第 3 部分：控制芯片①	国标/行标/团标	强制/推荐	1 级/3 级
4	汽车芯片电磁兼容评估方法　第 4 部分：存储芯片②	国标/行标/团标	强制/推荐	1 级/3 级/4 级
5	汽车芯片电磁兼容评估方法　第 5 部分：计算芯片	国标/行标/团标	强制/推荐	1 级/3 级
6	汽车芯片电磁兼容评估方法　第 6 部分：IGBT	国标/行标/团标	强制/推荐	1 级/3 级/4 级
7	汽车电源管理芯片电磁兼容评估方法	团标	推荐	3 级
8	汽车驱动芯片电磁兼容评估方法	团标	推荐	4 级

（续）

序号	标准名称	建设需求	执行程度	优先级
9	汽车传感芯片电磁兼容评估方法	团标	推荐	3 级
10	汽车安全芯片电磁兼容评估方法	团标	推荐	1 级
11	汽车其他类芯片电磁兼容评估方法	团标	推荐	3 级
12	汽车传感器电磁兼容评估方法	团标	推荐	3 级

①驱动控制芯片的电磁兼容评估方法亟须建立标准，与国际接轨；产业总体需求，行业需求。
②产业总体需求，行业需求。

5.3.2.4　功能安全

1. 使用现状

目前全球整个汽车电子行业在功能安全方面的标准仍然比较少。无论是 IEC、ISO，还是目前我国的国标，在功能安全方面的标准都有较高关联性，具 CX 体情况如下（4 个）。

——IEC 61508 电气/电子/可编程电子安全系统的功能安全【试验阶段】

——ISO 26262 道路车辆功能安全【设计、测试、试验、应用与认证阶段】

该标准用于评估功能安全性能，评估集成电路的功能安全等级，总成设计测试和试验；主要应用于驱动芯片，如电机驱动、高低边驱动、系统基础芯片，图像传感器串行器/解串器的功能安全认证；车规级 MCU 设计、存储器、安全芯片、试验、评估等。

——ISO 21448 道路车辆预期功能安全【应用阶段】

该标准用于车规级 MCU 设计，存储器、安全芯片、试验、评估等。

——GB/T 34590—2017 系列标准　道路车辆　功能安全【全阶段】

该标准用于车规级 MCU、存储器的测试、试验、评估等。

2. 需求

表 5-9 给出了功能安全方面芯片通用技术相关标准的需求调研情况。从调研情况来看，把 ISO 26262（道路车辆功能安全）标准引入至国标、行标、团标，获得了普遍的认可；作为进一步补充的 ISO 21448，也同理。与此同时，国内行业内提出了提取和细化 ISO 26262 道路车辆功能安全中对芯片的具体要求，形成行标。

表 5-9　功能安全方面芯片通用技术相关标准化需求调研情况

序号	标准名称	需求阶段	建设需求
1	ISO 26262（道路车辆功能安全）	全阶段	国标/行标/团标
2	ISO 21448 预期功能安全　（SOTIF）	全阶段	国标
3	汽车微控制器芯片功能安全要求与测试方法	/	国标/行标
4	智能网联汽车芯片功能安全规范	认证	行标
5	汽车控制、通信、存储、计算等各类芯片功能安全要求及测试方法	/	行标/团标

经进一步征集及调研，关于集成电路环境功能安全试验评价标准方面的大量建设需求，建设需求及其紧迫性、优先级情况见表 5-10。

表 5-10　汽车芯片功能安全方面的建设需求及其紧迫性、优先级调研情况

序号	标准名称	建设需求	执行程度	优先级
1	道路车辆　功能安全　第 11 部分：半导体应用指南[①]	国标	强制	1 级/3 级/5 级
2	汽车控制芯片功能安全要求及测试方法	国标/行标	强制/推荐	1 级/2 级/4 级
3	汽车通信芯片功能安全要求及测试方法[②]	国标/行标	强制/推荐	1 级/2 级/3 级/4 级
4	汽车计算芯片功能安全要求及测试方法	国标/行标	强制/推荐	2 级/3 级/4 级
5	汽车电源管理芯片功能安全要求及测试方法	国标/行标	强制/推荐	2 级/3 级/4 级
6	汽车芯片功能安全测评方法指南[③]	国标/行标	强制/推荐	1 级/2 级/3 级
7	智能驾驶系统用 AI 芯片的功能安全要求及测试方法	团标	推荐	3 级

①亟须与国际接轨；功能安全通用要求是进一步工作的基础。

②亟须与国际接轨；目前 V2X 芯片仍需标准化工作。

③国内汽车功能安全设计水平与国外相比有一定的差距，亟须开展标准研究；功能安全通用要求，可以纲领性涵盖各子系统要求，是进一步工作的基础。

5.3.2.5　信息安全

1. 使用现状

当前信息安全方面的相关汽车芯片标准主要围绕设计，标准使用情况如下（12 个）。值得注意的是，GB/T 38636—2020 由从 GM/T 0024《SSL VPN 技术规范》行业标准直接上升为国家标准。

—ISO 21434 道路车辆信息安全【设计阶段】

车规级 MCU 设计、安全芯片、试验、评估等。

—GB/T 38636—2020 信息安全技术 传输层密码协议（TLCP）【设计阶段】

—SAE J3061 物理网联车辆系统的网络安全指导手册【应用阶段】

—GM/Z 0001 密码术语【设计阶段】

—GM/T 0001 祖冲之序列密码算法【设计阶段】

—GM/T 0002 SM4 分组密码算法【设计阶段】

通信标准中用于信息加密；用于智能网联系统中的车车、车路直连通信时的信息安全。

—GM/T 0003 SM2 椭圆曲线公钥密码算法【设计阶段】

通信标准中用于信息签名；用于智能网联系统中的车车、车路直连通信时的信息安全，安全芯片设计、存储器、安全芯片、试验、评估等。

—GM/T 0004 SM3 密码杂凑算法【设计阶段】

通信标准中用于信息签名；用于智能网联系统中的车车、车路直连通信时的信息安全。

—PKCS#1 v2.1RSA Cryptography Standard【设计阶段】

—FIPS 46 – 3 Data Encryption Standard【设计阶段】

—FIPS 197 Advanced Encryption Standard【设计阶段】

—FIPS 186 – 4 Digital Signature Standard【设计阶段】

注：GM，国家密码管理局；FIPS，美国联邦信息处理标准；PKCS#1，美国 RSA 数据安全公司。

2. 需求

表 5 – 11 给出了信息安全方面芯片通用技术相关标准的需求调研情况。从调研情况来看，把 ISO/SAE 21434《道路车辆信息安全》标准引入国标，获得了普遍认可。与此同时，国内行业内提出了针对性建立我国汽车行业信息安全要求相关标准，并进而形成对芯片的具体要求，形成行标。

表5 – 11　信息安全方面芯片通用技术相关标准化需求调研情况

序号	标准名称	需求阶段	建设需求
1	ISO/SAE 21434 道路车辆信息安全	全阶段	国标
2	SAE J3061 信息物理车辆系统网络安全指南	全阶段	国标

（续）

序号	标准名称	需求阶段	建设需求
3	汽车行业信息安全要求及评价标准	设计/测试/试验/应用/认证	国标/行标
4	汽车网络信息安全	应用	行标
5	汽车用物理不可克隆芯片设计测试与应用通用要求	设计/测试/应用	国标/行标

经进一步征集及调研，关于汽车用集成电路信息安全方面的建设需求及其紧迫性、优先级情况见表 5 - 12。

表 5 - 12 汽车芯片信息安全方面的建设需求及其紧迫性、优先级调研情况

序号	标准名称	建设需求	执行程度	优先级
1	汽车芯片信息安全应用指南	行标	推荐	2 级/3 级
2	信息安全技术 具有中央处理器的 IC 卡芯片安全技术要求	国标/行标	推荐	1 级/2 级

5.3.2.6 测试评价

1. 使用现状

调研结果中未提及正在使用的专用标准。

2. 需求

调研结果中未提及需求专用标准。

经进一步征集及调研，关于汽车用集成电路测试评价方面的建设需求及其紧迫性、优先级情况见表 5 - 13。

表 5 - 13 汽车芯片测试评价方面的建设需求及其紧迫性、优先级调研情况

序号	标准名称	建设需求	执行程度	优先级
1	汽车芯片 一致性检验规程	行标/团标	推荐	1 级/2 级
2	汽车芯片通用评价方法	行标/团标	推荐	1 级/2 级/3 级
		亟须与国际接轨		
3	汽车芯片鲁棒性验证方法	行标/团标	推荐	2 级/3 级/4 级

总的来说，从调研的情况来看，这些芯片相关标准在企业机构中的使用阶段也是各不相同的。以 AEC - Q100 为例，有企业在芯片生产全阶段皆有所应用，也有些企业主要将其应用在设计阶段（含设计阶段测试），有些则是在应用与试验阶段。因此，需要注意到上述关于标准使用情况的调研均为典型情况。

5.3.3 产品应用技术条件标准

5.3.3.1 器件级

1. 使用现状

(1) 汽车芯片通用规范标准方面

目前主要使用的标准如下 (9 个):

—GB/T 7509—1987 半导体集成电路微处理器空白详细规范【全阶段】

该标准主要用于芯片 (如 MCU) 设计、测试、试验、评估。

—GB/T 17573—1998 半导体器件 分立器件和集成电路 第 1 部分: 总则【全阶段】

此为集成电路总体规范, 并不全部适用, 总体符合; 用于设计、小批量测试、试验、评估芯片。应用时控制芯片如 MCU, 计算芯片如 CPU、FPGA, 存储芯片如 Flash、DDR, 安全芯片加解密芯片, 分立器件如 MOSFET、IGBT 等。

—GB/T 16464—1996 半导体器件 集成电路 第 1 部分: 总则【全阶段】

此为集成电路总体规范, 并不全部适用, 总体符合; 用于设计、小批量测试、试验、评估芯片。应用时控制芯片如 MCU, 计算芯片如 CPU、FPGA, 存储芯片如 Flash、DDR, 安全芯片加解密芯片。

—GB/T 17574—1998 半导体器件 集成电路 第 2 部分: 数字集成电路【全阶段】

此为数字集成电路总体规范, 并不全部适用, 总体符合; 主要用于设计、测试、试验、评估集成电路等。

—GB/T 17940—2000 半导体器件 集成电路 第 3 部分: 模拟集成电路【全阶段】

此为模拟集成电路总体规范。

—GB/T 20515—2006 半导体器件 集成电路 第 5 部分: 半定制集成电路【全阶段】

—GB/T 4589.1—2006 半导体器件 集成电路 第 10 部分: 分立器件和集成电路总规范【全阶段】

此为集成电路总体规范, 并不全部适用, 总体符合; 主要用于设计分立器件如 IGBT、MOS 管等。

—GB/T 12750—2006 半导体器件 集成电路 第 11 部分: 半导体集成电路分规范 (不包括混合电路)【全阶段】

此为集成电路总体规范。

—GB/T 8976—1996 膜集成电路和混合膜集成电路总规范【全阶段】

（2）控制芯片标准方面

目前未提及正在使用的专用标准。

（3）计算芯片标准方面

目前未提及正在使用的专用标准。

（4）传感芯片标准方面

目前主要使用的标准如下（7 个）：

—AEC – Q101 Failure Mechanism Based Stress Test Qualification For Discrete Semiconductors【应用与试验阶段】

—AEC – Q103 汽车传感器【应用与试验、设计阶段】

用于测试其可靠性，评估可靠性能。

—GB 26149—2017 乘用车轮胎气压监测系统的性能要求和试验方法

—GB/T 15478—2015 压力传感器性能试验方法【设计阶段】

—GB/T 26807—2011 硅压阻式动态压力传感器【设计阶段】

—GJB 5439—2005 压阻式加速度传感器通用规范【设计阶段】

—GB/T 38341—2019 微机电系统（MEMS）技术 MEMS 器件的可靠性综合环境试验方法【试验阶段】

（5）通信芯片标准方面

目前主要使用的标准如下（4 个）：

—ISO 11898，SAE J1939 CAN 总线标准【设计、测试、应用与试验阶段】

该标准用于 CAN 芯片的物理层设计、测试；如控制芯片（MCU）、通信类芯片（CAN），以保证不同厂商的互联互通，性能指标一致。

—ISO 9141 K – LINE Specification【设计、测试、应用与试验阶段】

该标准用于控制芯片（MCU）、通信类芯片（K – LINE），以保证不同厂商的互联互通，性能指标一致。

—IEEE 802.3 以太网标准【设计、测试、应用阶段】

该标准用于以太网芯片的物理层设计、测试；如控制芯片（MCU）、通信类芯片（以太网），以保证不同厂商的互联互通，性能指标一致。

—LIN（Local Interconnect Network）Specification 2.1【设计、测试、应用与试验阶段】

该标准用于 LIN 芯片的物理层设计、测试；如控制芯片（MCU）、通信类芯片（LIN），以保证不同厂商的互联互通，性能指标一致。

（6）存储芯片标准方面

目前主要使用的标准如下（5个）：

—GB/T 36477—2018 半导体集成电路 快闪存储器测试方法【设计阶段】

该标准用于车规存储器 Nand Flash 设计、测试、试验、评估等。

—GB/T 35003—2018 非易失性存储器耐久和数据保持试验方法【设计阶段】

该标准用于车规存储器 Nand Flash 设计、测试、试验、评估等。

—GB/T 35008—2018 串行 NOR 型快闪存储器接口规范【设计阶段】

—GB/T 35009—2018 串行 NAND 型快闪存储器接口规范【设计阶段】

该标准用于车规存储器 Nand Flash 设计、测试、试验、评估等。

—SJ/T 11585—2016 串行存储器接口要求【设计阶段】

（7）安全芯片标准方面

目前主要使用的标准如下（8个）：

—ISO/IEC 10118-3：2018 信息安全技术杂凑函数第 3 部分：专用杂凑函数【设计、测试、应用、认证阶段】

该标准用于车联网安全芯片的设计、测试、试验、回收等。

—ISO/IEC 14888-3：2018 信息安全技术带附录的数字签名第 3 部分：基于离散对数的机制

该标准用于车联网安全芯片的设计、测试、试验、回收等。

—GB/T 35291—2017 信息安全技术 智能密码钥匙密码应用接口规范【设计阶段】

该标准用于车联网安全芯片的设计、测试、试验、回收等。

—GB/T 22186—2016 信息安全技术 具有中央处理器的 IC 卡芯片安全技术要求【认证阶段】

该标准用于银行卡、公交卡、身份证等安全芯片设计、测试、试验、回收。

—GB/T 18336—2015 信息技术安全评估准则【认证阶段】

该标准用于银行卡、公交卡、身份证等安全芯片设计、测试、试验、回收。

—Q/CUP 040—2016 银联卡芯片安全规范【认证阶段】

该标准用于银行卡、公交卡、身份证等安全芯片设计、测试、试验、回收。

—GM/T 0008—2012 安全芯片密码检测准则【全阶段】

该标准用于银行卡、公交卡、身份证等安全芯片设计、测试、试验、回收。

—GM/T 0005—2012 随机性检测规范【认证阶段】

注：Q/CUP，指中国银联股份有限公司企业标准；GM，中国密码行业标准。

（8）功率芯片标准方面

目前主要使用的标准如下（3 个）：

—AEC - Q101 Failure Mechanism Based Stress Test Qualification For Discrete Semiconductors【全阶段】

该标准用于测试其可靠性，评估可靠性能；IGBT、MOSFET 的生产和设计、报废、回收利用等。

—GB/T 29332—2012 半导体器件分立器件第 9 部分：绝缘栅双极晶体管（IGBT）【试验阶段】

—AQG 324 机动车辆电力电子转换器单元（PCU）功率模块的测试标准【设计阶段】

注：AQG 为欧洲电力电子中心（ECPE）下设的汽车认证指南（Automotive Qualification Guideline）标准工作组。

（9）驱动芯片标准方面

目前未提及正在使用的专用标准。

（10）电源管理芯片标准方面

目前未提及正在使用的专用标准。

（11）其他类芯片相关标准

—VDE 0884 - 11：2017 - 01 基本绝缘和加强绝缘的磁耦合器和电容耦合器【设计阶段】

该标准用于集成电路设计、封装、测试。

—UL1577UL Standard for Safety for Optical Isolators【设计阶段】

注：VDE，指德国电气工程师协会；UL 认证，由美国 UL 有限责任公司创立，属于国际检测认证机构；LIN，国际性的局域互联网络协会。

2. 需求

对汽车芯片进行初步分类，并针对其需求进行调研，情况如下。

（1）控制芯片

需求调研情况见表 5 - 14，可以看到行业在控制芯片的设计、接口以及测试方面有形成统一方法的标准需求。

表 5 - 14 控制芯片的标准化需求调研情况

序号	标准名称	需求阶段	需求情况
1	车规级控制芯片设计流程	全阶段	国标
2	汽车用微控制器接口规范	设计/测试/应用	国标/行标/团标
3	汽车用微控制器测试方法	设计/测试/应用	国标/行标/团标

经进一步征集及调研标准建设需求，关于控制芯片集成电路标准的建设需求及其紧迫性、优先级情况见表 5 - 15。

表 5 - 15 控制芯片标准的建设需求及其紧迫性、优先级调研情况

序号	标准名称	建设需求	执行程度	优先级
1	汽车电池管理系统（BMS）控制芯片技术要求及试验方法	行标	强制/推荐	1 级/4 级
2	汽车车身系统控制芯片技术要求及试验方法	行标	强制/推荐	1 级/2 级/4 级
3	汽车动力系统控制芯片技术要求及试验方法	行标	强制/推荐	1 级/3 级/4 级
4	汽车底盘系统控制芯片技术要求及试验方法	行标	强制/推荐	1 级/3 级/4 级
5	汽车智能座舱控制芯片技术要求及试验方法	行标	强制/推荐	1 级/3 级/4 级
6	汽车自动驾驶控制芯片技术要求及试验方法	行标	强制/推荐	1 级/4 级
7	汽车控制芯片功能试验方法	行标	强制/推荐	1 级/4 级
8	汽车制动转向控制芯片技术要求及试验方法	行标	推荐	3 级
9	汽车驾驶仪表控制芯片技术要求及试验方法	行标	推荐	3 级
10	汽车中控娱乐控制芯片技术要求及试验方法	行标	推荐	3 级
11	汽车协议栈控制芯片技术要求及试验方法	行标	推荐	3 级
12	汽车发动机控制芯片技术要求及试验方法	行标	推荐	3 级
13	灯光系统控制芯片技术要求及试验方法	行标	推荐	1 级
14	转向系统控制芯片技术要求及试验方法	团标	推荐	1 级

（2）计算芯片

关于计算芯片标准，在需求情况调研过程中未收到反馈；经征集及调研，关于计算芯片标准的建设需求及其紧迫性、优先级情况见表 5 - 16。

表5－16 计算芯片标准的建设需求及其紧迫性、优先级调研情况

序号	标准名称	建设需求	执行程度	优先级
1	汽车自动驾驶计算芯片技术要求及试验方法	行标	强制/推荐	1级/3级/4级
2	汽车智能座舱计算芯片技术要求及试验方法	行标	强制/推荐	1级/3级/4级
3	汽车计算芯片功能试验方法	行标/团标	强制/推荐	1级/3级/4级

（3）传感芯片

传感芯片方面标准化需求调研情况见表5－17，主要是把 AEC－Q 系列引入到标准体系中。

表5－17 传感芯片的标准化需求调研情况

序号	标准名称	需求阶段	建设需求
1	车用机器视觉芯片技术规范	应用	行标
2	AEC－Q103（传感器）	认证	国标/行标

经进一步征集及调研，传感器标准的建设需求及其紧迫性、优先级情况见表5－18，主要围绕各种汽车用的传感芯片的技术要求和试验方法进行规范化。

表5－18 传感芯片标准的建设需求及其紧迫性、优先级调研情况

序号	标准名称	建设需求	执行程度	优先级
1	汽车红外热成像芯片技术要求及试验方法	行标	强制/推荐	1级/3级/4级
2	汽车图像传感芯片技术要求及试验方法	行标	强制/推荐	1级/3级/4级
3	汽车毫米波雷达芯片技术要求及试验方法	行标	强制/推荐	1级/3级/4级
4	汽车激光雷达芯片技术要求及试验方法	行标	强制/推荐	1级/3级/4级
5	汽车用热敏电阻器技术要求及试验方法	行标	强制/推荐	1级/3级/4级
6	汽车用直热式负温度系数热敏电阻器技术要求及试验方法	行标	强制/推荐	1级/3级/4级
7	汽车用直热式阶跃型正温度系数热敏电阻器技术要求及试验方法	行标	强制/推荐	1级/3级/4级
8	汽车用旁热式负温度系数热敏电阻器技术要求及试验方法	行标	强制/推荐	1级/3级/4级
9	汽车用临界温度热敏电阻器技术要求及试验方法	行标	强制/推荐	1级/3级/4级
10	汽车用压力传感器技术要求及试验方法	行标	强制/推荐	1级/3级/4级
11	汽车用电阻应变式压力传感器技术要求及试验方法	行标	强制/推荐	1级/3级/4级
12	汽车用应变式压力传感器技术要求及试验方法	行标	强制/推荐	1级/3级/4级
13	汽车用电流电压传感器技术要求及试验方法	行标	推荐	1级/3级/4级
14	车用传感器信号调理芯片技术要求及试验方法[①]	行标	推荐	2级

①信号调理芯片技术是传感器中的重要组成部分，但各种不同传感器中的应用又非常不同；若能有一个标准，可以促进行业发展，加强国产传感器在世界范围的竞争力。

（4）通信芯片

需求调研情况见表 5 – 19。

表 5 – 19　通信芯片的标准化需求调研情况

序号	标准名称	需求阶段	建设需求
1	ISO 11898、SAE J1939（CAN 芯片）	设计/测试/制造/封装	国标/行标/团标
2	ISO 9141 车载总线诊断标准	设计/测试/制造/封装	国标/行标/团标
3	IEEE 802.3	设计/测试/制造/应用/认证	国标/行标/团标
4	IEEE 802.11	设计/测试/制造/应用/认证	国标/行标/团标
5	Open Alliance 行业标准	设计/测试/制造/应用/认证	行标
6	BQB 认证、ITU P – 1110、ITU P – 1100（蓝牙芯片）	应用/认证	行标

经进一步征集及调研，在关于通信芯片标准的建设需求及其紧迫性、优先级情况见表 5 – 20。

表 5 – 20　通信芯片标准的建设需求及其紧迫性、优先级调研情况

序号	标准名称	建设需求	执行程度	优先级
1	汽车蜂窝通信芯片技术要求及试验方法	行标	强制/推荐	1 级/2 级/3 级/4 级
2	汽车直连通信芯片技术要求及试验方法	行标	强制/推荐	1 级/2 级/3 级/4 级
3	汽车短距离无线通信技术要求及试验方法（蓝牙、WLAN、UWB、NFC、星闪）	行标	强制/推荐	1 级/2 级/3 级/4 级
4	汽车卫星定位芯片技术要求及试验方法	行标	强制/推荐	1 级/3 级/4 级
5	汽车不停车收费系统芯片技术要求及试验方法	行标	强制/推荐	1 级/3 级/4 级
6	汽车收发器芯片技术要求及测试方法	行标	强制/推荐	1 级/3 级/4 级
7	车载以太网通信芯片技术要求及试验方法	行标/团标	强制/推荐	1 级/3 级/4 级
8	汽车通信芯片功能试验方法	行标/团标	强制/推荐	1 级/2 级/4 级
9	汽车中央网关通信芯片技术要求及试验方法	行标/团标	强制/推荐	1 级/4 级
10	汽车以太网 100Mbit/s PHY 芯片技术要求及试验方法	行标	推荐	3 级
11	汽车以太网 1Gbit/s PHY 芯片技术要求及试验方法第 1 部分：光纤	行标	推荐	3 级

（续）

序号	标准名称	建设需求	执行程度	优先级
12	汽车以太网 1Gbit/s PHY 芯片技术要求及试验方法　第 2 部分：双绞线	行标	推荐	3 级
13	汽车以太网交换机芯片技术要求及测试方法	行标	推荐	3 级
14	车载通信终端 5G 芯片技术要求及试验方法	团标	推荐	3 级
15	汽车串行器/解串器芯片技术要求及实验方法[①]	行标	推荐	2 级

①目前使用的串行器/解串器都基于私有协议，不同厂家之间不能互联。国际上已经有几种互联标准在制定中。国内汽标委联合相关厂商正在制定互联互通标准，以支持国内芯片厂商开发相关产品。

（5）存储芯片

需求调研情况见表 5 - 21。

表 5 - 21　存储芯片的标准化需求调研情况

序号	标准名称	需求阶段	建设需求
1	JEDEC JC42 静态随机存储器	全阶段	国标/行标/团标
2	JEDEC JC64 固态硬盘	全阶段	国标/行标
3	汽车用存储器接口规范	全阶段	国标/行标/团标
4	汽车用存储器测试方法	全阶段	国标/行标/团标

经进一步征集及调研，除了对已有国际标准进行转化，在关于自研存储芯片标准的需求及其紧迫性、优先级情况见表 5 - 22。

表 5 - 22　存储芯片标准的建设需求及其紧迫性、优先级调研情况

序号	标准名称	建设需求	执行程度	优先级
1	汽车用动态随机存取存储单元（DRAM）技术要求及试验方法	行标	强制/推荐	1 级/3 级/4 级
2	汽车用静态随机存取存储单元（SRAM）技术要求及试验方法	行标	强制/推荐	1 级/3 级/4 级
3	汽车用内嵌式存储单元（eMMC）技术要求及试验方法	行标	强制/推荐	1 级/3 级/4 级
4	汽车用 NVM 存储器产品技术要求及试验方法	行标/团标	强制/推荐	1 级/3 级/4 级
5	汽车存储芯片功能环境试验方法	行标/团标	强制/推荐	1 级/3 级/4 级

（6）安全芯片

需求调研情况见表5-23。

表5-23　安全芯片的标准化需求调研情况

序号	标准名称	需求阶段	建设需求
1	车规级安全芯片设计、制造、封装	全阶段	国标
2	安全芯片通用技术要求	设计/测试/应用	国标/行标
3	CC EAL 安全保障等级认证	测试/制造/封装试验/ 应用/认证/报废/回收利用	国标
4	安全芯片密码检测标准、安全芯片应用接口规范	设计/测试/制造/应用/认证	国标
5	安全芯片应用接口规范	设计/测试/制造/应用/认证	国标/行标
6	ISO 26262 汽车功能安全体系认证	应用/认证	国标/行标

经进一步征集及调研，除了对已有国际标准进行转化，在关于安全芯片标准的建设需求及其紧迫性、优先级情况见表5-24。

表5-24　安全芯片标准的建设需求及其紧迫性、优先级调研情况

序号	标准名称	建设需求	执行程度	优先级
1	汽车安全芯片技术要求及试验方法	国标/行标	强制/推荐	1级/3级/4级
2	汽车 V-2X 安全芯片技术要求及试验方法	行标/团标	强制/推荐	1级/3级/4级
3	汽车网关安全芯片技术要求及试验方法	行标/团标	强制/推荐	1级/2级/3级/4级
4	汽车域控制器安全芯片技术要求及试验方法	行标/团标	强制/推荐	1级/2级/3级/4级
5	汽车安全芯片功能试验方法	行标/团标	强制/推荐	1级/3级/4级
6	安全芯片密码检测准则	行标	推荐	1级
7	汽车 T-box 安全芯片技术要求及试验方法	团标	推荐	1级
8	智能座舱（IVI）安全芯片技术要求及试验方法	团标	推荐	3级

（7）功率芯片

功率芯片的标准化需求调研情况见表5-25，主要是把 AEC-Q 系列引入标准体系中。

表 5-25　功率芯片标准化需求调研情况

序号	标准名称	需求阶段	建设需求
1	AEC-Q101（分立半导体元件）	设计/测试/制造 封装/试验/认证	国标/行标/团标
2	AEC-Q102（分立光电元件）	认证	国标
3	AEC-Q200（无源元件）	认证	国标

经进一步征集及调研，除了对已有国际标准进行转化，功率芯片的标准建设需求及其紧迫性、优先级情况主要关于 IGBT，见表 5-26。

表 5-26　功率芯片标准的建设需求及其紧迫性、优先级调研情况

序号	标准名称	建设需求	执行程度	优先级
1	电动汽车用绝缘栅双极晶体管（IGBT）模块环境试验要求及试验方法	行标	强制/推荐	1 级/4 级
2	电动汽车用绝缘栅双极晶体管（IGBT）模块技术要求及试验方法	行标	强制/推荐	1 级/3 级/4 级

（8）驱动芯片

经进一步征集及调研，除了对已有国际标准进行转化，在关于驱动芯片标准的建设需求及其紧迫性、优先级情况见表 5-27。

表 5-27　驱动芯片标准的建设需求及其紧迫性、优先级调研情况

序号	标准名称	建设需求	执行程度	优先级
1	电动汽车用 IGBT/MOSFET 功率驱动芯片技术要求及试验方法	行业标准	强制/推荐	1 级/3 级/4 级
2	汽车驱动芯片功能试验方法	行标/团标	强制/推荐	1 级/3 级/4 级

（9）电源管理芯片

关于电源管理芯片标准，在需求情况调研过程中未收到反馈；经征集及调研，关于电源类集成电路标准的建设需求及其紧迫性、优先级情况见表 5-28。

表 5-28　电源管理芯片标准的建设需求及其紧迫性、优先级调研情况

序号	标准名称	建设需求	执行程度	优先级
1	电动汽车用功率回路电流传感器技术要求及试验方法	行标	强制/推荐	1 级/3 级/4 级

（续）

序号	标准名称	建设需求	执行程度	优先级
2	电动汽车用驱动电机转子角度传感器技术要求及试验方法	行标	强制/推荐	1级/3级/4级
3	电动汽车动力电池用芯片环境条件及试验方法	行标	强制/推荐	1级/3级/4级
4	电动汽车动力电池状态传感器技术要求及试验方法	行标	强制/推荐	1级/3级/4级
5	电动汽车动力电池管理系统模拟前端芯片技术要求及试验方法	行标	强制/推荐	1级/3级/4级
6	电动汽车动力电池管理系统接触器及智能保险丝驱动芯片技术要求及试验方法	行标	强制/推荐	1级/3级/4级
7	汽车电源管理芯片功能试验方法	行标/团标	强制/推荐	1级/3级/4级

（10）其他类芯片

其他类芯片需求调研情况见表5-29。

表5-29　其他类芯片的标准化需求调研情况

序号	标准名称	需求阶段	建设需求
1	UL 1577 光隔离器安全标准	设计/测试/制造/封装	国标/行标/团标
2	VDE V0884-11：2017-01 对数字隔离器认证的意义	设计/测试/制造/封装	国标/行标/团标

经进一步征集及调研，关于该类相关标准的建设需求及其紧迫性、优先级情况见表5-30。同时，AI芯片作为新型集成电路，也归入此类中。

表5-30　其他类芯片标准的建设需求及其紧迫性、优先级调研情况

序号	标准名称	建设需求	执行程度	优先级
1	汽车数字隔离器芯片技术要求及试验方法	行标/团标	强制/推荐	1级/3级/4级
2	汽车用AI芯片技术要求及试验方法	行标/团标	强制/推荐	1级/4级

5.3.3.2　模块级

1. 使用现状

模块方面的通用规范标准方面，目前主要使用的标准如下（1个）：

—AEC – Q104 Failure Mechanism Based Stress Test Qualification For Multichip Modules（MCM）In Automotive Applications【应用与试验阶段】

用于测试模块的可靠性，评估可靠性能。

2. 需求

模块化标准的需求调研情况见表5－31。

表5－31 模块标准化需求调研情况

序号	标准名称	需求阶段	建设需求
1	AEC – Q104（多芯片模组）	设计/测试/制造 封装/试验/认证	国标/行标/团标
2	AQG 324（机动车辆电力电子转换器单元（PCU）功率模块）	设计/测试/制造 封装/试验	行标

关于模块标准的建设需求及其紧迫性、优先级征集及调研中未有该领域的反馈。

5.3.4 匹配试验标准

1. 使用现状

调研结果显示，部分企业正在使用匹配试验相关标准进行芯片的车载环境应用验证如下（9个）：

—T/CSAE 222—2021 纯电动乘用车车规级芯片一般要求

—T/CSAE 223—2021 纯电动乘用车控制芯片功能安全要求及测试方法

—T/CSAE 224—2021 纯电动乘用车通信芯片功能安全要求及测试方法

—T/CSAE 225—2021 纯电动乘用车控制芯片功能环境试验方法

基于应用评估该类芯片的性能；车规级 MCU 设计、测试、试验、评估等。

—T/CSAE 226—2021 纯电动乘用车通信芯片功能环境试验方法

基于应用评估该类芯片的性能。

—T/CSAE 227—2021 纯电动乘用车控制芯片整车环境舱试验方法

基于应用评估该类芯片的性能；车规级 MCU 设计、测试、试验、评估等。

—T/CSAE 228—2021 纯电动乘用车通信芯片整车环境舱试验方法

基于应用评估该类芯片的性能。

—T/CSAE 229—2021 纯电动乘用车控制芯片整车道路试验方法

基于应用评估该类芯片的性能；车规级 MCU 设计、测试、试验、评估等。

—T/CSAE 230—2021 纯电动乘用车通讯芯片整车道路试验方法

基于应用评估该类芯片的性能。

2. 需求

搭载试验标准需求基本上为自研标准，包括整车搭载、系统搭载及模块搭载。整车搭载包含了表 5 – 32 中序号 1 ~ 7，系统搭载包含了序号 8 ~ 10，模块搭载包含了序号 11 ~ 17。

表 5 – 32　匹配试验方面相关标准化需求调研情况

序号	标准名称	需求阶段	建设需求
1	汽车通信芯片整车试验方法	设计/测试/制造/应用/认证	国标/团标
2	汽车控制芯片整车试验方法	设计/测试/制造/应用/认证	国标/团标
3	汽车计算芯片整车试验方法	设计/测试/制造/应用/认证	国标/团标
4	汽车存储芯片整车试验方法	设计/测试/制造/应用/认证	国标/团标
5	汽车安全芯片整车试验方法	设计/测试/制造/应用/认证	国标/团标
6	汽车用感知芯片整车试验方法	设计/测试/制造/应用/认证	国标/团标
7	汽车用能源芯片整车试验方法	设计/测试/制造/应用/认证	国标/团标
8	整机系统级稳定性测试	制造/应用/认证	行标
9	整机系统级可靠性测试	制造/应用/认证	行标
10	汽车芯片搭载控制器环境试验方法	设计/测试/制造/应用/认证	行标/团标
11	汽车控制芯片功能环境试验方法	设计/测试/制造/应用/认证	行标/团标
12	汽车通信芯片功能环境试验方法	设计/测试/制造/应用/认证	行标/团标
13	汽车计算芯片功能环境试验方法	设计/测试/制造/应用/认证	行标/团标
14	汽车存储芯片功能环境试验方法	设计/测试/制造/应用/认证	行标/团标
15	汽车安全芯片功能环境试验方法	设计/测试/制造/应用/认证	行标/团标
16	汽车感知芯片功能环境试验方法	设计/测试/制造/应用/认证	行标/团标
17	汽车能源芯片功能环境试验方法	设计/测试/制造/应用/认证	行标/团标

经进一步征集及调研，在关于系统匹配试验标准的建设需求及其紧迫性、优先级情况见表 5 – 33，在关于整车匹配试验标准的建设需求及其紧迫性、优先级情况见表 5 – 34。

表 5-33　系统匹配试验方面相关标准的建设需求及其紧迫性、优先级调研情况

序号	标准名称	建设需求	执行程度	优先级
1	汽车电源管理芯片　动力系统匹配试验方法	团标	推荐	1 级/2 级/3 级/5 级
2	汽车驱动芯片　动力系统　匹配试验方法	团标	推荐	1 级/3 级/5 级
3	汽车通信芯片　动力系统　匹配试验方法	团标	推荐	1 级/3 级/4 级/5 级
4	汽车控制芯片　动力系统　匹配试验方法	团标	推荐	1 级/2 级/3 级/5 级
5	电动汽车电控系统（MCU）芯片台架试验规范	团标	推荐	1 级/2 级/3 级/5 级
6	电动汽车电池包（Pack）芯片台架试验规范	团标	推荐	1 级/3 级/5 级
7	汽车控制芯片　底盘系统　匹配　试验方法	团标/行标	推荐	1 级/3 级/4 级/5 级
8	汽车通信芯片　底盘系统　匹配　试验方法	团标/行标	推荐	1 级/3 级/5 级
9	汽车电源管理芯片　底盘系统　匹配试验方法	团标/行标	推荐	1 级/3 级/5 级
10	汽车控制芯片　车身系统　匹配　试验方法	团标/行标	推荐	1 级/3 级/5 级
11	汽车通信芯片　车身系统　匹配　试验方法	团标/行标	推荐	1 级/2 级/3 级/5 级
12	汽车电源管理芯片　车身系统　匹配试验方法	团标/行标	推荐	1 级/3 级/5 级
13	汽车计算芯片　座舱系统　匹配试验方法	团标/行标	推荐	1 级/3 级/5 级
14	汽车存储芯片　座舱系统　匹配试验方法	团标/行标	推荐	1 级/3 级/5 级
15	汽车控制芯片　智能网联系统匹配试验方法	团标/行标	推荐	1 级/3 级/5 级
16	汽车计算芯片　智能网联系统匹配试验方法	团标/行标	推荐	1 级/3 级/5 级
17	汽车存储芯片　智能网联系统匹配试验方法	团标/行标	推荐	1 级/3 级/4 级/5 级
18	汽车通信芯片　智能网联系统匹配试验方法	团标/行标	推荐	1 级/2 级/3 级/4 级/5 级
19	汽车安全芯片　智能网联系统　匹配试验方法	团标/行标	推荐	1 级/3 级/5 级
20	汽车控制芯片电控系统（整车控制器）匹配试验方法	团标/行标	推荐	1 级/2 级/5 级

以上：亟须与国际接轨；建立国内自己的汽车半导体芯片系统匹配试验方法；先行先试，推进国产芯片上车，稳定供应链。

表 5-34　整车匹配试验方面相关标准的建设需求及其紧迫性、优先级调研情况

序号	标准名称	建设需求	执行程度	优先级
1	汽车控制芯片整车匹配试验方法	团标/行标	强制/推荐	1 级/2 级/3 级/5 级
2	汽车计算芯片整车匹配试验方法	团标/行标	强制/推荐	1 级/2 级/4 级/5 级
3	汽车通信芯片整车匹配试验方法	团标/行标	强制/推荐	1 级/2 级/5 级

（续）

序号	标准名称	建设需求	执行程度	优先级
4	汽车存储芯片整车匹配试验方法	团标/行标	强制/推荐	1级/2级/4级/5级
5	汽车电源管理芯片整车匹配试验方法	团标/行标	强制/推荐	1级/2级/4级/5级
6	汽车驱动芯片整车匹配试验方法	团标/行标	强制/推荐	1级/2级/4级/5级
7	汽车传感芯片整车匹配试验方法	团标/行标	强制/推荐	1级/2级/4级/5级
8	汽车安全芯片整车匹配试验方法	团标/行标	强制/推荐	1级/2级/4级/5级
9	汽车其他类芯片整车匹配试验方法	团标/行标	强制/推荐	1级/2级/4级/5级

以上：根据国家实际现状；先行先试，推进国产芯片上车，稳定供应链；建立国内自己的汽车半导体整车统匹配试验方法，加速国产芯片、系统的国产化。

5.4 技术指标需求调研结果与分析

第二次调研过程中同时也对汽车芯片的指标需求情况进行问卷调研，以下为调研结果。系统以及子系统的区分按照本书技术结构分析章节而定。成熟度包括样件（指研制实现）、样件上车（指完成试验验证）、批量上车（指已经量产）；芯片来源包括国产、进口。

5.4.1 控制芯片

由问卷调研获得的控制芯片指标需求情况见表5-35。

表5-35 控制芯片指标需求调研情况

涉及芯片	成熟度	芯片来源	所属系统	所属子系统	指标门类	所需指标
MCU	—	国产/进口	智能网联系统	网关控制器、远程通信控制器 T-box	测试评价	主频、内核、资源（CAN、LIN、SPI等）、功能安全（部分有要求）如 ASIL B
	—	国产/进口	座舱系统	舱内监控系统		
	—	国产/进口	车身系统	车身控制系统、座椅系统、灯光系统、无钥匙进入及启动系统、门/天窗模块、遥控钥匙		
	—	进口	底盘系统	电动助力转向系统EPS		
	—	进口	动力系统	电池系统BMS		
	—	进口	动力系统	发动机系统	功能安全	ASIL D

156

5.4.2　计算芯片

由问卷调研获得的计算芯片指标需求情况见表 5 - 36。

表 5 - 36　计算芯片指标需求调研情况

涉及芯片	成熟度	芯片来源	所属系统	所属子系统	指标门类	所需指标
CPU	—	国产/进口	其他	智能驾驶计算平台	测试评价	主频、内核、算力、资源；CAN、LIN、SPI 等、功能安全（部分有要求）如 ASIL B
SoC	—	进口	智能网联系统	中央计算单元	信息安全	HSM、加密算法

5.4.3　传感芯片

由问卷调研获得的传感芯片指标需求情况见表 5 - 37。

表 5 - 37　传感芯片指标需求调研情况

涉及芯片	成熟度	芯片来源	所属系统	所属子系统	指标门类	所需指标
图像传感芯片	—	国产/进口	座舱系统	舱内监控系统	测试评价	工作电压、功耗、帧率、像素、单像素尺寸、输出信号类型、灵敏度、动态范围、Color Filter Array、Shutter type
			其他	智能驾驶计算平台		
压力传感器	—	国产/进口	动力系统	电池系统 BMS	测试评价	工作电压、工作电流、静态电流、灵敏度、接口
温度传感器	—	进口	车身系统	车身控制系统 BCM、座椅系统、灯光系统、无钥匙进入及起动系统、门/天窗模块、遥控钥匙	测试评价	耐压、功率、过电流能力、封装、精度
加速度传感器	—	国产及进口	其他	高精地图 LMU	测试评价	工作电压、工作电流、静态电流、灵敏度、接口
角速度传感器	—	国产及进口	其他	高精地图 LMU		
压力传感器	—	国产及进口	动力系统	发动机系统	环境及可靠性	高温可靠性
角速度传感器	—	进口	动力系统	发动机系统	EMC	EMC、ASIL D

5.4.4 通信芯片

由问卷调研获得的通信芯片指标需求情况见表 5–38。

表 5–38　通信芯片指标需求调研情况

涉及芯片	成熟度	芯片来源	所属系统	所属子系统	指标门类	所需指标
CAN	—	国产/进口	座舱系统	舱内监控系统	测试评价	传输速率、ESD 等级、休眠电流、工作电压、工作电流
	—		车身系统	车身控制系统 BCM、座椅系统、无钥匙进入及起动系统		
	—		底盘系统	电动助力转向系统 EPS		
	—		动力系统	电池系统 BMS		
	—		智能网联系统	网关控制器、远程通信控制器 T–box		
	—		其他	新能源整车控制器、智能驾驶计算平台		
CAN	—	进口	动力系统	发动机系统	EMC	EMI、兼容性一致性
CAN	样件上车	国产	动力系统	发动机系统、电驱动系统、能源系统	测试评价	兼容性，可靠性
			底盘系统	传动系统、转向系统、行驶系统、制动系统		
			车身系统	车身控制器、转向盘、座椅、安全配置、刮水 & 洗涤、后视镜、开闭件系统、自适应空调控制系统		
			座舱系统	车载信息娱乐系统/车机、抬头显示、仪表、流媒体后视镜、ETC、EDR		
			智能网联系统	环境感知系统、通信系统、智能决策系统/中央计算单元、控制和执行系统、存储系统		
LIN	—	国产/进口	座舱系统	舱内监控系统	测试评价	传输速率、ESD 等级、休眠电流、工作电压、工作电流
	—		车身系统	车身控制系统 BCM、座椅系统、无钥匙进入及起动系统		
	—		底盘系统	电动助力转向系统 EPS		
	—		动力系统	电池系统 BMS		
	—		智能网联系统	网关控制器、远程通信控制器 T–box		
	—		其他	新能源整车控制器、智能驾驶计算平台		

（续）

涉及芯片	成熟度	芯片来源	所属系统	所属子系统	指标门类	所需指标
ETH（以太）	—	国产/进口	座舱系统	舱内监控系统	测试评价	接口线对、传输速率、MAC 接口类型、休眠电流、通道数（switch）
	—		车身系统	车身控制系统 BCM		
	—		智能网联系统	网关控制器、远程通信控制器 T‑box		
	—		智能网联系统	中央计算单元	环境及可靠性	千兆、TSN、TC10
导航芯片	—	国产/进口	智能网联系统	远程通信控制器 T‑box	测试评价	射频输入、灵敏度、定位精度

5.4.5　存储芯片

由问卷调研获得的存储芯片指标需求情况见表 5‑39。

表 5‑39　存储芯片指标需求调研情况

涉及芯片	成熟度	芯片来源	所属系统	所属子系统	指标门类	所需指标
NOR Flash	批量上车	国产	座舱系统	车载信息娱乐系统/车机、抬头显示、仪表、流媒体后视镜、ETC、EDR	环境及可靠性	环境及可靠性测试评价
NAND Flash	批量上车	国产	座舱系统	车载信息娱乐系统/车机、抬头显示、仪表、流媒体后视镜、ETC、EDR	环境及可靠性	环境及可靠性测试评价
NOR Flash	批量上车		智能网联系统	通信系统	环境及可靠性	环境及可靠性测试评价
NAND Flash	批量上车		智能网联系统	通信系统	环境及可靠性	环境及可靠性测试评价
DRAM	—	国产/进口	座舱系统	舱内监控系统	测试评价	存储容量、工作电流、工作电压（如 3.3V、5V）、接口类型
NOR Flash	—	国产/进口	智能网联系统	网关控制器、远程通信控制器 T‑box	测试评价	存储容量、工作电流、工作电压、寿命

（续）

涉及芯片	成熟度	芯片来源	所属系统	所属子系统	指标门类	所需指标
NAND Flash	—	进口	智能网联系统	网关控制器、远程通信控制器 T-box	测试评价	存储容量、工作电流、工作电压、接口类型 JEDEC/MMC
EMMC	—	进口	智能网联系统	远程通信控制器 T-box		
EMMC	—		座舱系统	舱内监控系统		
EEPROM	国产/进口	智能网联系统	网关控制器	测试评价	存储容量、工作电流、工作电压、接口类型：SPI、I2C
	—	国产/进口	其他	新能源整车控制器		
NOR Flash	—	进口	智能网联系统	中央计算单元	环境及可靠性	耐高温、大容量
EMMC	—	进口	智能网联系统	中央计算单元	环境及可靠性	
DRAM	—	进口	智能网联系统	中央计算单元	环境及可靠性	

5.4.6 安全芯片

由问卷调研获得的安全芯片指标需求情况见表 5-40。

表 5-40 安全芯片指标需求调研情况

涉及芯片	成熟度	芯片来源	所属系统	所属子系统	指标门类	所需指标
V2X 安全芯片	样件	国产	智能网联系统	远程通信控制器 T-box	测试评价	I2C/SPI 接口、加密算法、验签次数
	批量上车	国产	智能网联系统	数字钥匙	信息安全	加密算法
V2X 安全芯片	样件	国产	智能网联系统	通信系统	信息安全	密码算法（如 DES/AES/RSA/ECC/SHA-n/SM1/SM2/SM3/SM4），性能（如 SM2，验签 > 2000 TPS），可靠性（如 AEC-Q100），安全等级（如国密二级、EAL4+）

（续）

涉及芯片	成熟度	芯片来源	所属系统	所属子系统	指标门类	所需指标
T-box安全芯片	批量上车	国产	智能网联系统	远程通信控制器T-box	测试评价	I2C/SPI接口加密算法
	批量上车	国产	智能网联系统	通信系统	信息安全	密码算法（如 DES/AES/RSA/ECC/SHA-n/SM1/SM2/SM3/SM4），可靠性（如 AEC-Q100），安全等级（如国密二级、EAL4+）
ESAM安全芯片	批量上车	国产	座舱系统	ETC	信息安全	密码算法（如 DES/AES/RSA/ECC/SHA-n/SM1/SM2/SM3/SM4），可靠性（如 AEC-Q100），安全等级（如国密二级、EAL4+）
其他	批量上车	国产	车身系统	车身控制器		

5.4.7　功率芯片

由问卷调研获得的功率芯片指标需求情况见表 5-41。

表 5-41　功率芯片指标需求调研情况

涉及芯片	成熟度	芯片来源	所属系统	所属子系统	指标门类	所需指标
MOSFET	—	国产/进口	智能网联系统	网关控制器、远程通信控制器 T-box	测试评价	通道数和极性，V_{ds} 钳位，V_{gs} 钳位，V_{gs} 开启电压，$R_{ds\,on}$ 结温，封装
	—		座舱系统	舱内监控系统		
	—		车身系统	车身控制系统 BCM、座椅系统、灯光系统、无钥匙进入及起动系统、门/天窗模块、遥控钥匙		
	—		底盘系统	电动助力转向系统 EPS		
	—		动力系统	电池系统 BMS		
	—		其他	智能驾驶计算平台		

(续)

涉及芯片	成熟度	芯片来源	所属系统	所属子系统	指标门类	所需指标
二极管	—	国产/进口	智能网联系统	网关控制器、远程通信控制器 T－box	测试评价	通道数和极性、正向压降、反向耐压、正向过流能力、漏电流、钳位电压（TVS&稳压管）、反向恢复时间、结温、封装
	—		座舱系统	舱内监控系统		
	—		车身系统	车身控制系统 BCM、座椅系统、灯光系统、无钥匙进入及起动系统、门/天窗模块、遥控钥匙		
	—		底盘系统	电动助力转向系统 EPS		
	—		动力系统	电池系统 BMS		
	—		其他	智能驾驶计算平台		
晶体管	—	国产/进口	智能网联系统	网关控制器、远程通信控制器 T－box	测试评价	通道数和极性、耐压、放大倍数、过电流能力、结温封装
	—		座舱系统	舱内监控系统		
	—		车身系统	车身控制系统 BCM、座椅系统、灯光系统、无钥匙进入及起动系统、门/天窗模块、遥控钥匙		
	—		底盘系统	电动助力转向系统 EPS		
	—		动力系统	电池系统 BMS		
	—		其他	智能驾驶计算平台		
IGBT	—	国产/进口	动力系统	电驱动系统	测试评价	电流密度
MOSFET	批量上车	国产	动力系统	发动机系统	测试评价	大电流
SiC 器件	—	进口	动力系统	电驱动系统	测试评价	电流密度

5.4.8　驱动芯片

由问卷调研获得的驱动芯片指标需求情况见表 5－42。

表5-42　驱动芯片指标需求调研情况

涉及芯片	成熟度	芯片来源	所属系统	所属子系统	指标门类	所需指标
高低边驱动芯片	—	进口	车身系统	车身控制器	测试评价	大电流驱动、保护功能
	—	进口	座舱系统	舱内监控系统		通道数量、导通阻抗、工作电流、工作电压、控制芯片型
	样件上车	国产	动力系统	电驱动系统、能源系统	环境及可靠性	驱动能力，耐电压范围，响应时间等
	样件	国产	车身系统	车身控制器、转向盘、座椅、刮水&洗涤、后视镜、开闭件系统	环境及可靠性	驱动能力，耐电压范围，响应时间等
LED驱动芯片	—	国产/进口	车身系统	灯光系统	测试评价	输入电压、输出电流、静态电流、通道数量
	样件	国产	车身系统	照明	环境及可靠性	驱动能力，耐电压范围，控制方式，通道数等
	样件	国产	舱系统	车载信息娱乐系统/车机、抬头显示、仪表、流媒体后视镜	环境及可靠性	驱动能力，耐电压范围，控制方式，通道数等
电机驱动芯片	—	进口	底盘系统	电动助力转向系统EPS	测试评价	输入电压、输出电流、静态电流、通道数量
	样件	国产	车身系统	座椅、安全配置、刮水&洗涤、后视镜、开闭件系统、自适应空调控制系统	环境及可靠性	驱动能力，耐电压范围，电路结构等
	—	进口	车身系统	车身控制器	测试评价	大电流驱动、保护功能
门级驱动芯片	—	进口	车身系统	车身控制系统BCM、座椅系统	测试评价	输入电压、静态电流、通道数量、控制芯片型
	样件	国产	动力系统	电驱动系统、能源系统	环境及可靠性	驱动能力，耐电压范围，电路结构等
	样件	国产	车身系统	座椅、安全配置、刮水&洗涤、后视镜、开闭件系统、自适应空调控制系统	环境及可靠性	驱动能力，耐电压范围，电路结构等

5.4.9 电源管理芯片

由问卷调研获得的电源管理芯片指标需求情况见表5–43。

表5–43　电源管理芯片指标需求调研情况

涉及芯片	成熟度	芯片来源	所属系统	所属子系统	指标门类	所需指标
LDO	—	国产/进口	车身系统	车身控制系统 BCM、座椅系统、门/天窗模块	测试评价	输入电压、输出电流、静态电流
	—		智能网联系统	网关控制器		
LDO	样件上车	国产	动力系统	发动机系统、电驱动系统、能源系统	环境及可靠性	输入输出电压范围，输出电流能力，纹波，噪声抑制等
			底盘系统	传动系统、转向系统、行驶系统、制动系统		
			车身系统	车身控制器、转向盘、座椅、安全配置、刮水 & 洗涤、后视镜、开闭件系统、自适应空调控制系统		
			座舱系统	车载信息娱乐系统/车机、抬头显示、仪表、流媒体后视镜、ETC、EDR		
			智能网联系统	环境感知系统、通信系统、智能决策系统/中央计算单元、控制和执行系统、存储系统		
LDO	—	国产/进口	车身系统	车身控制器	测试评价	高精度
DCDC	样件	国产	动力系统	发动机系统、电驱动系统、能源系统	环境及可靠性/电磁兼容	输入输出电压范围，输出电流能力，纹波，效率等
			底盘系统	传动系统、转向系统、行驶系统、制动系统		
			车身系统	车身控制器、转向盘、座椅、安全配置、刮水 & 洗涤、后视镜、开闭件系统、自适应空调控制系统		

（续）

涉及芯片	成熟度	芯片来源	所属系统	所属子系统	指标门类	所需指标
DCDC	样件	国产	座舱系统	车载信息娱乐系统/车机、抬头显示、仪表、流媒体后视镜、ETC、EDR	环境及可靠性/电磁兼容	输入输出电压范围，输出电流能力，纹波，效率等
			智能网联系统	环境感知系统、通信系统、智能决策系统/中央计算单元、控制和执行系统、存储系统		
DCDC	—	国产/进口	座舱系统	舱内监控系统	测试评价	输入电压、输出电流、静态电流、开关频率、斩频功能
	—		车身系统	车身控制系统 BCM		
	—		智能网联系统	网关控制器		
PMU	样件	国产	智能网联系统	智能决策系统/中央计算单元、控制和执行系统	环境及可靠性/电磁兼容	输入输出电压范围，输出电流能力，纹波，电磁兼容，效率等
	样件	国产	座舱系统	车载信息娱乐系统/车机、抬头显示		
PMU	—	进口	动力系统	发动机系统	功能安全	ASIL D
PMU	—	进口	座舱系统	舱内监控系统	测试评价	输入电压、输出电流、静态电流、开关频率、通道数

5.4.10　其他类芯片

由问卷调研获得的其他类芯片指标需求情况见表 5-44。

表 5-44　其他类芯片指标需求调研情况

涉及芯片	成熟度	芯片来源	所属系统	所属子系统	指标门类	所需指标
运放	—	进口	车身系统	车身控制系统 BCM、座椅系统	测试评价	输入电压、静态电流、通道数
比较器芯片	—	进口	车身系统	车身控制系统 BCM、座椅系统		
逻辑芯片	—	国产/进口	车身系统	车身控制系统 BCM、座椅系统	测试评价	输入电压、静态电流、逻辑类型、通道数
单体电池监测芯片	—	国产/进口	动力系统	电池系统 BMS	测试评价	SPI 接口、工作电压、通道数、采集精度

（续）

涉及芯片	成熟度	芯片来源	所属系统	所属子系统	指标门类	所需指标
运放	批量上车	国产	动力系统	发动机系统、电驱动系统、能源系统	环境及可靠性	供电、输入输出电压范围，增益带宽积，静态电流，输入偏置电流，输入失调电压，噪声，压摆率等
			底盘系统	传动系统、转向系统、行驶系统、制动系统	环境及可靠性	
			底盘系统	车身控制器、转向盘、座椅、安全配置、刮水 & 洗涤、后视镜、开闭件系统、自适应空调控制系统	环境及可靠性	
			座舱系统	车载信息娱乐系统/车机、抬头显示、仪表、流媒体后视镜、ETC、EDR	环境及可靠性	
			智能网联系统	环境感知系统、通信系统、智能决策系统/中央计算单元、控制和执行系统、存储系统	环境及可靠性	
单体电池监测芯片	样件	国产	动力系统	能源系统	环境及可靠性	精度，电压范围等
数模转换芯片	样件	国产	动力系统	发动机系统	环境及可靠性	分辨率、精度、量程（满刻度范围）、线性度误差、转换时间等
比较器芯片	批量上车	国产	动力系统	发动机系统、电驱动系统、能源系统	环境及可靠性	迟滞电压、偏置电流、超电源摆幅、漏源电压和输出延迟时间等
			底盘系统	传动系统、转向系统、行驶系统、制动系统		
			底盘系统	车身控制器、转向盘、座椅、安全配置、刮水 & 洗涤、后视镜、开闭件系统、自适应空调控制系统		
			座舱系统	车载信息娱乐系统/车机、抬头显示、仪表、流媒体后视镜、ETC、EDR		
			智能网联系统	环境感知系统、通信系统、智能决策系统/中央计算单元、控制和执行系统、存储系统		
隔离芯片	样件	国产	动力系统	电驱动系统、能源系统	环境及可靠性	共模瞬变抗扰度，EMC，时序能力，寿命等

5.5　总结及建议

第一，行业各方迫切需要建立系统完整的汽车芯片标准体系，以便应用于汽车芯片全生命周期，包括设计、试验、制造、测试、封装、认证、应用、报废、回收利用等。

第二，行业标准亟须建立，测试与认证标准是首要任务。

梳理第一次调研中各类相关标准需求，统计调研表中勾选数，得到不同类型标准的芯片标准需求情况如图 5 - 3 所示。可以看到，对行业标准的需求是最为迫切的。这说明当前汽车电子行业在自主化标准方面有很强的内在需求。

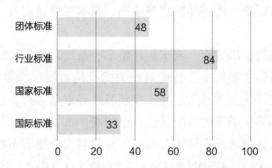

图 5 - 3　不同类型的芯片标准需求情况

根据上述对芯片生命周期各个阶段的分类，不同阶段的芯片标准需求情况如图 5 - 4 所示。可以看到，需求由强至弱的排列为：

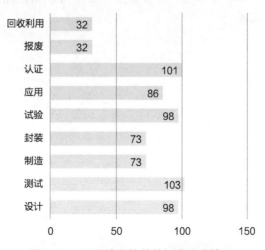

图 5 - 4　不同阶段的芯片标准需求情况

测试 > 认证 > 设计 = 试验 > 制造 = 封装 > 应用 > 报废 = 回收利用

　　可见，测试与认证阶段的标准需求最为迫切。

　　第三，基础标准方面，为便于体系中各标准制定过程中明确范围边界，避免交叉重复，建议首先制定汽车芯片术语定义国家标准。

　　第四，通用要求标准，各类芯片对环境适应性及可靠性相关标准均提出需求，其中 AEC – Q 相关标准应用最为成熟广泛，建议在通用标准中优先制定 AEC – Q 相应的国家标准。由于功能安全方面国家标准正在制定过程中，建议制定配合国家功能安全标准的各类型汽车芯片的功能安全行业标准。

　　第五，产品应用技术条件标准方面，我国汽车芯片产品正在蓬勃发展的起步阶段，种类多样，技术方向多变，更新迭代速度快。建议优先根据不同芯片技术路线特点制定团体标准，团体标准实施成熟、技术相对稳定后，可制定相应行业标准。

　　第六，匹配试验标准方面，汽车芯片整车、系统、模组匹配试验标准为各类芯片上车验证所需的重要标准，行业对相关标准均有需求，但尚无相应的国家、行业标准发布。建议优先对通信芯片、控制芯片等重点芯片，制定整车匹配试验行业标准及控制器等关键系统匹配试验行业标准。

　　第七，智能网联技术的发展，对汽车芯片信息安全要求不断提高。建议优先将行业已经使用的 ISO/SAE DIS 21434：2021 和 SAE J3061：2016 转化为国家标准，并分析智能网联汽车特殊要求，适时补充智能网联汽车芯片信息安全相关国家标准。

　　第八，为帮助汽车、零部件、芯片企业三方了解产品性能，可基于上述标准制定相关测评团体标准。

第6章
汽车芯片标准体系架构

6.1 概述

搭建科学、系统、可持续的汽车芯片标准体系架构,是汽车芯片标准体系建设的关键环节。完善的标准体系架构可以引导相关行业在标准制定过程中协调一致制定符合行业需要的技术标准,避免交叉、重复或冲突,形成产业链各方共同依据和遵守的技术规范。标准体系架构既要考虑汽车芯片技术发展现状和行业需求,又要考虑行业未来发展趋势和技术迭代速度、更要结合汽车和芯片两大行业已有标准体系。因此,标准体系架构的搭建需要细致研究、深入研讨和广泛调研。根据汽车芯片标准体系整体搭建建设方案,结合汽车芯片标准现状梳理、汽车芯片技术结构分析和汽车芯片标准化需求调研的标准化建议,开展汽车芯片标准体系架构搭建研究工作。

6.2 研究基础

构建科学、合理的汽车芯片标准体系,应先进行汽车芯片技术结构分析,进而形成汽车芯片标准体系架构及明细。通过综合分析汽车芯片产业技术现状及发展趋势,形成了以汽车芯片应用场景为基础、汽车芯片通用要求为前提、各类汽车芯片应用技术条件为核心、汽车芯片系统及整车匹配试验为闭环的汽车芯片标准体系技术结构。

汽车芯片标准体系技术结构,以"汽车芯片应用场景"为横向基础,包括动力系统、底盘系统、车身系统、座舱系统及智能驾驶五个方面;向上映射形成基于应用场景的汽车芯片各项技术规范,包括基础通用、产品与技术应用、匹配试验三个技术领域;各技术领域根据汽车芯片产品技术特点分为多个技术方向,每个技术方向制定相应标准,实现不同应用场景下汽车关键芯片从器件 – 模块 –

系统部件－整车的技术标准全覆盖。汽车芯片标准体系技术结构图如图 6－1 所示。

基础通用	产品与技术应用										匹配试验	
环境及可靠性	控制芯片	计算芯片	传感芯片	通信芯片	存储芯片	安全芯片	功率芯片	驱动芯片	电源管理芯片	其他类芯片	系统匹配	整车匹配
电磁兼容	MCU	CPU	图像 毫米波 激光 红外 电流 压力 角度 温度 流量 …	蜂窝 直连 卫星 WLAN CAN UWB 以太网 …	SRAM DRAM NOR Flash NAND Flash EEPROM	T-box 安全 V2X 安全 ESAM 安全	IGBT MOSFET 二极管 碳化硅 氮化镓	电机驱动 显示驱动 LED驱动 门极驱动 高低边驱动	LDO DC/DC PMU 模拟前端电池充电 数字隔离器	模拟前端 SBC	动力 底盘 车身 座舱 智能驾驶	整车道路 整车台架 整车模拟
功能安全		GPU										
信息安全												
评价方法												

应用场景				
动力系统	底盘系统	车身系统	座舱系统	智能驾驶

图6-1　汽车芯片标准体系技术结构图

应用场景：芯片在汽车不同系统零部件、不同工作场景的功能差异较大，因此标准体系应充分考虑汽车芯片的应用场景。芯片在汽车上的应用场景按汽车主体结构，划分为动力系统、底盘系统、车身系统、座舱系统和智能驾驶。

基础通用：通过对汽车芯片产业主流产品分析，提取出汽车芯片普遍涉及的性能要求，主要包括环境及可靠性、功能安全、信息安全、电磁兼容和评价方法共5个基础通用性能。其中，环境及可靠性、信息安全、电磁兼容和评价方法为团体标准重点研究技术方向。

产品与技术应用：汽车芯片应用于车辆不同系统部件，其工作场景、功能要求、性能要求、试验方法等均有很大差异，因此分别对控制芯片、计算芯片、传感芯片、通信芯片、存储芯片、安全芯片、功率芯片、驱动芯片、电源管理芯片、其他类芯片共10个类别，基于具体应用场景进行技术分析和标准规划。其中，控制芯片主要包括在动力、底盘、车身、座舱、智能驾驶等应用场景下微控制单元（MCU）芯片等技术方向；计算芯片主要包括在智能座舱、智能驾驶等应用场景下中央处理器（CPU）计算芯片、图形处理器（GPU）计算芯片等技术方向；传感芯片主要包括在汽车不同应用场景下超声波雷达芯片、激光雷达芯片、毫米波雷达芯片、图像芯片、红外传感器、压力传感器芯片、温度传感器、加速度传感器、流量传感器、角速度传感器、发光二极管、激光二极管、光电二极管、光电探测器、光电晶体管芯片等技术方向；通信芯片主要包括在汽车不同应用场景下蜂窝通信芯片、直连通信芯片、卫星通信芯片、无线局域网（WLAN）通信芯片、超宽带（UWB）通信芯片、控制器局域网（CAN）通信芯片、以太网通信芯片、串行通信网络（LIN）通信芯片、蓝牙通信芯片、近距离无线通信（NFC）芯片等技术方向；存储芯片主要包括在汽车不同应用场景下静态存储（SRAM）、动态存储（DRAM）、非易失闪存（NOR Flash、NAND Flash、EEPROM）芯片等技术方向；安全芯片主要包括在汽车不同应用场景下远程信息处理器（T-box）芯片、车辆与外界通信系统（V2X）安全芯片、嵌入式安全控制模块（ESAM）安全芯片等技术方向；功率芯片主要包括在汽车不同应用场景下绝缘栅双极型晶体管（IGBT）、金属-氧化物半导体场效应晶体管（MOSEFT）、二极管、晶体管以及碳化硅（SiC）、氮化镓（GaN）等宽禁带功率芯片技术方向；驱动芯片主要包括在汽车不同应用场景下电机驱动芯片、显示驱动芯片、LED 灯驱动芯片、门极驱动芯片、高低边驱动芯片等技术方向；电源管理芯片主要包括在汽车不同应用场景下电源管理单元（PMU）芯片、低压降线性转换器（LDO）芯片、直流/直流变换器（DC/DC）芯片、电池充电芯片、数字隔离器芯片、电池计量芯片等技术方向；其他类芯片主要包括在汽车不同应用场景下模拟前端芯片、系统基础芯片（SBC）、运放、数/模转换、逻辑、比较器芯片等技术方向。

匹配试验：汽车芯片在满足自身技术指标基础上，应充分考虑对汽车行驶状态下汽车芯片与上级系统部件及整车匹配情况进行试验验证。系统匹配试验包括通用系统匹配试验、动力系统匹配试验、底盘系统匹配试验、车身系统匹配试验、座舱系统匹配试验、智能驾驶匹配试验等技术方向。整车匹配试验包括整车匹配道路试验、整车匹配台架试验、整车匹配模拟试验等技术方向。

6.3　标准体系架构研究

6.3.1　基础

为便于汽车芯片标准体系中各标准制定过程中明确范围边界，避免交叉重复，首先应制定汽车芯片术语和定义标准，以便明确标准体系规范对象及标准范围，是体系内各项标准研究制定的基础。

汽车芯片标准体系规范对象包括汽车用半导体器件及模块。目前，我国尚无对汽车芯片及其相关特有术语的定义。术语作为汽车芯片标准体系下各项标准研究必然用到的重要技术词汇应首先明确其定义，以保证该标准体系内及与其他标准体系间各标准术语的内涵外延相一致，保证标准内容的协调一致性。

此外，汽车芯片的分类在汽车芯片相关行业广泛使用，却又众说纷纭，可见通过制定汽车芯片术语标准，明确各类芯片的定义，界定各类芯片的含义势在必行。在电子行业对半导体器件有多种分类方法，常见的如产品类型、处理信号、制造工艺、应用领域等分类方法。国际半导体器件及模块产品贸易普遍遵循世界半导体贸易统计组织（WSTS）的分类，分为集成电路、分立器件、传感器和光电子器件。国际电工委员会（International Electrotechnical Commission，IEC）的半导体器件和集成电路标标准化技术委员会（TC 47），在其标准体系下 IEC 60747 中首先将半导体器件分为集成电路和分立器件两类并制定了相应的系列标准。随着技术的进步，IEC TC47 又分别通过 IEC 60747 - 5 和 IEC 60747 - 14 补充了光电子器件和传感器两类半导体器件，并制定了相应的系列标准。我国全国半导体器件标准化技术委员会（SAC/TC78）遵循国际标准化组织对半导体器件的分类，对 IEC 60747 系列标准进行了等效转化，转化为国家标准。同时，被汽车芯片行业广泛认可的 AEC - Q 系列标准，也按照集成电路、分立器件、传感器和光电子器件分类制定相应标准。应用端一般将汽车芯片视为完整的产品，且为了保证我国的汽车芯片标准体系与国内外电子行业现行标准协调一致，汽车芯片标准体系将按半导体器件产品类型划分作为汽车芯片分类的维度之一，划分为集成电路、分立器件、传感器和光电子器件。

然而，芯片在汽车上不同系统零部件、不同工作场景的功能差异很大，仅根据产品类型划分很难制定适应不同应用场景不同功能的芯片标准。比如，用于整车控制的集成电路与用于存储的集成电路在功能和性能方面差异很大，很难在同一标准中规范，又如应用于自动驾驶感知的光电子器件和应用于汽车夜间行车灯自动开启的光电子器件在功能和性能方面差异也很大，很难在同一标准中规范。因此，在汽车标准体系中根据功能划分芯片类型十分必要。针对不同应用场景及功能分类制定汽车芯片标准，便于明确标准技术指标、试验测试方法，易于根据技术发展持续修订或作废，有助于供需双方依据标准采购、选型，也有助于政府管理部门依据标准进行产品质量管控。故汽车芯片标准体系将按功能划分作为汽车芯片分类的另一个维度。结合汽车芯片技术结构及标准化需求分析，我们将汽车芯片按照功能划分为控制、计算、通信、电源管理、存储、驱动、传感、安全、功率、其他，共10类。

　　综合上述两个维度的分类，结合目前市场主流汽车芯片，列举各类别包含的主要器件及相应模块见表6-1。

表6-1　汽车芯片分类

类别	器件及相应模块			
	集成电路	分立器件	光电子器件	传感器
控制芯片	MCU、SOC 等	—	—	—
计算芯片	CPU、GPU 等	—	—	—
传感芯片	超声波雷达、激光雷达、毫米波雷达、图像、红外传感芯片等	—	发光二极管、激光二极管、光电二极管、光电探测器、光电晶体管等	压力传感器、温度传感器、加速度传感器、流量传感器、角速度传感器等
通信芯片	CAN、LIN、以太网、蓝牙芯片、NFC、UWB、WLAN、蜂窝、卫星、直连芯片等	—	—	—
存储芯片	DRAM、SRAM、NOR Flash、NAND Flash、EEPROM 等	—	—	—
安全芯片	T-box 安全芯片、V2X 安全芯片、ESAM 安全芯片等	—	—	—
功率芯片	—	IGBT、MOSFET、二极管、晶体管，按材料分可包括 SiC（碳化硅）、GaN（氮化镓）等	—	—
驱动芯片	高低边驱动芯片、电机驱动芯片、门极驱动芯片、LED 灯驱动芯片、显示驱动芯片等	—	—	—
电源管理芯片	电源系统数字隔离器、LDO、DC/DC、PMU、电池充电芯片、电池计量芯片等	—	—	—
其他类芯片	模拟前端、基础芯片、运放芯片、数/模转换芯片、逻辑芯片、比较器芯片等	—	—	—

6.3.2 通用要求

汽车芯片技术结构研究分析了市场上主流汽车芯片在汽车各系统上的应用情况，提取出汽车芯片普遍涉及的性能要求，包括环境及可靠性、功能安全、信息安全、电磁兼容性。此外，通过汽车芯片标准化需求调研，发现汽车芯片市场普遍对汽车芯片的测试评价方法十分关注，希望能够以作为说明产品功能、性能、质量的客观依据。因此，通用要求子体系下包含了环境及可靠性、电磁兼容、功能安全、信息安全和评价方法 5 个技术方向的标准。

6.3.2.1 环境及可靠性

美国汽车电子委员会（Automotive Electronics Council，AEC）制定了 AEC – Q 系列汽车芯片可靠性标准，在国际范围内广泛应用。国际自动机工程师学会（SAE）制定的 SAE J1879《汽车用半导体器件可靠性验证手册》和 SAE J1211《汽车电气/电子模块可靠性验证手册》，德国电气工程协会（ZVEI）制定的 *Handbook for Robustness Validation of Semiconductor Devices in Automotive Applications* 和 *Handbook for Robustness Validation of Automotive Electrical – Electronic Modules* 都是汽车器件及模块级可靠性标准规范。可靠性已经成为汽车芯片入门级性能要求。因此，汽车芯片标准体系将汽车芯片可靠性作为体系的通用要求之一。

6.3.2.2 电磁兼容

芯片既是电磁干扰源，又要防止外界电磁环境的干扰，因此电磁兼容性是汽车芯片的伴生性能。汽车和电子行业均十分重视电磁兼容性，两个行业均设有专门的电磁兼容标准工作组，制定并发布了大量电磁兼容标准。汽车芯片处于车内复杂的电磁环境中，既有车内固有电子设备的干扰，又有驾乘人员随身电子产品的电磁干扰，还有行车过程中遇到的车外环境电磁干扰，可见对汽车芯片电磁兼容性的规范十分重要。因此，汽车芯片标准体系将汽车芯片电磁兼容作为体系的通用要求之一。

6.3.2.3 功能安全

汽车芯片功能安全标准 ISO 26262 – 11：2018《道路车辆 功能安全 第 11 部分 半导体应用指南》是目前唯一一个专门针对汽车芯片的国际标准，可见功能安全对于绝大多数汽车芯片来说是一项基本共性要求。因此，汽车芯片标准体系将汽车芯片功能安全作为体系的通用要求之一。

6.3.2.4　信息安全

安全一直是汽车各系统部件设计的基本要求。尤其智能网联技术在汽车上广泛应用后，汽车的信息安全尤为重要，而汽车芯片是汽车信息安全的核心部件。智能网联汽车芯片信息安全如被破坏，造成的影响不仅仅是单车事故，更可能涉及大范围的社会公共安全。因此，汽车芯片标准体系将汽车芯片信息安全作为体系的通用要求之一。

6.3.2.5　评价方法

各类汽车芯片的性能特点千差万别，不同级别的车型、车上不同系统的应用场景对汽车芯片的各性能要求也不尽相同，建立统一的评价标准体系，有助于不同企业间同类汽车芯片性能的横向评估，也有助于同一企业内同类汽车芯片性能的纵向评估，有效降低汽车芯片产品成本，推动汽车芯片技术发展。汽车芯片标准化需求调研结果也显示，汽车芯片行业各单位在汽车芯片测试、认证阶段对标准的需求，排在汽车芯片整个生命周期各阶段前两位，高于设计、试验、制造、封装、应用、报废、回收利用等阶段。因此，汽车芯片标准体系将汽车芯片评价方法作为体系的通用要求之一。

6.3.3　产品应用技术条件

根据汽车芯片技术结构分析可以看出，汽车芯片除了上述通用性能外，因其应用于车辆不同系统零部件，其工作场景、功能要求、性能要求、测试方法等均有很大差异。因此，我们在明确了汽车芯片通用性能要求基础上，应针对不同类型的汽车芯片根据其应用场景制定相应的产品应用技术条件标准，以便供需双方规范交易和政府市场管理。因此，汽车芯片标准体系设置了产品应用技术条件子体系。

基于前文对汽车芯片分类的分析，可以看到国际贸易半导体器件产品、国际电工委员会（IEC）、国外主要标准化组织（AEC 等）均将芯片划分为集成电路、分立器件、光电子器件、传感器四大类，并基于这四类制定标准。但是，芯片在汽车上在不同系统零部件、不同工作场景的功能性能差异很大，仅根据产品类型划分很难制定适应不同应用场景不同功能的芯片标准。虽然国际上已经有了针对汽车芯片可靠性的 AEC – Q 系列标准和针对汽车芯片功能安全的 ISO 26262 标准，也有丰富的电子元器件标准，但是汽车及零部件企业在产品选型时依然觉得缺乏可依据的标准，汽车芯片企业依然很难找到相应的标准证明自身产品能够满足汽车特定系统的功能要求。因此，汽车芯片标准体系根据汽车芯片的功能搭建产品应用技术条件子体系。故产品应用技术条件子体系从芯片在汽车上的功能和电子行业半导体器件产品类型两个维度综合考虑，划分为 10 个标准技术方向，包括控制芯片、计算芯片、传感芯片、通信芯片、存储芯片、安全芯片、功率芯片、驱动芯片、电源管理芯片、其他类芯片。目前，"传感类"技术方向主要涉及集成电路、光电子、传感器 3 类，"功率类"技术方向主要涉及分立器件一类，其他技术方向主要涉及集成电路产品一类。

6.3.4　匹配试验

汽车芯片标准体系上述各子体系，均基于对汽车芯片自身的技术指标进行规范，但是汽车芯片在整车或系统搭载后能否满足上级系统运行及整车行驶情况下各种实际工况的要求，并未进行验证和规范。如果仅通过器件及模块级试验验证，而没有统一的标准规范芯片在系统或整车搭载试验，各整车及零部件企业仅根据企业自身的经验进行匹配试验，而对于经验欠缺的企业，他们可能无法充分验证汽车芯片的匹配性，这种情况下，消费者本身便成了芯片整车匹配的"试验者"，这对于消费者的安全无疑会造成重大风险。因此，汽车芯片标准体系设置了匹配试验子体系，制定汽车芯片匹配试验相关标准。该子体系下分为系统匹配和整车匹配。其中，系统匹配根据汽车主要结构分为动力系统、底盘系统、车身系统、座舱系统、智能驾驶。

6.4　标准体系架构搭建

基于汽车芯片的标准现状梳理、技术结构分析、标准化需求调研，通过汽车芯片标准体系架构研究，依据汽车芯片标准体系的技术结构，综合各类汽车芯片在汽车不同应用场景下的性能要求、功能要求、产品和技术类型、试验方法，形成了汽车芯片标准体系架构，包括基础、通用要求、产品应用技术条件、匹配试验 4 个领域，下含 18 个技术方向（图 6 - 2）。其中，系统匹配涉及汽车动力、底盘、车身、座舱、智能驾驶 5 个部分。

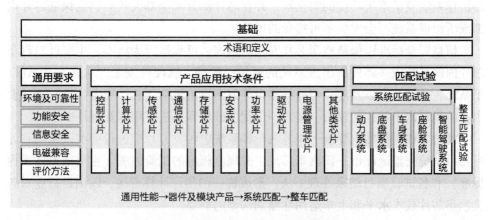

图6-2　汽车芯片技术标准体系架构图

6.4.1　基础

基础类标准主要包括汽车芯片术语和定义标准。

术语和定义标准用于统一汽车芯片相关基本概念，对汽车芯片标准制定过程中涉及的常用术语进行统一定义，以保证术语使用的规范性和含义的一致性，为各相关行业协调兼容奠定基础，同时为其他标准体系各部分标准的制定提供支撑。

6.4.2　通用要求

通用要求类标准是对汽车芯片的主要共性要求进行统一规范，为其他各部分标准的制修订提供支撑，避免各类汽车芯片标准间共性要求发生冲突或重复，主要包括电磁兼容、环境及可靠性、功能安全、信息安全等方面。

环境及可靠性标准主要规范在复杂环境条件下单个汽车芯片或多器件协作系统的物理可靠性，以预防可能发生各种状况或潜在的故障状态为核心，对芯片的可靠性提出要求，从而提高汽车芯片产品的稳定性。

电磁兼容标准主要规范单个汽车芯片内部系统或多器件协作系统各主要功能节点及其下属系统在复杂电磁环境下的功能可靠性保障能力，其主要目的，一是规定芯片电磁能量发射，以避免对其他器件或系统产生影响；二是规定芯片或多器件协作系统的电磁抗干扰能力，使其可在汽车电磁环境之中可靠运行。

功能安全标准主要规范单个汽车芯片内部系统或多器件协作系统的主要功能节点及其所属系统的安全保障能力，其主要目的是确保单个芯片内部系统或多器件协作系统及子系统功能的安全性，并在芯片部分或全部失效后仍能保证芯片内部或所组成系统不会发生不可接受的风险。

信息安全标准以保障汽车芯片安全、稳定、可靠运行为核心，主要针对汽车芯片内部系统或多器件所组成系统的通信、数据、软硬件安全，从多芯片系统、子系统、关键节点以及芯片与外界接口等方面提出风险评估、安全防护与测试要求，防范对汽车芯片的攻击、侵入、干扰、破坏和非法使用以及意外事故。

评价方法类标准主要统一规范汽车各系统中各类芯片应进行哪些试验项目才可相对系统完整地评价一款汽车芯片，并规范相应的试验方法（主要依据体系内标准）和各试验项目结果处理方法，形成统一的测评计算方法，以满足行业对各类汽车芯片技术水平和上车适用性甄别选型的需要。

6.4.3 产品应用技术条件

产品与技术应用类标准主要规范芯片在汽车各系统零部件上应用，应具备的技术指标要求及相应试验方法。此类标准涵盖控制、计算、传感、通信、存储、安全、功率、驱动、电源管理、其他，共 10 个大类。

控制芯片标准主要规范汽车用于整车、底盘、发动机、电机、变速器、车身控制或电源、总线管理的芯片的技术要求及试验方法。

计算芯片标准主要规范汽车用于人机交互、智能座舱、视觉融合处理、智能规划、决策控制等领域执行复杂逻辑运算和大量数据处理任务的芯片的技术要求及试验方法。

传感芯片标准主要规范汽车用于获取外部行驶道路及环境数据并帮助系统实现定位的信号处理的芯片的技术要求及试验方法。

通信芯片标准主要规范汽车用于内部设备之间及汽车与外界其他设备进行信息交互和处理的芯片的技术要求及试验方法。

存储芯片标准主要规范汽车用于进行数据存储的芯片的技术要求及试验方法。

安全芯片标准主要规范汽车内部用于提供信息安全服务的芯片的技术要求及试验方法。

功率芯片标准主要规范汽车用于各系统具有处理高电压、大电流能力的芯片的技术要求及试验方法。

驱动芯片标准主要规范汽车用于驱动各系统主芯片、电路或部件进行工作的芯片的技术要求及试验方法。

电源管理芯片标准主要规范汽车用于内部电路的电能转换、配电、检测、电源信号（电流、电压）整形及处理的芯片的技术要求及试验方法。

其他类芯片标准主要规范不属于上述各类的汽车芯片的技术要求及试验方法。一般此类汽车芯片包括：尚在发展阶段的新技术、新产品，暂无法明确固定分类；或者对于汽车应用，该芯片数量较小，无法与上述芯片类别并列。

6.4.4　匹配试验

匹配试验类标准包括汽车芯片搭载上级系统零部件或整车的测试试验方法。

系统匹配标准主要规范汽车各类芯片在其上级系统部件搭载状态，其功能、性能的试验方法，以检测汽车芯片在该系统部件上的工作情况。

整车匹配标准主要规范汽车各类芯片在汽车整车搭载状态，其功能、性能的试验方法，以检测汽车芯片在整车工况下的工作情况。

第7章
汽车芯片标准化路线分析

7.1 概述

汽车芯片标准体系是搭建汽车与芯片技术协同、产业互信、行业共建的重要桥梁之一。技术是这座桥梁的基石，标准体系架构是框架，标准项目是主体。本章将分析如何一步步建立汽车芯片标准体系，使其成为一座系统、科学、高效、可持续支撑汽车芯片技术和产业发展的桥梁。本章将基于汽车芯片标准体系架构，结合各技术方向的发展现状、趋势及国内外标准研究制定情况，对架构下4大领域18个技术方向逐一进行分析，提出标准研究制定方向及研究周期的建议，最终形成符合技术发展现状及可预期技术发展趋势的、科学系统的汽车芯片技术标准化路线。

7.2 基础

基础标准居于汽车芯片标准体系的顶层，为体系中各项标准的制定提供基本的共性概念依据和支撑。其内容决定标准体系下所有标准的基本范围和边界，因此对其内容应统筹考虑、审慎制定，既要考虑行业发展现状，又要考虑技术发展趋势，更要与标准体系整体架构协调一致，保证标准体系的相对稳定性和可持续性。因此，基础领域标准的制定势在必行，且应在进行全面、深入、细致的研究后慎重制定。

术语是汽车芯片相关标准研究制定的基本依据之一，应在保证与汽车和半导体行业现有术语标准协调一致的基础上，制定汽车芯片特有的常用术语，以保证体系内相同对象术语使用的规范性和术语含义的一致性。汽车芯片基于应用场景不同，标准中各项技术要求差异很大，故在术语标准中应依据不同应用场景对不同类别汽车芯片进行明确定义，以避免不同应用场景的芯片在标准制定过程中内容交叉、重叠，或同类芯片重复制定标准。

目前国内、国际、美国、欧洲/德国尚无汽车芯片术语标准。国内汽车行业相关术语标准主要有 GB/T 29259—2012《道路车辆　电磁兼容术语》、GB/T 34590.1—2017《道路车辆　功能安全　第 1 部分：术语》、GB/T 38187—2019《汽车电气电子可靠性术语》、GB/T 19596—2017《电动汽车术语》、GB/T 39263—2020《道路车辆　先进驾驶辅助系统（ADAS）术语及定义》等。国内半导体器件相关术语标准主要有 GB/T 4475—1995《敏感元器件术语》、GB/T 9178—1988《集成电路术语》、GB/T 12842—1991《膜集成电路和混合膜集成电路术语》等。此外，汽车芯片术语标准中，应考虑对各类汽车芯片进行定义。国内汽车现有分类标准如 GB/T 15089—2001《机动车辆及挂车分类》、QC/T 1077—2017《汽车自动控制变速器分类的术语及定义》等与汽车芯片相关度较小。国内半导体器件相关分类标准主要有 GB/T 15879.4—2019《半导体器件的机械标准化　第 4 部分：半导体器件封装外形的分类和编码体系》和 GB/T 20521—2006《半导体器件　第 14-1 部分：半导体传感器-总则和分类》。国外汽车行业及电子行业相关重要术语，已在上述国家标准中相应转化，此处不再列举。

结合技术方向必要性及国内外标准情况，相应标准研究方向及路线建议如下：

序号	标准研究项目	计划推进时间	优先级
1	汽车芯片　术语和定义	2023—2025 年	优先

7.3　通用要求

各类汽车芯片标准间存在一些基本共性要求，通用要求标准是对汽车芯片的主要共性要求进行统一规范，为体系内产品技术应用条件及匹配试验标准的制修订提供支撑，以免相同技术内容重复出现或修订周期不同导致标准间技术内容不一致。通用要求主要包括环境及可靠性、电磁兼容、功能安全、信息安全、评价方法。

7.3.1　环境及可靠性

环境及可靠性是汽车芯片的基本性能之一，各类汽车芯片均涉及环境及可靠性。其现行标准在汽车芯片标准中认可度最高，使用频率最高。

国内已发布的汽车芯片环境及可靠性标准包括 T/CSAE 225—2021《纯电动乘用车控制芯片功能环境试验方法》、T/CSAE 226—2021《纯电动乘用车通讯芯片功能环境试验方法》、T/CASAS 011.1—2021《车规级半导体功率器件测试认证规范》、T/CASAS 011.2—2021《车规级半导体功率模块测试认证规范》和 T/CASAS 011.3—2021《车规级智能功率模块（IPM）测试认证规范》。其中，T/CSAE 225—2021 规定了纯电动乘用车控制芯片完成规定功能的试验方法，包含试验条件、仪器设备要求、样品制备要求、试验步骤、数据处理、试验报告等内容；T/CSAE 226—2021 规定了纯电动乘用车内部通信用通信芯片功能环境测试的试验准备、用户测试声明、可靠性试验、性能及功能测试方法；T/CASAS 011 系列标准规范了车规级半导体功率器件、功率模块及 IPM 的测试认证要求。

国外汽车芯片环境及可靠性标准主要包括，AEC – Q 系列标准、SAE J1879《汽车用半导体器件可靠性验证手册》、SAE J1211《汽车电气/电子模块可靠性验证手册》、SAE J3168《汽车电气/电子和机电设备、模块和组件》、德国电气和电子制造商协会（ZVEI）的器件级标准《汽车用半导体器件可靠性验证手册》和模块级标准《汽车电气/电子模块可靠性验证手册》。上述标准相互间主体协调一致，在此仅对应用最为广泛的 AEC – Q 系列标准进行简要介绍。AEC – Q100 Rev – H《基于失效机理的集成电路应力测试鉴定》详细规定了集成电路一系列应力测试，同时定义了应力测试驱动型认证的最低要求以及集成电路（IC）认证的参考测试条件。AEC – Q101 Rev – E《分立半导体元件的应力测试鉴定》定义了最小应力测试驱动的鉴定要求，并参考了分立半导体（如晶体管、二极管等）鉴定的测试条件。AEC – Q102 Rev – A《汽车用分立光电半导体的应力测试鉴定》定义了最小应力测试驱动的鉴定要求，并参考了所有外部和内部汽车应用中光电半导体（例如发光二极管、光电二极管、激光组件）鉴定的测试条件。AEC – Q103《基于失效机制的汽车传感器应力测试鉴定》分为两部分，AEC – Q103 –002 Rev –（Initial Release）《基于故障机理的微机电系统（MEMS）压力传感器器件压力测试鉴定》应与 AEC – Q100 一起使用。电路元件的 MEMS 部分，包括电路和封装交互，必须满足该标准的要求。AEC – Q103 – 003 Rev –（Initial Release）《基于故障机制的微机电系统（MEMS）麦克风器件压力测试鉴定》规定了具体针对车辆座舱环境中使用的 MEMS 传声器器件，基于故障机制的应力测试。电路元件的 MEMS 部分，包括电路和封装交互，必须满足该标准的要求。AEC – Q104 Rev –（Initial Release）《汽车多芯片组件（MCM）应力测试鉴定》

包含一组基于失效机制的应力测试，定义了最小应力测试驱动的鉴定要求，并参考了 MCM 鉴定的测试条件。该标准仅适用于设计为直接焊接到印制电路板组件上的 MCM。AEC – Q200 Rev – D《无源元件的应力测试鉴定》规定了无源元件最小应力测试驱动的鉴定要求，并参考了无源电气设备鉴定的测试条件。AEC – Q001 Rev – D《零件平均试验指南》介绍了一种基于统计的零件平均测试（PAT）方法，用于从按照 AEC – Q100 和 AEC – Q101 提供的半导体中剔除具有异常特征（异常值）的零件。AEC – Q002 Rev – B《统计成品率分析指南》介绍了一种检测和去除异常材料的方法，能确保按照 AEC – Q100 或 AEC – Q101 提供的集成电路的质量和可靠性。AEC – Q003 Rev – A《集成电路产品电气性能表征指南》规定了在制定表征程序期间应评估的重要注意事项。AEC – Q004 Rev – (InitialRelease)《汽车零缺陷框架》定义了 AEC – Q100、AEC – Q101、AEC – Q102、AEC – Q103、AEC – Q104 标准范围内任何半导体产品，以及在适用情况下，AEC – Q200 中的无源元件的零缺陷（ZD）策略。

　　国外汽车芯片环境及可靠性标准比较完备并在行业广泛使用。各类汽车芯片均涉及环境及可靠性，我国可在此基础上制定我国汽车芯片的环境及可靠性标准。相应标准研究方向及路线建议如下：

序号	标准研究项目	计划推进时间	优先级
1	汽车芯片环境及可靠性应用指南	2023—2025 年	优先
2	汽车用集成电路应力试验要求	2023—2025 年	优先
3	汽车用分立器件应力试验要求	2023—2025 年	优先
4	汽车用半导体光电器件应力试验要求	2023—2025 年	优先
5	汽车用微机电（MEMS）传感器应力试验要求	2023—2025 年	优先
6	汽车用多芯片模组（MCM）应力试验要求	2023—2025 年	优先
7	汽车用无源元件应力试验要求	2023—2025 年	优先
8	汽车半导体器件电参数控制指南	2023—2025 年	优先
9	汽车芯片良率统计结果分析指南	2023—2025 年	优先
10	汽车集成电路电性能表征指南	2023—2025 年	优先
11	汽车芯片产品零缺陷指南	2023—2025 年	优先
12	汽车用无铅元器件可靠性试验要求	2023—2025 年	优先
13	采用铜引线互联的汽车元器件可靠性试验要求	2023—2025 年	优先
14	汽车半导体器件可靠性验证方法	2023—2025 年	优先

15	汽车芯片电气/电子模块可靠性验证方法	2023—2025 年	优先
16	电动汽车芯片环境及可靠性应用指南	2024—2026 年	正常
17	汽车芯片一致性检验规程	2025—2027 年	正常
18	纯电动乘用车控制芯片可靠性检验规范	2021—2022 年	紧急
19	车辆集成电路失效分析程序和方法	2023—2024 年	优先

7.3.2 电磁兼容

电磁兼容标准主要规范汽车芯片在汽车自身设备、驾乘人设备及路面环境的多重复杂电磁环境下的功能可靠性保障能力。汽车控制、计算、传感、通信、存储、安全、功率、驱动、电源管理等各类芯片均涉及电磁兼容性能。

国内目前尚无汽车芯片电磁兼容标准发布。国内汽车相关电磁兼容标准主要有 GB 34660—2017《道路车辆 电磁兼容性要求和试验方法》、GB/T 22630—2008《车载音视频设备电磁兼容性要求和测量方法》、GB/T 36282—2018《电动汽车用驱动电机系统电磁兼容性要求和试验方法》、GB/T 38775.5—2021《电动汽车无线充电系统 第 5 部分：电磁兼容性要求和试验方法》、GB/T 40428—2021《电动汽车传导充电电磁兼容性要求和试验方法》、GB/T 18487.2—2017《电动汽车传导充电系统第 2 部分：非车载传导供电设备电磁兼容要求》等。国内半导体器件相关电磁兼容标准大部分均处于立项阶段，主要有《集成电路 电磁发射测量》系列标准、《集成电路 电磁抗扰度测量》系列标准、《集成电路 脉冲抗扰度测量》系列标准、《集成电路电磁兼容建模》系列标准、《集成电路 收发器的 EMC 评估》系列标准、《静电放电敏感度试验 传输线脉冲 器件级》标准等。国外电磁兼容标准主要有 IEC 61967 系列标准、IEC 62132 系列标准、IEC 62215 系列标准、IEC 62433 系列标准、IEC 62228 系列标准、IEC 62615：2010《静电放电灵敏度测试 – 传输线脉冲（TLP）– 组件级别》等。

标准制定过程中，应考虑与汽车及电子行业现行相关标准的协调一致性。各类汽车芯片均涉及电磁兼容性，应制定各类芯片的电磁兼容通用规范。此外，各类芯片电磁兼容特性存在差异，故应制定基于具体芯片的评估方法标准。结合技术方向必要性及国内外标准情况，相应标准研究方向及路线建议如下：

序号	标准研究项目	计划推进时间	优先级
1	车辆集成电路电磁兼容试验通用规范	2022—2024 年	紧急
2	汽车芯片电磁兼容评估方法 第 1 部分：通用条件	2023—2024 年	优先
3	汽车芯片电磁兼容评估方法 第 2 部分：电源管理芯片	2023—2024 年	优先
4	汽车芯片电磁兼容评估方法 第 3 部分：通信芯片	2023—2024 年	优先
5	汽车芯片电磁兼容评估方法 第 4 部分：控制芯片	2023—2024 年	优先
6	汽车芯片电磁兼容评估方法 第 5 部分：安全芯片	2024—2025 年	正常
7	汽车芯片电磁兼容评估方法 第 6 部分：传感芯片	2024—2025 年	正常
8	汽车芯片电磁兼容评估方法 第 7 部分：计算芯片	2023—2024 年	优先
9	汽车芯片电磁兼容评估方法 第 8 部分：存储芯片	2023—2024 年	优先
10	汽车芯片电磁兼容评估方法 第 9 部分：驱动芯片	2024—2025 年	正常

7.3.3 功能安全

功能安全标准主要目的是确保单个芯片内部系统或多器件协作系统及子系统功能的安全性，并在芯片部分或全部失效后仍能保证芯片内部或所组成系统不会发生不可接受的风险。

我国已发布的汽车芯片功能安全标准为 T/CSAE 223—2021《纯电动乘用车控制芯片功能安全要求及测试方法》和 T/CSAE 224—2021《纯电动乘用车通讯芯片功能安全要求及测试方法》。两项标准分别规定了纯电动乘用车控制芯片和通信芯片的功能安全要求和功能安全测试方法，涉及功能安全定义、计算功能－输入功能－输出功能的功能安全要求、故障注入法等。我国的功能安全国家标准

《道路车辆　功能安全　第 11 部分：半导体应用指南》目前处于报批阶段。该项标准修改采用了目前国际唯一的汽车芯片功能安全标准 ISO 26262 - 11：2018《道路车辆　功能安全　第 11 部分：半导体应用指南》。

《道路车辆　功能安全　第 11 部分：半导体应用指南》是指南类标准，并没有明确不同类型芯片的具体功能安全要求及相应测试方法，因此应制定具体的功能安全要求及测试方法标准。涉及功能安全的芯片主要包括控制芯片、通信芯片、计算芯片等。其中，控制芯片和通信芯片的功能安全要求及测试方法相关标准已发布，计算芯片尚无相应标准。标准研究方向及路线建议如下：

序号	标准研究项目	计划推进时间	优先级
1	道路车辆　功能安全　第 11 部分：半导体应用指南	2020—2022 年	紧急
2	汽车计算芯片功能安全要求及测试方法	2024—2025 年	正常

7.3.4　信息安全

信息安全已成为汽车安全的核心指标之一，政府及产业各界对汽车信息安全日益重视。汽车芯片自身的信息安全是汽车整体信息安全的重要基础。因此，汽车信息安全标准的制定尤为重要。

然而，目前我国尚无汽车芯片信息安全标准。我国汽车信息安全标准主要包括：GB/T 40855—2021《电动汽车远程服务与管理系统信息安全技术要求及试验方法》、GB/T 40856—2021《车载信息交互系统信息安全技术要求及试验方法》、GB/T 40861—2021《汽车信息安全通用技术要求》、GB/T 37378—2019《交通运输 信息安全规范》。我国通用信息安全标准主要包括：GB/T 28448—2019《信息安全技术 网络安全等级保护测评要求》、GB/T 28449—2018《信息安全技术 网络安全等级保护测评过程指南》等。国外亦无汽车芯片信息安全相关标准，汽车信息安全相关标准主要为 ISO/SAE 21434：2021《道路车辆　网络安全工程》。该标准对道路车辆及其部件、接口等提出网络安全风险管理的要求，定义了车辆生命周期包括车辆工程、生产、操作、维护和退役相关等各阶段的要求。

除电源管理、驱动、功率芯片外，各类芯片均涉及信息安全要求，故建议制定汽车芯片通用信息安全标准，指导汽车芯片应用。相应标准研究方向及路线建议如下：

序号	标准研究项目	计划推进时间	优先级
1	汽车芯片信息安全应用指南	2023—2025 年	优先

7.3.5 评价方法

目前，行业急需统一的评价方法对汽车芯片的功能和性能进行评价，以便供需双方对汽车芯片进行比较、评价。评价方法标准主要规范应进行哪些试验项目才可相对系统完整地评价一款汽车芯片，并明确相应的试验技术和各试验项目结果的处理方法，形成统一的评价体系，以满足行业对各类汽车芯片技术水平和上车适用性选型的需要。

目前，国内已发布一项评价方法标准，T/CASAS 007—2020《电动汽车用碳化硅（SiC）场效应晶体管（MOSFET）模块评测规范》，该标准对电动汽车 SiC 基 MOSFET 模块的评测方法进行了规范。各类汽车芯片中，控制、计算（含 AI）、通信、存储、电源管理芯片功能性能评价维度较多，行业内评价方法差异较大，急需制定统一的评价标准。此外，在国家标准《道路车辆 功能安全 第 11 部分：半导体应用指南》中未明确汽车安全完整性等级（ASIL）的测评方法，而不同测评方法可能导致同一芯片评价结果不同，因此需要制定统一的汽车芯片功能安全 ASIL 测评标准。结合技术方向必要性及国内外标准情况，相应标准研究方向及路线建议如下：

序号	标准研究项目	计划推进时间	优先级
1	汽车芯片功能安全 ASIL 等级测评方法指南	2024—2025 年	正常
2	汽车控制芯片评价方法	2025—2026 年	正常
3	汽车计算芯片评价方法	2025—2026 年	正常
4	汽车通信芯片评价方法	2025—2026 年	正常
5	汽车存储芯片评价方法	2025—2026 年	正常
6	汽车电源管理芯片评价方法	2025—2026 年	正常
7	汽车人工智能（AI）芯片评价方法	2026—2027 年	长期

7.4 产品应用技术条件

产品应用技术条件类标准主要规范芯片在汽车各系统零部件上应用，应具备的技术指标要求及相应试验方法。此类标准涵盖：控制、计算、传感、通信、存储、安全、功率、驱动、电源管理、其他，共 10 个大类。此领域标准主要从应用端规范各类芯片特有的技术要求和试验方法，故首先分析各类芯片主要应用于汽车哪些系统及零部件，然后梳理目前是否有相应汽车芯片标准作为支撑，最后结合此类芯片的重要性及技术成熟度，明确各类芯片建议制定的标准明细及时间周期。

7.4.1 控制芯片

控制芯片标准主要规范用于整车、底盘、发动机、电机、变速器、车身控制或电源、总线管理的集成电路及模块的功能性能指标要求。控制芯片主要包括微控制单元（MCU）等。其中，MCU 主要应用于：动力系统的发动机系统、电驱动系统、能源系统，底盘系统的传动系统、转向系统、行驶系统，车身系统的车身控制器、座椅控制器、加热、通风、位置调节、安全带、安全气囊系统、倒车辅助系统、发动机防盗装置、灯光、刮水器、后视镜、开闭件控制系统、热管理系统，座舱系统的车载信息娱乐系统、仪表、电子不停车收费系统（ETC）、智能驾驶的环境感知系统的雷达、通信系统、智能决策系统，区域及中央计算单元区域控制器的传感器系统、执行器系统、主控制器、中央计算单元等系统部件。

目前，国内已发布 1 项控制芯片标准 T/CSAE 225—2021。该标准规定了纯电动乘用车控制芯片完成规定功能的试验方法，包含试验条件、仪器设备要求、样品制备要求、试验步骤、数据处理、试验报告编制等内容。国外尚无汽车控制芯片标准发布。

根据汽车控制芯片应用于上级系统零部件情况及芯片技术成熟度，相应标准研究方向及路线建议如下：

序号	标准研究项目	计划推进时间	优先级
1	汽车控制芯片通用技术要求及试验方法	2023—2025 年	优先
2	电动汽车用控制芯片技术要求及试验方法	2023—2025 年	优先
3	汽车底盘系统控制芯片技术要求及试验方法	2023—2025 年	优先
4	汽车发动机系统控制芯片技术要求及试验方法	2023—2025 年	优先
5	汽车动力系统控制芯片技术要求及试验方法	2024—2025 年	正常
6	汽车车身系统控制芯片技术要求及试验方法	2024—2025 年	正常
7	汽车座舱系统控制芯片技术要求及试验方法	2024—2025 年	正常
8	汽车自动驾驶控制芯片技术要求及试验方法	2024—2025 年	正常

7.4.2　计算芯片

计算芯片标准主要规范用于人机交互、智能座舱、视觉融合处理、智能规划、决策控制等领域执行复杂逻辑运算和大量数据处理任务的集成电路及模块的功能性能指标要求。计算芯片主要包括中央处理器（CPU）、图形处理器（GPU）等，主要应用于座舱系统的车载信息娱乐系统、智能驾驶的通信系统、智能决策系统的中央计算单元等系统部件。

目前，国内外尚无汽车计算芯片应用技术条件标准。根据汽车计算芯片应用于上级系统零部件情况及芯片技术成熟度，相应标准研究方向及路线建议如下：

序号	标准研究项目	计划推进时间	优先级
1	汽车智能座舱计算芯片技术要求及试验方法	2023—2025 年	优先
2	汽车智能驾驶计算芯片技术要求及试验方法	2023—2025 年	优先
3	汽车用人工智能（AI）芯片技术要求及试验方法	2025—2026 年	正常
4	汽车计算芯片功能环境试验方法	2025—2026 年	正常

7.4.3　传感芯片

传感芯片标准主要规范对汽车获取外部行驶道路及环境数据并帮助系统实现定位的信号处理芯片的功能性能指标要求。传感芯片包括，超声波雷达芯片、激光雷达芯片、毫米波雷达芯片、图像传感器芯片、红外传感芯片、压力传感器芯片、温度传感器芯片、加速度传感器芯片、电流传感器芯片、角速度传感器芯片等。传感芯片应用场景差异较大。超声波雷达芯片主要应用于车身系统的超声波倒车辅助系统等系统部件。激光雷达芯片主要应用于智能驾驶中环境感知系统的雷达 PCB 等系统部件。毫米波雷达芯片主要应用于智能驾驶的环境感知系统雷达 PCB、区域及中央计算单元的传感器系统毫米波雷达等系统部件。图像传感器芯片主要应用于座舱系统的流媒体后视镜、智能驾驶的环境感知系统摄像头等系统部件。红外传感芯片主要应用于智能驾驶的环境感知系统雷达 PCB 等系统部件。压力传感器芯片主要应用于动力系统的进气管压力传感器、电控喷油装置油轨压力传感器、发动机控制单元机油压力传感器、发动机控制单元真空压力传感器，底盘系统的变速器车速传感器、温度传感器、轴转速传感器、压力传感器、轮胎压力监测系统（TPMS）、悬架控制系统、制动电控单元，车身系统的热管理系统空调系统传感器，智能驾驶的环境感知系统等系统部件。温度传感器芯片主要应用于动力系统的进气温度传感器、增压压力温度传感器、冷却液温度传感器，底盘系统的温度传感器，区域控制器的传感器系统温度传感器等系统部件。加速度传感器主要应用于底盘系统制动电控单元电子稳定性程序的纵向加速度传感器、侧向加速度传感器，车身系统的车身安全系统等系统部件。流量传感器芯片主要应用于动力系统的发动机系统空气流量传感器等系统部件。电流传感器芯片主要应用于动力系统的动力电池主线等系统部件。角速度传感器芯片主要应用于动力系统的驱动电机单元、汽车稳定性调节系统（ESP/ESC）等系统部件。霍尔芯片主要应用于动力系统的汽车电机、车辆制动等系统部件。电压检测芯片主要应用于动力系统的电池寿命检测、充电电压监视等系统部件。位置检测芯片主要应用于动力系统的线控换档、踏板或其他非接触式电位计等系统部件。磁场检测芯片主要应用于底盘系统的转向系统、行驶系统，车身系统的距离检测、接近检测、位置检测、电子导航等系统部件。

目前，国内外尚无汽车传感芯片应用技术条件标准。根据汽车传感芯片应用于上级系统零部件情况及芯片技术成熟度，相应标准研究方向及路线建议如下：

序号	标准研究项目	计划推进时间	优先级
1	汽车红外热成像芯片技术要求及试验方法	2023—2025 年	优先
2	汽车图像传感芯片技术要求及试验方法	2024—2026 年	正常
3	汽车毫米波雷达芯片技术要求及试验方法	2024—2026 年	正常
4	汽车激光雷达芯片技术要求及试验方法	2023—2025 年	优先
5	电动汽车用电流传感器技术要求及试验方法	2024—2026 年	正常
6	电动汽车用动力电池压力传感器技术要求及试验方法	2024—2026 年	正常
7	电动汽车用驱动电机转子角度传感器技术要求及试验方法	2024—2026 年	正常
8	电动汽车用漏电流传感器技术要求及试验方法	2024—2026 年	正常
9	电动汽车用线性霍尔芯片技术要求及试验方法	2024—2026 年	正常
10	电动汽车用电压检测芯片技术要求及试验方法	2024—2026 年	正常
11	电动汽车用位置检测芯片技术要求及试验方法	2024—2026 年	正常
12	电动汽车用磁场检测芯片技术要求及试验方法	2024—2026 年	正常
13	汽车传感芯片功能环境试验方法	2025—2026 年	正常

7.4.4 通信芯片

通信芯片标准主要规范汽车内部各设备之间及汽车与外界其他设备进行信息交互和处理的集成电路及模块的功能性能指标要求。通信芯片主要包括：蜂窝通信芯片、直连通信芯片、蓝牙芯片、无线局域网（WLAN）芯片、卫星定位芯片、超宽带（UWB）通信芯片、近距离无线通信（NFC）芯片、不停车收费系统车载电子单元芯片、控制器局域网络（CAN）收发器芯片、局域互联网络（LIN）收发器芯片、端口物理层（PHY）芯片、以太网交换机芯片、中央网关芯片、串行器和解串器（SerDes）芯片、汽车专用无线短距传输芯片、有线高速媒体传输芯片、灵活数据速率的控制器局域网络收发器（CAN FD Transceiver）芯片、以太网收发器（Ethernet Transceiver）芯片等。通信芯片应用场景差异较大，主要芯片应用场景如下：

蜂窝通信芯片主要应用于智能驾驶的蜂窝通信系统等系统部件。直连通信芯片主要应用于智能驾驶的直连通信系统等系统部件。蓝牙芯片主要应用于座舱系统的 ETC 模块、智能驾驶的通信系统蓝牙、区域及中央计算单元中的无线通信单元等系统部件。无线局域网（WLAN）芯片主要应用于智能驾驶的无线局域网系统等系统部件。卫星定位芯片主要应用于智能驾驶的电子导航、车身防盗等系统部件。超宽带（UWB）通信芯片主要应用于智能驾驶的超宽带通信系统、车身系统的钥匙、刮水 & 洗涤等系统部件。近距离无线通信（NFC）芯片主要应用于车身系统的钥匙等系统部件。不停车收费系统车载电子单元芯片主要应用于车身系统的车载单元（OBU）等系统部件。控制器局域网络（CAN）收发器芯片主要应用于底盘系统的转向系统、行驶系统，车身系统的座椅控制器、加热、通风、位置调节、安全配置、灯光、刮水 & 洗涤、开闭件系统、热管理系统，座舱系统的抬头显示、仪表、车辆接口，智能驾驶的通信系统，区域及中央计算单元的区域控制器 CAN 路由器、局域网通信系统 CAN/LIN 等系统部件。局域互联网络（LIN）收发器芯片主要应用于车身系统的座椅控制器、加热、通风、位置调节、安全配置、灯光、刮水 & 洗涤、开闭件系统、热管理系统、智能驾驶的通信系统，区域及中央计算单元的区域控制器 LIN 路由器、局域网通信系统 CAN/LIN 等系统部件。端口物理层（PHY）芯片和以太网交换机芯片主要应用于智能驾驶和区域及中央计算单元等系统部件。串行器和解串器（SerDes）芯片主要应用于车身系统的车载显示屏，智能驾驶的雷达传感器、摄像头传感器等系统部件。汽车专用无线短距传输芯片主要应用于智能驾驶的摄像头、车载传感器，座舱系统的扬声器、车钥匙，车身系统的车载显示屏，动力系统的电池管理等系统部件。有线高速媒体传输芯片主要应用于智能驾驶的雷达传感器、摄像头传感器等系统部件。

目前，国内已发布 T/CSAE 226—2021，该标准规定了纯电动乘用车内部通信用通信芯片功能环境测试的试验准备、用户测试声明、可靠性试验、性能及功能测试方法。国外尚无汽车控制芯片应用技术条件标准发布。根据汽车通信芯片应用于上级系统零部件情况及芯片技术成熟度，相应标准研究方向及路线建议如下：

序号	标准研究项目	计划推进时间	优先级
1	汽车蜂窝通信芯片技术要求及试验方法	2023—2025 年	优先
2	汽车直连通信芯片技术要求及试验方法	2023—2025 年	优先
3	汽车蓝牙芯片技术要求及试验方法	2024—2026 年	正常
4	汽车无线局域网（WLAN）芯片技术要求及试验方法	2024—2026 年	正常
5	汽车卫星定位芯片技术要求及试验方法	2023—2025 年	优先
6	汽车超宽带（UWB）通信芯片技术要求及试验方法	2024—2026 年	正常
7	汽车近距离无线通信（NFC）芯片技术要求及试验方法	2024—2026 年	正常
8	汽车不停车收费系统车载电子单元芯片技术要求及试验方法	2022—2024 年	紧急
9	汽车控制器局域网（CAN）收发器芯片技术要求及试验方法	2023—2025 年	优先
10	汽车局域互联网络（LIN）收发器芯片技术要求及试验方法	2023—2025 年	优先
11	汽车以太网 100Mbit/s 物理层接口（PHY）芯片技术要求及试验方法	2023—2025 年	优先
12	汽车以太网 1Gbit/s 物理层接口（PHY）芯片技术要求及试验方法	2023—2025 年	优先
13	汽车以太网交换机芯片技术要求及试验方法	2023—2025 年	优先
14	汽车中央网关芯片技术要求及试验方法	2023—2025 年	优先

15	汽车串行器和解串器（Serdes）芯片技术要求及试验方法	2024—2026 年	正常
16	汽车专用无线短距传输芯片技术要求及试验方法	2024—2025 年	正常
17	汽车有线高速媒体传输芯片技术要求及试验方法	2024—2025 年	正常

7.4.5　存储芯片

存储芯片标准主要规范对汽车中进行数据存储的集成电路及模块的功能性能指标要求。存储芯片主要包括动态随机存取存储器（DRAM）、静态随机存取存储器（SRAM）、或非型闪存（NOR Flash）、与非型闪存（NAND Flash）、带电可擦可编程只读存储器（EEPROM）等。其中，DRAM 主要应用于车身系统的车载显示屏、摄像头，智能驾驶的高带宽传感系统等系统部件。SRAM 主要应用于区域及中央计算单元的中央控制器存储单元。NOR Flash 主要应用于座舱系统中事件数据记录器（EDR）、行驶记录仪（DVR）等系统部件。NAND Flash 主要应用于车身系统中车身内饰系统电子外后视镜显示屏，座舱系统的车载信息娱乐系统车机控制器、液晶仪表及 EDR 行驶记录仪，区域及中央计算单元的数据存储等系统部件。EEPROM 主要应用于车身系统的座椅控制器（DSM）、智能驾驶的环境感知系统雷达高速 DSP 图像拼接系统、区域及中央计算单元的区域控制器存储器等系统部件。

目前，国内外尚无汽车存储芯片应用技术条件标准。根据汽车存储芯片应用于上级系统零部件情况及芯片技术成熟度，相应标准研究方向及路线建议如下：

序号	标准研究项目	计划推进时间	优先级
1	汽车用动态随机存取存储芯片（DRAM）技术要求及试验方法	2023—2025 年	优先
2	汽车用静态随机存储芯片（SRAM）技术要求及试验方法	2023—2025 年	优先
3	汽车用 NOR Flash 存储芯片技术要求及试验方法	2024—2025 年	正常
4	汽车用 NAND Flash 存储芯片技术要求及试验方法	2024—2025 年	正常

| 5 | 汽车用 EEPROM 存储芯片技术要求及试验方法 | 2024—2025 年 | 正常 |
| 6 | 汽车存储芯片功能环境试验方法 | 2024—2025 年 | 正常 |

7.4.6　安全芯片

安全芯片标准主要规范对汽车提供信息安全服务的汽车内部集成电路及模块的功能性能指标要求。安全芯片包括远程信息处理器（T‑box）安全芯片、车辆与外界通信系统（V2X）安全芯片、嵌入式安全控制模块（ESAM）安全芯片等。T‑box 安全芯片主要应用于智能驾驶和区域及中央计算单元的区域控制器 CAN 路由器等系统部件。V‑2X 安全芯片主要应用于智能驾驶和区域及中央计算单元的无线通信系统 V2X 等系统部件。ESAM 安全芯片主要应用于座舱系统中 ETC 等系统部件。

目前，我国已制定发布的安全芯片标准为 T/CSAE 251—2022《V2X 车载终端安全芯片处理性能测试方法》。该标准对汽车 V2X 车载终端安全芯片处理性能的测试方法进行了规范。根据汽车安全芯片所应用的系统零部件及芯片技术成熟度，建议制定标准清单及相应制定周期如下：

序号	标准研究项目	计划推进时间	优先级
1	汽车安全芯片技术要求及试验方法	2023—2025 年	优先
2	汽车安全芯片功能环境试验方法	2025—2026 年	正常

7.4.7　功率芯片

功率芯片标准主要规范汽车各系统的具有处理高电压、大电流能力的半导体分立器件及模块的功能性能指标要求。功率芯片包括：绝缘栅双极型晶体管（IGBT）、金属‑氧化物半导体场效应晶体管（MOSFET）、各类二极管（如功率二极管等）、各类晶体管（如功率晶体管等），以及碳化硅（SiC）、氮化镓（GaN）等宽禁带功率半导体器件。IGBT 主要应用于动力系统电机控制器等系统部件。SiC 器件主要应用于电驱动系统电机控制器、智能驾驶雷达 PCB、区域及中央计算单元的执行器系统等系统部件。MOSFET 主要应用于动力系统电机控制器、车身系统座椅控制器、加热、通风、位置调节、安全配置、灯光、开闭件系统、空调控制系统等系统部件。

我国已制定发布的功率芯片行业标准为 QC/T 1136—2020《电动汽车用绝缘

栅双极晶体管（IGBT）模块环境试验要求及试验方法》。根据汽车功率芯片应用于上级系统零部件情况及芯片技术成熟度，相应标准研究方向及路线建议如下：

序号	标准研究项目	计划推进时间	优先级
1	电动汽车用功率模块技术要求及试验方法 第 1 部分　IGBT	2023—2025 年	优先
2	电动汽车用功率模块技术要求及试验方法 第 2 部分　碳化硅	2023—2025 年	优先
3	电动汽车用功率分立器件技术要求和试验方法　第 1 部分　IGBT	2023—2025 年	优先
4	电动汽车用功率分立器件技术要求和试验方法第 2 部分　碳化硅	2023—2025 年	优先
5	电动汽车用功率分立器件技术要求和试验方法　第 3 部分　功率 MOSFET	2023—2025 年	优先
6	汽车功率芯片功能环境试验方法	2023—2024 年	优先

7.4.8　驱动芯片

驱动芯片标准主要规范驱动汽车各系统主芯片、电路或部件进行工作的集成电路及模块的功能性能指标要求。驱动芯片主要包括显示驱动芯片、功率驱动芯片等。其中，显示驱动芯片主要应用于车身系统的后视镜、流媒体后视镜、智能驾驶的环境感知系统摄像头等系统部件。功率驱动芯片主要应用于动力系统电机控制器等系统部件。高低边驱动芯片主要应用于车身系统的座椅控制器 DSM、热管理系统的空调控制器等系统部件。

目前，国内外尚无汽车驱动芯片应用技术条件标准。根据汽车驱动芯片应用于上级系统零部件情况及芯片技术成熟度，相应标准研究方向及路线建议如下：

序号	标准研究项目	计划推进时间	优先级
1	汽车用驱动芯片通用技术要求及试验方法	2024—2026 年	正常
2	电动汽车用功率驱动芯片技术要求及试验方法	2024—2026 年	正常
3	汽车用显示驱动芯片技术要求及试验方法	2024—2026 年	正常
4	汽车驱动芯片功能环境试验方法	2024—2025 年	正常

7.4.9 电源管理芯片

电源管理芯片标准主要规范用于汽车内部电路的电能转换、配电、检测、电源信号（电流、电压）整形及处理的集成电路及模块的功能性能指标要求。电源管理芯片主要包括数字隔离器芯片等。其中，电源管理芯片主要应用于汽车的电源管理系统。

目前，国内外尚无汽车电源管理芯片应用技术条件标准。根据汽车电源管理芯片应用于上级系统零部件情况及芯片技术成熟度，相应标准研究方向及路线建议如下：

序号	标准研究项目	计划推进时间	优先级
1	汽车用电源管理芯片通用技术要求及试验方法	2023—2025 年	优先
2	电动汽车用数字隔离器芯片技术要求及试验方法	2024—2026 年	正常
3	汽车电源管理芯片功能环境试验方法	2025—2026 年	正常

7.4.10 其他类芯片

汽车上不属于上述各类的汽车芯片可纳入其他类芯片。一般此类汽车芯片包括，尚在发展阶段的新技术、新产品，暂无法明确固定分类；或者对于汽车应用，该芯片数量较小无法与上述芯片类别并列。其他类芯片包括系统基础芯片（SBC）、模拟前端芯片等。其中，在汽车动力、底盘、车身、座舱、智能驾驶广泛应用；模拟前端芯片主要应用于动力电池管理系统。

目前，国内外尚无针对汽车用上述芯片应用技术条件标准。根据汽车其他类芯片应用于上级系统零部件情况及芯片技术成熟度，相应标准研究方向及路线建议如下：

序号	标准研究项目	计划推进时间	优先级
1	电动汽车用动力电池管理系统基础芯片（SBC）技术要求及试验方法	2024—2026 年	正常
2	电动汽车用动力电池管理系统模拟前端芯片技术要求及试验方法	2024—2026 年	正常

7.5　匹配试验

7.5.1　系统匹配

系统匹配标准主要通过汽车各类芯片在其上级系统部件搭载，对芯片与上级系统的匹配工作情况进行试验，以检测半导体器件及模块在该系统部件上的工作情况。

目前，我国已发布一项汽车芯片系统部件匹配标准 T/ZSA 106—2021《纯电动乘用车 芯片搭载控制器环境 试验方法》。该标准规范了汽车芯片匹配控制器环境试验相关试验条件、试验方法以及数据采集与处理。

动力系统匹配试验主要涉及控制芯片、通信芯片、电源芯片、驱动芯片等，底盘系统匹配试验主要涉及控制芯片、通信芯片、电源管理芯片等，车身系统主要涉及控制芯片、通信芯片、电源管理芯片等，座舱系统匹配试验主要涉及计算芯片、存储芯片等，智能驾驶匹配试验主要涉及控制芯片、计算芯片、存储芯片、通信芯片、信息安全芯片等。相应系统匹配试验标准研究方向及周期建议如下：

序号	标准研究项目	计划推进时间	优先级
1	汽车芯片系统匹配试验方法	2023—2025 年	优先
2	汽车芯片动力系统匹配试验方法	2023—2024 年	优先
3	汽车芯片底盘系统匹配试验方法	2023—2024 年	优先
4	汽车芯片车身系统匹配试验方法	2024—2025 年	正常
5	汽车芯片座舱系统匹配试验方法	2024—2025 年	正常
6	汽车芯片自动驾驶匹配试验方法	2024—2025 年	正常

7.5.2　整车匹配

整车匹配标准主要通过汽车各类芯片或模块在汽车整车上的搭载，对器件或模块与整车的匹配工作情况进行试验，以检测半导体器件及模块在整车工况下的工作情况。整车匹配试验包括实车匹配和模拟匹配两种试验方式。其中，实车匹配又包括实车实际道路试验和实车环境舱试验两种方式。在汽车芯片设计阶段可采用模拟匹配试验的方法进行测试，以提高效率。在汽车芯片正式批量上车前可采用实车匹配试验的方式，以提高与真实行驶环境的匹配度。

目前，国家新能源汽车技术创新中心已完成汽车控制芯片及通信芯片的整车匹配试验的试验条件、试验方法、数据采集与处理的研究，制定发布了相应标准，主要包括 T/CSAE 227—2021《纯电动乘用车控制芯片整车环境舱试验方法》、T/CSAE 228—2021《纯电动乘用车通讯芯片整车环境舱试验方法》、T/CSAE 229—2021《纯电动乘用车控制芯片整车道路试验方法》、T/CSAE 230—2021《纯电动乘用车通讯芯片整车道路试验方法》、T/ZSA 105—2021《纯电动乘用车 控制与通讯芯片 模拟整车试验方法》，在此基础上启动了控制芯片高温、高原、高寒、高湿环境下的整车匹配道路试验方法研究并开展标准制定，已完成标准审查。

　　其他各类芯片尚无相应整车匹配试验标准，标准研究方向及周期建议如下：

序号	标准研究项目	计划推进时间	优先级
1	汽车芯片整车匹配道路试验方法	2023—2025 年	优先
2	汽车芯片整车匹配台架试验方法	2023—2025 年	优先
3	汽车芯片 环境适应性 整车匹配道路试验方法	2021—2022 年	紧急
4	汽车计算芯片整车匹配试验方法	2023—2024 年	优先
5	汽车存储芯片整车匹配试验方法	2023—2024 年	优先
6	汽车安全芯片整车匹配试验方法	2024—2025 年	正常
7	汽车传感芯片整车匹配试验方法	2024—2025 年	正常
8	汽车功率芯片整车匹配试验方法	2023—2024 年	优先
9	汽车驱动芯片整车匹配试验方法	2024—2025 年	正常
10	汽车电源管理芯片整车匹配试验方法	2024—2025 年	正常

第 8 章
汽车芯片技术标准化路线

8.1 汽车芯片标准研究方向建议

经过汽车芯片技术标准化路线分析，形成了 121 条汽车芯片标准研究方向建议。为便于阅读，我们汇总形成"国内汽车芯片标准研究方向明细表"（含已发布标准 16 项，共计 137 项），见附录 A。同时，基于汽车芯片标准现状梳理汇总形成"国际及国外汽车芯片标准明细表"，见附录 B。

8.2 汽车芯片技术标准化路线图

根据汽车芯片标准化路线分析，形成汽车芯片标准体系各项研究方向的整体推进路线。汽车芯片技术标准化路线图见附录 C。

8.3 实现与完善

汽车芯片技术日新月异、不断发展，汽车芯片技术标准化路线也将随着汽车芯片技术不断完善和递进。因此，此版汽车芯片标准化工作路线并不是汽车芯片技术标准化工作的终点，而是我国汽车芯片技术标准化工作的起点。我国汽车芯片相关标准化机构、行业组织、芯片企业、整车企业、零部件企业、检测机构、科研院所、大专院校将基于汽车芯片及技术标准化路线，共同开展汽车芯片标准研究，建立健全汽车芯片标准体系，使其能够促进汽车芯片行业发展和技术进步。

附录

附录 A　国内汽车芯片标准研究方向明细表

序号	标准研究方向	状态
1	汽车芯片　术语和定义	预研中
2	汽车芯片环境及可靠性应用指南	预研中
3	汽车用集成电路应力试验要求	预研中
4	汽车用分立器件应力试验要求	预研中
5	汽车用半导体光电器件应力试验要求	预研中
6	汽车用微机电（MEMS）传感器应力试验要求	预研中
7	汽车用多芯片模组（MCM）应力试验要求	预研中
8	汽车用无源元件应力试验要求	预研中
9	汽车半导体器件电参数控制指南	预研中
10	汽车芯片良率统计结果分析指南	预研中
11	汽车集成电路电性能表征指南	预研中
12	汽车芯片产品零缺陷指南	预研中
13	汽车用无铅元器件可靠性试验要求	预研中
14	采用铜引线互联的汽车元器件可靠性试验要求	预研中
15	汽车半导体器件可靠性验证方法	预研中
16	汽车芯片电气/电子模块可靠性验证方法	预研中
17	电动汽车芯片环境及可靠性应用指南	预研中
18	汽车芯片一致性检验规程	预研中
19	车规级半导体功率器件测试认证规范	已发布 T/CASA 011.1—2021

（续）

序号	标准研究方向	状态
20	车规级半导体功率模块测试认证规范	已发布 T/CASA 011.2—2021
21	车规级智能功率模块（IPM）测试认证规范	已发布 T/CASA 011.3—2021
22	纯电动乘用车控制芯片可靠性检验规范	已征求意见
23	车辆集成电路失效分析程序和方法	预研中
24	车辆集成电路电磁兼容试验通用规范	已立项 20214062—T—339
25	汽车芯片电磁兼容评估方法　第1部分：通用条件	预研中
26	汽车芯片电磁兼容评估方法　第2部分：电源管理芯片	预研中
27	汽车芯片电磁兼容评估方法　第3部分：通信芯片	预研中
28	汽车芯片电磁兼容评估方法　第4部分：控制芯片	预研中
29	汽车芯片电磁兼容评估方法　第5部分：安全芯片	预研中
30	汽车芯片电磁兼容评估方法　第6部分：传感芯片	预研中
31	汽车芯片电磁兼容评估方法　第7部分：计算芯片	预研中
32	汽车芯片电磁兼容评估方法　第8部分：存储芯片	预研中
33	汽车芯片电磁兼容评估方法　第9部分：驱动芯片	预研中
34	道路车辆　功能安全　第11部分：半导体应用指南	已报批
35	纯电动乘用车控制芯片功能安全要求及测试方法	已发布 T/CSAE 223—2021
36	纯电动乘用车通讯芯片功能安全要求及测试方法	已发布 T/CSAE 224—2021
37	汽车计算芯片功能安全要求及测试方法	预研中
38	汽车芯片信息安全应用指南	预研中
39	电动汽车用碳化硅（SiC）场效应晶体管（MOSFET）模块评测规范	已发布 T/CASAS 007—2020
40	汽车芯片功能安全 ASIL 等级测评方法指南	预研中
41	汽车控制芯片评价方法	预研中
42	汽车计算芯片评价方法	预研中
43	汽车通信芯片评价方法	预研中

（续）

序号	标准研究方向	状态
44	汽车存储芯片评价方法	预研中
45	汽车电源管理芯片评价方法	预研中
46	汽车人工智能（AI）芯片评价方法	预研中
47	汽车控制芯片通用技术要求及试验方法	预研中
48	电动汽车用控制芯片技术要求及试验方法	预研中
49	汽车底盘系统控制芯片技术要求及试验方法	预研中
50	汽车发动机系统控制芯片技术要求及试验方法	预研中
51	纯电动乘用车控制芯片功能环境试验方法	已发布 T/CSAE 225—2021
52	汽车动力系统控制芯片技术要求及试验方法	预研中
53	汽车车身系统控制芯片技术要求及试验方法	预研中
54	汽车座舱系统控制芯片技术要求及试验方法	预研中
55	汽车自动驾驶控制芯片技术要求及试验方法	预研中
56	汽车智能座舱计算芯片技术要求及试验方法	预研中
57	汽车智能驾驶计算芯片技术要求及试验方法	预研中
58	汽车用人工智能（AI）芯片技术要求及试验方法	预研中
59	汽车计算芯片功能环境试验方法	预研中
60	汽车红外热成像芯片技术要求及试验方法	预研中
61	汽车图像传感芯片技术要求及试验方法	预研中
62	汽车毫米波雷达芯片技术要求及试验方法	预研中
63	汽车激光雷达芯片技术要求及试验方法	预研中
64	电动汽车用电流传感器技术要求及试验方法	预研中
65	电动汽车用动力电池压力传感器技术要求及试验方法	预研中
66	电动汽车用驱动电机转子角度传感器技术要求及试验方法	预研中
67	电动汽车用漏电流传感器技术要求及试验方法	预研中
68	电动汽车用线性霍尔芯片技术要求及试验方法	预研中
69	电动汽车用电压检测芯片技术要求及试验方法	预研中
70	电动汽车用位置检测芯片技术要求及试验方法	预研中
71	电动汽车用磁场检测芯片技术要求及试验方法	预研中

（续）

序号	标准研究方向	状态
72	汽车传感芯片功能环境试验方法	预研中
73	汽车蜂窝通信芯片技术要求及试验方法	预研中
74	汽车直连通信芯片技术要求及试验方法	预研中
75	汽车蓝牙芯片技术要求及试验方法	预研中
76	汽车无线局域网（WLAN）芯片技术要求及试验方法	预研中
77	汽车卫星定位芯片技术要求及试验方法	预研中
78	汽车超宽带（UWB）通信芯片技术要求及试验方法	预研中
79	汽车近距离无线通信（NFC）芯片技术要求及试验方法	预研中
80	汽车不停车收费系统 车载电子单元芯片 技术要求及试验方法	预研中
81	汽车控制器局域网（CAN）收发器芯片技术要求及试验方法	预研中
82	汽车局域互联网络（LIN）收发器芯片技术要求及试验方法	预研中
83	汽车以太网100Mbit/s物理层接口（PHY）芯片技术要求及试验方法	预研中
84	汽车以太网1Gbit/s物理层接口（PHY）芯片技术要求及试验方法	预研中
85	汽车以太网交换机芯片技术要求及试验方法	预研中
86	汽车中央网关芯片技术要求及试验方法	预研中
87	汽车串行器和解串器（SerDes）芯片技术要求及试验方法	预研中
88	汽车专用无线短距传输芯片技术要求及试验方法	预研中
89	汽车有线高速媒体传输芯片技术要求及试验方法	预研中
90	汽车通信芯片功能环境试验方法	已发布 T/CSAE 226—2021
91	汽车用动态随机存取存储芯片（DRAM）技术要求及试验方法	预研中
92	汽车用静态随机存储芯片（SRAM）技术要求及试验方法	预研中
93	汽车用 NOR Flash 存储芯片技术要求及试验方法	预研中
94	汽车用 NAND Flash 存储芯片技术要求及试验方法	预研中
95	汽车用 EEPROM 存储芯片技术要求及试验方法	预研中
96	汽车存储芯片功能环境试验方法	预研中
97	汽车安全芯片技术要求及试验方法	预研中
98	V2X 车载终端安全芯片处理性能测试方法	已发布 T/CSAE 251—2022

（续）

序号	标准研究方向	状态
99	汽车安全芯片功能环境试验方法	预研中
100	电动汽车用绝缘栅双极晶体管（IGBT）模块环境试验要求及试验方法	已发布 QC/T 1136—2020
101	电动汽车用功率模块技术要求及试验方法第 1 部分　IGBT	预研中
102	电动汽车用功率模块技术要求及试验方法第 2 部分　碳化硅	预研中
103	电动汽车用功率分立器件技术要求和试验方法第 1 部分　IGBT	预研中
104	电动汽车用功率分立器件技术要求和试验方法第 2 部分　碳化硅	预研中
105	电动汽车用功率分立器件技术要求和试验方法第 3 部分　功率 MOSFET	预研中
106	汽车功率芯片功能环境试验方法	预研中
107	汽车用驱动芯片通用技术要求及试验方法	预研中
108	电动汽车用功率驱动芯片技术要求及试验方法	预研中
109	汽车用显示驱动芯片技术要求及试验方法	预研中
110	汽车驱动芯片功能环境试验方法	预研中
111	汽车用电源管理芯片通用技术要求及试验方法	预研中
112	电动汽车用数字隔离器芯片技术要求及试验方法	预研中
113	汽车电源管理芯片功能环境试验方法	预研中
114	电动汽车用动力电池管理系统基础芯片（SBC）技术要求及试验方法	预研中
115	电动汽车用动力电池管理系统模拟前端芯片技术要求及试验方法	预研中
116	汽车芯片系统匹配试验方法	预研中
117	汽车芯片动力系统匹配试验方法	预研中
118	汽车芯片底盘系统匹配试验方法	预研中
119	汽车芯片车身系统匹配试验方法	预研中
120	汽车芯片座舱系统匹配试验方法	预研中

（续）

序号	标准研究方向	状态
121	汽车芯片自动驾驶匹配试验方法	预研中
122	纯电动乘用车　芯片搭载控制器环境　试验方法	已发布 T/ZSA 106—2021
123	汽车芯片整车匹配道路试验方法	预研中
124	汽车芯片整车匹配台架试验方法	预研中
125	纯电动乘用车控制芯片整车道路试验方法	已发布 T/CSAE 229—2021
126	纯电动乘用车控制芯片整车环境舱试验方法	已发布 T/CSAE 227—2021
127	纯电动乘用车通讯芯片整车道路试验方法	已发布 T/CSAE 230—2021
128	纯电动乘用车通讯芯片整车环境舱试验方法	已发布 T/CSAE 228—2021
129	纯电动乘用车　控制与通讯芯片　模拟整车试验方法	已发布 T/ZSA 105—2021
130	汽车芯片　环境适应性　整车匹配道路试验方法	已征求意见
131	汽车计算芯片整车匹配试验方法	预研中
132	汽车存储芯片整车匹配试验方法	预研中
133	汽车安全芯片整车匹配试验方法	预研中
134	汽车传感芯片整车匹配试验方法	预研中
135	汽车功率芯片整车匹配试验方法	预研中
136	汽车驱动芯片整车匹配试验方法	预研中
137	汽车电源管理芯片整车匹配试验方法	预研中

附录 B　国际及国外汽车芯片标准明细表

序号	标准编号		标准名称	备注
1	ISO 26262 – 11：2018		道路车辆　功能安全　第11部分　半导体应用指南	ISO 标准
2	AEC – Q100Rev – H		基于失效机理的集成电路应力测试验证（不包含测试方法）	AEC 试验标准
		AEC – Q100 – 001 – Rev – C	绑线剪切应力测试	
		AEC – Q100 – 002 – Rev – E	人体模式静电放电测试	
		［Decommissioned］AEC – Q100 – 003 – Rev – E	机械模式静电放电测试	
		AEC – Q100 – 004 – Rev – D	集成电路闩锁效应测试	
		AEC – Q100 – 005 – Rev – D1	可写可擦除的永久性记忆的耐久性、数据保持及工作寿命的测试	
		［Decommissioned］AEC – Q100 – 006 – Rev – D	热电效应引起的寄生闸极漏电流测试	
		AEC – Q100 – 007 – Rev – B	故障仿真和测试等级	
		AEC – Q100 – 008 – Rev – A	早期寿命失效率（ELFR）	
		AEC – Q100 – 009 – Rev – B	电分配的评估	
		AEC – Q100 – 010 – Rev – A	锡球剪切测试	
		AEC – Q100 – 011 – Rev – D	带电器件模式的静电放电测试	
		AEC – Q100 – 012 – Rev	12V 系统灵敏功率设备的短路可靠性描述	
3	AEC – Q101Rev – E		分立半导体元件的应力测试标准（包含测试方法）	
		AEC – Q101 – 001 – Rev – A	人体模式静电放电测试	
		［Decommissioned］AEC – Q101 – 002 – Rev – A	机械模式静电放电测试	
		AEC – Q101 – 003 – Rev – A	绑线切应力测试	
		AEC – Q101 – 004 – Rev	同步性测试方法	
		AEC – Q101 – 005 – Rev – A	带电器件模式的静电放电测试	
		AEC – Q101 – 006 – Rev	12V 系统灵敏功率设备的短路可靠性描述	

（续）

序号	标准编号		标准名称	备注
4	AEC – Q102Rev – A		汽车用分立光电半导体应力测试评定	AEC 试验标准
		AEC – Q102 – 001Rev –（Initial Release）	凝露测试	
		AEC – Q102 – 002Rev –（Initial Release）:	挠曲试验	
5	AEC – Q103		汽车用传感器应力测试评定	
		AEC – Q103 – 002Rev –（Initial Release）	微机电系统（MEMS）压力传感器应力测试评定	
		AEC – Q103 – 003Rev –（Initial Release）:	传声器器件应力测试鉴定	
6	AEC – Q104		汽车多芯片组件（MCM）应力测试评定	
7	AEC – Q200 – Rev – D		被动元件的应力测试标准（包含测试方法）	
		AEC – Q200 – 001 – Rev – B	阻燃性试验	
		AEC – Q200 – 002 – Rev – B	ESD（人体模型）试验	
		AEC – Q200 – 003 – Rev – B	梁荷载（断裂强度）试验	
		AEC – Q200 – 004 – Rev – A	聚合物可复位保险丝试验	
		AEC – Q200 – 005 – Rev – A	阻燃性试验	
		AEC – Q200 – 006 – Rev – A	可复位保险丝的测量方法	
		AEC – Q200 – 007 – Rev – A	电压浪涌试验	
8	AEC – Q001Rev – D		零件平均试验指南	AEC 生产工艺管控标准
9	AEC – Q002Rev – B		统计成品率分析指南	
10	AEC – Q003Rev – A		集成电路产品电气性能表征指南	AEC 试验标准
11	AEC – Q004Rev –（Initial Release）		汽车零缺陷框架	AEC 设计、生产、应用等的零缺陷目标标准
12	AEC – Q005Rev – A		无铅试验要求	AEC 试验标准
13	AEC – Q006Rev – A		使用铜（Cu）线互连的组件的鉴定要求	

（续）

序号	标准编号	标准名称	备注
14	SAE J1879	汽车用半导体器件可靠性验证手册	SAE 标准
15	SAE J1211	汽车电气/电子模块可靠性验证手册	SAE 标准
16	SAE J3168	汽车电气/电子和机电设备、模块和组件	SAE 标准
17	AQG 324	机动车辆电力电子转换器单元（PCU）功率模块认证	欧洲电力电子中心（ECPE）标准
18		汽车用半导体器件可靠性验证手册	德国电气工程协会（ZVEI）标准，与SAE J1879 等效
19		微机电系统（MEMS）可靠性验证标准	德国电气工程协会（ZVEI）标准
20		汽车电气电子模块可靠性验证手册	德国电气工程协会（ZVEI）标准，与SAE J1211 等效
21		EEM 可靠性验证手册 – 系统级	德国电气工程协会（ZVEI）标准